AI and Machine Learning for On-Device Development

온디바이스 AI

| 표지 설명 |

표지 그림은 두루미목 느시과의 느시 Otis tarda 입니다. 들칠면조라고도 불리는 이 새는 한국에서는 천연기념물로 지정되어 있습니다. 이 새는 남부 및 중부 유럽 전역의 초원과 동아시아의 온대 기후 및 북부 모로코의 일부 지역에서 관찰됩니다. 하지만 대부분의 개체군은 포르투갈과 스페인에서 서식합니다

느시는 땅에 둥지를 트며, 뚜렷한 성적 이형성을 가지고 있습니다. 암컷 느시는 일반적으로 날개 길이가 180cm이고 몸무게가 3.1kg에서 8kg지만, 수컷 느시는 몸무게가 5.8kg에서 18kg까지 달하며 날개 길이는 2.1m에서 2.7m입니다. 보통은 조용하지만, 성체 수컷은 번식기에 왕왕거리거나, 그렁거리거나, 시끄러운 소리를 내고, 암컷은 둥지에서 으르렁거리는 소리를 냅니다. 태어난 새끼들은 털이 부드럽고, 지저귀는 소리로 어미 새와 의사소통합니다.

느시는 비행 중에 98km/h 이상의 속도를 낼 수 있을 만큼 빠릅니다. 느시의 이동 패턴은 무리의 고향에 따라 다릅니다. 광범위한 환경파괴와 서식지 감소로 인해 1996년 IUCN 적색 목록에 최소관심종으로 등록되었습니다.

오라일리 표지의 동물들은 대부분 멸종 위기종입니다. 이 동물들은 모두 소중한 존재입니다. 표지 그림은 『Picture Natural History』에 실린 흑백 판화를 바탕으로 캐런 몽고메리 Karen Montgomery가 채색했습니다.

온디바이스 AI

모바일 개발자를 위한 머신러닝 기초부터 모바일용 컴퓨터 비전, 텍스트 처리까지

초판 1쇄 발행 2022년 11월 1일

지은이 로런스 모로니 / **옮긴이** 곽도영, 박찬성
베타리더 박근우, 박수빈, 신정규, 신정아, 전미정, 전은철, 정상엽, 정현지 / **펴낸이** 김태헌
펴낸곳 한빛미디어(주) / **주소** 서울시 서대문구 연희로2길 62 한빛미디어(주) IT출판부
전화 02-325-5544 / **팩스** 02-336-7124
등록 1999년 6월 24일 제25100-2017-000058호 / **ISBN** 979-11-6921-042-3 93000

총괄 송경석 / **책임편집** 박민아 / **기획 · 편집** 김종찬
디자인 박정화 / **전산편집** 이경숙
영업 김형진, 김진불, 조유미, 김선아 / **마케팅** 박상용, 한종진, 이행은, 고광일, 성화정 / **제작** 박성우, 김정우

이 책에 대한 의견이나 오탈자 및 잘못된 내용에 대한 수정 정보는 한빛미디어(주)의 홈페이지나 아래 이메일로 알려주십시오. 잘못된 책은 구입하신 서점에서 교환해드립니다. 책값은 뒤표지에 표시되어 있습니다.

한빛미디어 홈페이지 www.hanbit.co.kr / **이메일** ask@hanbit.co.kr

지금 하지 않으면 할 수 없는 일이 있습니다.
책으로 펴내고 싶은 아이디어나 원고를 메일(writer@hanbit.co.kr)로 보내주세요.
한빛미디어(주)는 여러분의 소중한 경험과 지식을 기다리고 있습니다.

AI and Machine Learning for On-Device Development

온디바이스 AI

O'REILLY® 한빛미디어
Hanbit Media, Inc.

모바일 애플리케이션으로 딥러닝 모델을 만들고 배포하는 방법을 다루는 책은 많지 않습니다. 다행히 이 책을 통해 안드로이드와 iOS용 딥러닝 애플리케이션을 만드는 신나는 여행을 떠날 수 있습니다. 이 분야의 훌륭한 안내자인 로런스 모로니의 재치 있는 설명 덕분에 지루할 틈 없이 목적지까지 안전하게 도착할 수 있을 것입니다.

_박해선, IT 작가 및 번역가

머신러닝에 대한 지식이 없는 모바일 개발자가 읽기에 부담 없는 책입니다. 간단한 이론과 함께 ML Kit, TFLite 등을 이용하여 온디바이스 모델을 사용하는 다양한 방법을 소개하고 있습니다. 또한, 모바일 개발을 잘 모르는 사람도 이 책에서 제공하는 코드 예제를 통해 어렵지 않게 학습할 수 있습니다. 이 책으로 온디바이스 ML 개발에 대한 다양한 키워드들을 알아갈 수 있길 바랍니다.

_안성용, 안드로이드 구글 Developer Expert

이 책은 제가 TFLite를 개발하고, 실제로 예제 애플리케이션을 만들어 보며 자주 사용했던 툴들을 한 곳에 담고 있습니다. 자신의 애플리케이션에 인공지능 기능을 추가하고 싶은 애플리케이션 개발자, 그리고 간단한 애플리케이션을 만들어 온디바이스 환경에서 모델의 성능을 테스트해 보고 싶은 머신러닝 엔지니어 모두에게 좋은 출발점을 제공하는 책입니다.

_정태희, 웨이모 소프트웨어 엔지니어

몇 년 전 온디바이스 머신러닝이 들어간 애플리케이션을 출시하기 위해 한참을 헤맸습니다. 삽질 끝에 ML Kit와 Core ML을 적절히 활용하여 완성을 했습니다. 당시 이 책이 있었다면 시행착오와 개발 시간을 많이 줄였을 것 같습니다. 국내에서 온디바이스 머신러닝을 개척해 오신 곽도영 님이 한글 번역을 맡아 더 기대됩니다.

_노수진, 시니어 프로그래머

이 책은 모바일 환경에서 인공지능 관련 기능을 추가하고자 하는 사람에게 좋은 길잡이가 될 것입니다. ML 모델을 직접 만들지 않고서도 컴퓨터 비전, 언어 처리 등의 기능을 추가할 수 있는 ML Kit부터, 자신의 ML 모델을 모바일 환경에서 최적화하여 사용할 수 있게 해주는 TFLite에 이르기까지 폭넓은 분야를 자세히 다루고 있습니다. 인공지능에 대한 사전 지식이 없더라도 겁먹지 마시고 이 책을 길잡이 삼아 인공지능의 세계로 한 발짝 다가오시길 바랍니다.

_Terry Heo, 구글 TFLite 팀 소프트웨어 엔지니어

지난 10년간 온디바이스 머신러닝 분야는 인공지능이 연구실을 넘어서 산업에 적용이 되면서 프라이버시, 모델 경량화, 에너지 소비 및 탄소 배출량 감소 등의 분야에서 빛을 발하게 되었습니다. 구글러들의 연예인인 로런스 모로니는 이 책에서 구글이 걸어온 그 긴 여정을 간결한 언어로 소개하고 있습니다. 이 책을 통해 독자 여러분들께서도 앞으로 온디바이스 머신러닝이 만들어갈 새로운 세상을 함께 꿈꿔보시길 권합니다.

_유재헌, 구글 TFLite 팀 소프트웨어 엔지니어

인공지능이 이미지 인식 등 전통적인 프로그래밍 방법으로는 할 수 없었던 일들을 점점 더 많이 할 수 있게 되면서 수많은 모델이 빠른 속도로 다양한 영역에서 공개되고 있습니다. 이 책은 그러한 추세에 발맞추어 모바일 개발자들이 인공지능 기술을 애플리케이션에 구현하기 위해 필요한 핵심 개념들과 연관 솔루션을 알기 쉬운 예제와 함께 제공합니다.

_권순선, 구글 글로벌 머신러닝 개발자 프로그램 리드

『온디바이스 AI』의 예제들은 모바일 환경에서 텐서플로 모델을 통한 인공지능 추론 기능을 구현하기 위해 필요한 핵심을 명확하고 알기 쉽게 보여줍니다. 모델을 직접 개발하지 않고도 쉽게 사용할 수 있는 턴키 솔루션들을 다양하게 소개하고 있어, 모바일 애플리케이션 개발을 하고 있지만 머신러닝에는 상대적으로 익숙하지 않은 독자들에게는 이 책이 최고의 가이드가 되어 줄 것입니다.

_윤영석, 구글 모델 최적화 팀 소프트웨어 엔지니어

인공지능을 모바일에서 구현하는 방법을 찾는 개발자에게 매우 반가운 책입니다. 인공지능과 머신러닝에 대한 담백한 정의에서부터 이미지 분류와 자연어 처리 기술을 애플리케이션과 연동하는 손쉬운 방법, 그리고 학습시킨 모델을 호스팅하는 방법까지! 책의 후반부를 읽다 보면 직접 코드를 작성해 내 손안의 인공지능을 만들고 싶은 강한 열망을 느낄 수 있습니다.

_베타리더 전미정

새로운 분야에 도전하고 싶을 만큼 열정을 가지고 있지만 시작점을 찾지 못하면 열정은 쉽게 사그라들고, 우리는 익숙한 일로 돌아가게 됩니다. 이 책은 머신러닝을 어디서부터 시작해야 할지 모르는 모바일 개발자에게 또는 자신이 만든 모델을 애플리케이션으로 만들어서 테스트해 보고 싶은 모델러 분들에게 좋은 시작점인 것 같습니다.

_베타리더 전은철

이 책은 ML Kit와 TFLite, Core ML을 통해 모바일 환경에서 모델을 이용하여 추론하는 방법을 다루고 있습니다. 모바일 환경에서 머신러닝을 활용하는 방법을 다루는 한글화된 자료는 흔치 않습니다. 모바일 애플리케이션의 가치를 높이기 위해, 머신러닝을 어떻게 접목해야 할지 고민하셨던 분들에게 이 책을 추천하고 싶습니다.

_베타리더 정상엽

인공지능과 머신러닝을 주제의 책들은 어려운 이론과 실제 응용과는 거리가 멀다는 생각으로 쉽게 접근하지 못하는 경우가 많습니다. 하지만 이 책은 직접 안드로이드와 iOS에 각각 적용해 봄으로써 머신러닝을 이해하는 데 도움을 줍니다. 특히 각 실습을 따라 하다 보면 머신러닝을 응용하여 새롭게 만들 수 있는 서비스가 많다는 것을 알게 될 것입니다. 모바일 개발자로서 머신러닝에 가까이 다가가고 싶다면 이 책은 좋은 기회를 제공할 것이라고 확신합니다.

_베타리더 박수빈

보편적인 머신러닝 서빙 기법들에 비해 정보량이 적어 다소 어렵고 막연했던 온디바이스 머신러닝에 대해 A부터 Z까지 알려줄 수 있는 최고의 기본서입니다. 특히, 온디바이스 머신러닝에 입문하여 즉각적으로 자체 서비스, 사이드 프로젝트에 적용해 보고 싶은 호기심 많은 개발자분들께 좋은 길라잡이가 되리라 생각됩니다.

_베타리더 신정아

ML Kit는 다양한 모바일 기기에서 통합된 머신러닝 경험을 제공하기 위한 가장 간결한 방법입니다. 이 책을 통해 손안에 들고 다니는 딥러닝 모델을 만드는 재미있는 경험을 많은 독자가 누릴 수 있었으면 합니다.

_베타리더 신정규

읽고 싶어지게 만드는 목차부터 베타리딩에 참여하기를 정말 잘했다고 생각했습니다. 베타리딩 시간이 너무 짧다고 느껴질 정도였습니다. 번역 하나하나에 고민을 많이 하신 것을 느낄 수 있었고 얼른 정식 책으로 만나보고 싶습니다. 이 책을 기다리시는 모든 분을 만족시킬 수 있는 책이라 예상합니다. 딥러닝 모델을 만드는 재미있는 경험을 저처럼 많은 분이 느낄 수 있었으면 합니다.

_베타리더 정현지

머신러닝 모델을 온디바이스에서 활용하고 싶으신 분들께 도움이 될 것이라고 생각합니다. 직접 예제를 따라 하며 온디바이스 머신러닝에 발을 담그고 싶으신 분들에게 추천합니다.

_베타리더 박근우

지은이·옮긴이 소개

지은이 **로런스 모로니** Laurence Moroney

로런스 모로니는 구글에서 AI Advocacy를 리딩하고 있습니다. 그의 목표는 세계에 있는 소프트웨어 개발자들에게 머신러닝으로 인공지능 시스템 구축 방법을 알리고 가르쳐주는 것입니다. 그는 텐서플로 유튜브 채널에 종종 기고하고 있으며, 저명한 키노트 연설자이고, 여러 베스트셀러 공상과학 소설과 시나리오를 저술했습니다. 그는 워싱턴 주에 거주하며, 커피를 아주 많이 마십니다. 트위터의 @lmoroney나 링크드인으로 연락할 수 있습니다.

옮긴이 **곽도영** tucan.dev@gmail.com

구글에서 머신러닝 모델 최적화 업무를 담당하고 있습니다. 온디바이스 머신러닝에 관심이 있고, 머신러닝이 실제 애플리케이션에 적용되어 사용자에게 도움이 되는 일을 좋아합니다. 애플리케이션 개발을 취미로 가진 지 10년 정도 되었으며, 필요한 간단한 iOS, macOS 애플리케이션이 있으면 직접 만들어 사용하곤 합니다. 다양한 방식으로 기술을 접해 보고, 경험해 보고, 이해해 보는 것을 좋아합니다. 지난 몇 년간 모바일 개발자들의 온디바이스 머신러닝 활용을 돕기 위해 여러 가지 데모 오픈소스를 깃허브에 공개하고 관리해 온 경험이 있습니다.

옮긴이 **박찬성** deep.diver.csp@gmail.com

컴퓨터로 할 수 있는 모든 일에 관심이 있습니다. 한국전자통신연구원에서 10년간 광역, 가입자 네트워크 인프라 플랫폼을 연구 및 개발해 왔습니다. 그리고 머신러닝 분야의 구글 Developers Expert로서 머신러닝 응용, 머신러닝 운용에 대한 커뮤니티 활동도 병행하고 있습니다. 작업한 저/역서로는 『나만의 스마트워크 환경 만들기』(비제이퍼블릭, 2020), 『실전 시계열 분석』(한빛미디어, 2021), 『주머니 속의 머신러닝』(제이펍, 2021), 『fastai와 파이토치가 만나 꽃피운 딥러닝』(한빛미디어, 2021), 『딥러닝을 이용한 정형 데이터 분석』(책만, 2022)이 있습니다.

아직 모바일 개발자에게 머신러닝 기술은 가까우면서도 멀다고 느껴졌을 수 있습니다. 하지만 우리는 일상에서 이미 스마트폰으로 번역을 한다든지, 화상 미팅의 배경을 바꾼다든지, 사진 속 텍스트를 복사한다든지, 음성으로 핸드폰에 명령을 내린다든지 등등 머신러닝을 활용하고 있습니다. 이처럼 머신러닝은 더 이상 학술적인 분야에 머무르지 않고 모바일 애플리케이션 제품들에 많이 스며들어와 있습니다. 그래서 저는 우리가 머신러닝이 단지 서버에서만 작동하는 시대가 아닌 모바일 기기에서도 잘 작동할 수 있는 시대의 길목에 있다고 생각합니다.

또한, 기존의 서버 기반 머신러닝은 사용자의 민감한 정보가 네트워크를 통해 서버로 가야만 하는 한계가 있었지만, 모바일 개발자들이 온디바이스 머신러닝을 사용한다면 이 한계를 넘어설 수 있습니다. 네트워크 지연시간을 줄이고, 처리시간의 일관성을 유지하는 이점도 애플리케이션 사용성에는 무시할 수 없는 커다란 이점입니다.

이 책의 저자 로런스 모로니는 모바일 개발자들이 쉽게 모바일 애플리케이션에 머신러닝을 적용해 볼 수 있도록 다양한 샘플 코드와 설명을 해줍니다. 단지 원론적인 기본 예제만을 제공하지 않고 컴퓨터 비전을 위한 기본 예시, 자연어 처리를 위한 기본 예시를 안드로이드와 iOS 각각의 샘플 코드를 제공합니다. 이 점이 특히 아직 머신러닝이 생소한 모바일 개발자들에게 큰 도움이 될 것입니다.

저는 머신러닝이 단지 서버에만 있는 것이 아니라, 모바일 개발자들에게도 잘 활용될 수 있는 도구로 자리 잡기를 기대합니다. 과거에는 전통적인 알고리즘으로 풀 수 없었던 문제를 머신러닝으로 간단히 해결하거나 여러분의 애플리케이션에서 머신러닝이 활용될 수 있는 부분이 어디인지 확인하고 싶지 않으신가요? 이 책을 통해 모바일 개발자분들이 머신러닝이라는 거대한 파도를 활용해 볼 수 있는 계기가 되면 좋겠습니다.

_곽도영

매끄러운 서비스를 만드는 일은 쉽지 않습니다. 인공지능 모델까지 아울러야 한다면 더 어려워지겠죠. 하지만 인공지능의 기술이 빠르게 성장함에 따라, 좋든 싫든 많은 분야에서 인공지능을 다루는 능력이 매우 중요해지고 있습니다. 특히 머지않은 미래의 개발자는 인공지능을 얹은 프로그램을 개발하는 능력을 필수적으로 갖춰야 할지도 모릅니다.

한편 사용자와 가장 가깝게 맞닿아 상호작용하는 프로그램은 모바일 기기에서 실행되는 모바일 애플리케이션 또는 브라우저에서 실행되는 웹 애플리케이션입니다. 사용자에게 화면을 보여주는 것을 제외한 모든 것을 (클라우드) 서버에서 수행할 수도 있지만, 보안 등의 이슈로 사용자가 사용하는 기기에서 최대한 처리하는 것이 바람직합니다.

저는 서비스 관점에서 모바일/웹 애플리케이션 개발자가 인공지능을 애플리케이션에 내장하는 방법을 배워야 하는 최전선에 있다고 생각합니다. 그러나 모바일 개발자에게 머신러닝은 아직 생소하기에 배울 지식이 너무나도 많습니다. 또한, 안드로이드와 iOS 모두 배포 대상으로 삼는다면 각기 다른 라이브러리를 익혀야 하므로 더더욱 공부할 게 많아지죠.

이 책은 위와 같은 다양한 주제를 깊이는 아니지만, 당장 실제 작동하는 프로토타입을 만들기에 충분한 수준의 실용적인 예시와 이론을 다룹니다. 특히 동일한 기능의 애플리케이션을 두고, iOS와 안드로이드를 병행하며 다룬다는 점이 독특하면서도 매우 유용합니다. 마지막으로 모바일/웹 애플리케이션을 구동하는 장치의 자원 한계를 극복하기 위해, 인공지능 모델을 클라우드 환경에 배포하는 내용 또한 함께 다룹니다.

이 책이 많은 개발자가 인공지능 영역에 진입할 수 있는 계기를 만들고, 그로부터 기술 융합 시대에 알맞은 능력을 확보하는 데 큰 도움이 되기를 바랍니다.

_박찬성

『온디바이스 AI』에 오신 것을 환영합니다. 성공한 작가들이 말하길 최고의 책은 독자들이 읽고 싶은 책이라고 합니다. 필자가 이 책을 쓰게 된 이유는 모든 모바일 개발자들이 머신러닝이라는 도구를 손쉽게 사용할 수 있게 만들고 싶었기 때문입니다. 독자 여러분의 개발 여정에 도움이 되길 기대합니다.

어떤 사람이 이 책을 읽어야 하나요?

여러분이 안드로이드나 iOS용 코드를 작성하거나, 애플리케이션이나 홈페이지를 통해 사용자에게 가치를 제공하는 모바일 개발자인데, 애플리케이션에 머신러닝을 탑재하는 방법이 궁금했다면 이 책을 추천합니다! 이 책에서는 여러 프레임워크를 활용하여 빠르게 첫발을 딛는 방법을 설명하는 데 초점이 맞춰져 있습니다. 여기서 더 나아가 모델을 커스터마이징하고 더 깊게 머신러닝을 살펴보는 데에도 충분한 가이드가 될 수 있습니다.

책을 집필한 이유

구글에서 필자의 목표는, 모든 개발자가 인공지능을 쉽게 만들고, 복잡한 수식을 거치지 않고 모두에게 인공지능을 손에 쥐여주는 것입니다. 여기서 한 가지 중요한 점은 안드로이드든 iOS든 모바일 개발자들이 새로운 모바일 개발 패러다임을 열 수 있게 만드는 것입니다.

인터넷이 나온 초창기에는 낯선 사람과 대화하지 않아야 한다는 것이 상식이었고, 낯선 차에는 타면 안 된다는 인식이 강했습니다. 하지만 오늘날 패러다임의 변화 덕분에 우리는 우버처럼 인터넷에서 낯선 사람들의 차를 호출하고 그 차에 타서 원하는 장소까지 이동할 수 있게 되었습니다! 이런 변화는 모바일 기기가 인터넷에 연결되어 가능해졌습니다. 결론적으로 우리의 생활 방식을 완전히 바꾸었습니다.

컴퓨팅 장치로 인한 새로운 패러다임의 변화는 머신러닝을 통해 가능할 것입니다. 필자는 단지 예상만 하는 것에 그치지만, 독자 여러분이 이 도구를 이용해 수많은 인공지능 구현체를 만들 수 있도록 돕고 싶습니다. 분명 여러분은 기존 방식을 완전히 바꿀 수 있는 애플리케이션을 만들 수 있을 것입니다. 필자는 여러분이 이 도구를 이용해 무엇을 바꿀지 손꼽아 기다리고 있습니다!

이 책을 보는 방법

이 책을 보는 방법은 여러분에게 달렸습니다. 만약 당신이 머신러닝에 대한 개념부터 이해하고 싶은 모바일 개발자라면, 이 책의 처음부터 읽어갈 수 있습니다. 혹은 ML Kit와 Create ML 같은 비교적 쉬운 도구로 시작하려면 이를 위한 챕터부터 살펴보면 됩니다. 이 책의 마지막에는 파이어베이스를 통한 여러 모델 호스팅, 인공지능의 공정성을 위해 고려할 수 있는 도구 등 AI 개발 여정에서 조금 더 고려해야 할 것들을 살펴봅니다.

이해해야 하는 기술

모바일 기기 위에서 머신러닝 모델 작동 방식에 대해 깊이 들어가기 전에, 이 책에서는 머신러닝(ML)에 대한 간단한 개념 소개를 합니다. 머신러닝에 더 깊게 들어가고 싶다면 『개발자를 위한 머신러닝&딥러닝(한빛미디어, 2022)』이라는 필자의 또 다른 책을 살펴보면 됩니다.

이 책에서는 모바일 개발을 위한 몇 가지 샘플 태스크를 가이드하고 있지만, 안드로이드를 위한 코틀린 개발이나 iOS를 위한 스위프트 개발을 알려주진 않습니다. 적절한 시기에 학습 자료를 안내해드리겠습니다.

코드 예제 활용

보충 자료(코드 예제, 연습 코드 등)는 https://github.com/tucan9389/ondevice-ml-book 에서 다운로드할 수 있습니다. 코드에 문제가 있거나, 질문이 있다면 ondevice.ml.book.ko@gmail.com으로 문의해주세요.

감사의 말

이 책을 만드는 데 관계된 소중한 사람들에게 감사를 전합니다.

제가 두 권의 책을 쓸 수 있게 해준 레베카 노박Rebecca Novack과 오라일리 팀장님께 진심으로 감사드립니다!

질 레너드Jill Leonard는 끊임없는 응원과 함께, 이 일을 쉽고 재밌게 만들어주었을 뿐만 아니라 원고 화면의 첫 픽셀부터 마지막 픽셀까지 다듬어줬습니다.

제품 팀을 관리하는 크리스틴 브라인Kristen Brown, 나의 거친 말들로부터 잘 다듬어진 최종 원고로 잘 안내해준 대니 엘판바움Danny Elfanbaum 제품 편집자, 그리고 탁월한 카피 에디터인 찰스 루멜리오티스Charles Roumeliotis께 감사합니다.

더 나은 책을, 더 나은 코드를, 더 나은 애플리케이션을 만들도록 끊임없이 도와준 기술 리뷰어 팀에게 감사합니다. 마틴 켐카Martin Kemka, 로라 우즈카테기Laura Uzcátegui, 비슈베시 라비 슈리말리Vishwesh Ravi Shrimali, 자린 황Jialin Huang, 마가렛 메이너드-레이드Margaret Maynard-Reid, 쑤 푸Su Fu, 대런 리처드슨Darren Richardson, 도미닉 몬Dominic Monn, 핀위 첸Pin-Yu Chen. 여러분이 한 모든 일들에 감사합니다.

함께 일하는 저의 인공지능 팀의 앤드루 응Andrew Ng, 에디 슈Eddy Shu, 라이언 키넌Ryan Keenan, 오르탈 아렐Ortal Arel, 구글의 제프 딘Jeff Dean, 케말 엘 무자히드Kemal El Moujahid, 매그너스 히텐Magnus Hyttsten, 프랑소와 솔레Francois Chollet, 사라 시라주딘Sarah Sirajuddin, 울프 돕슨Wolff Dobson 뿐만 아니라 다양한 사람들과 함께 일할 수 있어서 저에겐 축복이었습니다.

하지만 무엇보다 이 모든 것을 의미 있게 만들어준 가족들에게 감사의 말을 전하고 싶습니다. 무한한 인내의 여성인 제 아내 레베카 모로니, 간병으로 세상을 바꾸고 있는 제 딸 클라우디아, 그리고 미래의 인공지능 스타인 제 아들 크리스토퍼가 있습니다!

CONTENTS

CHAPTER 1 인공지능과 머신러닝 소개

CHAPTER 2 컴퓨터 비전 소개

CONTENTS

CHAPTER **5** **안드로이드에서 ML Kit로 텍스트 처리 애플리케이션 만들기**

CHAPTER 6 **iOS에서 ML Kit로 컴퓨터 비전 애플리케이션 만들기**

CHAPTER 7 **iOS에서 ML Kit로 텍스트 처리 애플리케이션 만들기**

CONTENTS

CHAPTER 8 TFLite 더 깊게 이해하기

CHAPTER 9 커스텀 모델 만들기

CONTENTS

CONTENTS

인공지능과 머신러닝 소개

여러분은 **인공지능**artificial intelligence (AI), **머신러닝**machine learning (ML), **딥러닝**deep learning (DL), 그리고 최신 기술들이 궁금해서 이 책을 선택했을 겁니다. 그렇다면 잘 오셨습니다. 이 책은 먼저 인공지능과 머신러닝의 작동 방식을 간단히 설명하고, 텐서플로 라이트TensorFlow Lite (TFLite), ML Kit, Core ML을 사용하여 머신러닝을 어떻게 모바일 애플리케이션에서 사용하는지까지 설명합니다. 이번 장에서는 인공지능, 머신러닝, 딥러닝의 보편적인 의미와 실제 의미가 어떻게 다른지 짚어 보겠습니다. 우선 가벼운 이야기부터 시작해 볼까요?

1.1 인공지능이란?

필자의 경험상 **인공지능**(혹은 **AI**)은 역사적으로 큰 오해가 있던 기술이었습니다. 그 이유는 바로 이름에 있습니다. 보통 인공지능이란 단어는 **인공적**으로 지능을 창조해낸다는 이미지를 떠올리게 합니다. 특히 공상과학 소설이나 대중문화에서 일반적으로 인공지능을 사람처럼 보이고 느껴지는 로봇으로 묘사하기 때문에, 더욱 오해 섞인 의미로 널리 알려졌습니다. 필자는 〈스타 트렉: 더 넥스트 제너레이션〉의 '데이터'라는 캐릭터를 인공지능의 전형적인 예시로 생각합니다. 그는 지능이 있고 자아도 있지만 감정이 결여된 인공지능입니다. 이 영화의 스토리는 데이터가 인간이 되기 위한 여정으로 흥미롭게 구성되어 있어 인공지능을 보다 친밀하게 느낄 수 있습니다. 반대로 다른 영화나 책에서는 인공지능의 부정적인 면만을 강조해서 사람들에게

두려움을 느끼게 하기도 했습니다.

인공지능을 이런 방식으로 굉장히 자주 접할 때, 사람들이 이 단어(인공지능)의 의미를 단순하게 정의 내려버리기 쉽습니다. 하지만 이 정의가 오늘날의 관점에서 실제 인공지능의 정의나 예시는 아닙니다. 인공지능은 인공적으로 지능을 생성해내는 것이 아니라, 인공적으로 만들어진 지능을 뜻합니다. 여러분이 인공지능 개발자가 된다면 완전히 새로운 삶이 펼쳐진다기보다는 기존의 전통적인 코드 작성 방식과 다른 방식으로 코드를 작성하게 됩니다. 그렇게 만들어진 인공지능은 인간의 행동을 대략적으로 모방할 수 있습니다. 일반적인 예시로는 컴퓨터 비전에서 딥러닝을 활용할 때, 컴퓨터가 이미지의 내용을 이해하기 위해 수많은 if...then 규칙을 코드로 작성하여 이미지의 픽셀을 분석하는 것이 아니라, 수많은 샘플을 컴퓨터에 '보여줌으로써' 컴퓨터가 스스로 이미지의 내용을 **배우도록** 할 수 있습니다.

예를 들면 우리가 티셔츠와 신발의 차이를 알 수 있는 코드를 작성해 본다고 가정하겠습니다 (그림 1-1).

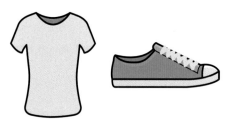

그림 1-1 티셔츠와 신발

어떻게 구분을 할까요? 우선 특정한 모양을 찾고 싶을 것입니다. 티셔츠 위 몸의 윤곽을 따라 평행한 세로선들은 이것이 티셔츠임을 나타내는 좋은 단서입니다. 바닥 쪽에 두꺼운 가로선은 이것이 신발임을 나타내는 좋은 지표가 되지만, 이것을 컴퓨터로 탐지해내려면 많은 줄의 코드가 필요하죠. 그리고 이 규칙들은 일반적인 상황에서만 적용됩니다. 듬성듬성 구멍이 난 티셔츠 같은 일반적이지 않은 티셔츠는 여러 가지 예외(수많은 if문)를 만듭니다.

먼저 사람에게 신발과 티셔츠 중 하나를 선택하라고 물어본다면 어떻게 선택할 것 같나요? 그가 이전에 신발과 티셔츠를 한 번도 본 적이 없다고 했을 때, 수많은 신발과 티셔츠 예시를 구분해서 보여주면, 그는 무엇이 신발을 구성하는지, 무엇이 티셔츠를 구성하는지 바로 이해할 수 있을 것입니다. 어떤 게 어떤 건지 **규칙**을 하나하나 설명할 필요가 없겠죠. **인공지능**도 유사한 방식으로 작동합니다. 티셔츠와 신발의 차이점을 설명할 수 있도록 그 모든 규칙을 컴퓨터에 입력하는 대신, 수많은 티셔츠와 신발 예시 이미지들을 보여주면 컴퓨터는 구별해낼 수 있게 됩니다.

하지만 컴퓨터가 스스로 이 일을 할 수 있는 것은 아닙니다. 컴퓨터가 그렇게 할 수 있도록 여러분이 기존에 작성해 오던 코드와는 다른, 새로운 방식으로 코드를 작성해야 합니다. 그러나 컴퓨터가 이것을 구별하도록 학습을 도와주는 프레임워크를 사용한다면 여러분이 직접 코드를 짤 필요가 없습니다. 이미 이런 목적으로 만들어진 프레임워크가 몇 개가 있습니다. 이 책에서는 그 프레임워크 중에서 **텐서플로**^{TensorFlow}를 배워 방금 언급한 것과 같은 에플리케이션을 만들어 봅니다.

텐서플로는 머신러닝을 위한 종단간^{end-to-end} 오픈소스 플랫폼입니다. 이 책에서는 머신러닝과 딥러닝을 사용하여 모델을 제작하는 것부터 모바일 친화적인 모델 포맷인 **텐서플로 라이트(TFLite)**로 변환하고, 그 모델을 모바일 기기에서 실행하거나 **텐서플로 서빙**^{TensorFlow Serving}으로 서빙하기까지 광범위하게 활용해 볼 것입니다. 또한 ML Kit의 고수준 API와 턴키 솔루션을 통해 자주 사용되는 모델들을 소개합니다.

이 책을 읽다 보면 알겠지만, 인공지능 기술이 특별히 새롭거나 흥미롭지는 않습니다.

현재 인공지능 기술의 폭발적인 발전은 대량의 데이터 가용성과 함께 개선된 컴퓨터 성능 덕분입니다. 머신러닝을 사용하는 시스템 구축에서는 이 두 가지 요인을 모두 갖추는 것이 중요합니다. 그러나 지금은 이러한 개념들을 쉽게 설명하기 위해 작은 것부터 차근차근 시작해 보도록 하겠습니다.

1.2 머신러닝이란?

앞에서 소개했던 예시에서 사람은 수많은 티셔츠와 신발 이미지를 보고 구별하는 방법을 '**배운다는**' 것을 눈치채셨을 것입니다. 이와 같이 인공지능도 이것이 티셔츠이고 저것이 신발이라는 정보를 주면 새로운 지식을 얻어가며 개선해 갑니다.

이런 방법으로 컴퓨터에 프로그래밍하기 때문에 머신러닝이라는 용어를 사용합니다. 이 용어도 앞의 인공지능 용어와 마찬가지로 컴퓨터가 인간이 배우는 방식과 유사하게 공부하고, 검증하고, 이론화하고, 테스트하고 기억까지 하는 지능적인 개체라는 잘못된 인상을 남길 수 있습니다. 표면적인 수준에서는 어느 정도는 맞겠지만 머신러닝은 사람의 두뇌가 하는 일보다 훨씬 단순한 일만 수행할 수 있습니다.

즉, 머신러닝 코드를 작성한다는 것은 사람이 직접 파라미터를 찾지 않고 컴퓨터가 스스로 파라미터를 찾아가도록 하는 코드를 작성하는 것입니다. 머신러닝은 시행착오를 통해 적절한 파라미터를 찾아가고, 최적화는 모델의 에러를 줄여가며 더 나은 정확도와 성능을 달성하도록 합니다.

글로 설명하기는 다소 어렵네요. 이제 실제로 이것이 어떤 모습인지 살펴보도록 하겠습니다.

1.2.1 전통적인 프로그래밍에서 머신러닝으로 넘어가기

이제부터 예제를 통해 머신러닝과 전통적인 프로그래밍의 세부적인 차이점을 알아보겠습니다.

직선을 표현하는 함수를 생각해 보겠습니다. 고등학교 때 배웠던 기하학을 떠올릴 수 있겠네요.

$$y=Wx+B$$

이 식은 어떤 점들의 모임이 하나의 직선이 됨을 표현하고 있습니다. 선 위의 모든 y는 x에 W(가중치)를 곱하고 B(편향)를 더하여 계산할 수 있습니다(다른 인공지능 도서에 있는 수식들은 다소 어려울 수 있습니다. 하지만 이제 막 인공지능을 시작하는 사람들에게는 어려운 수학이 필요하진 않습니다. 이 수식은 이 책에서 몇 번 안 나오는 수식 중 하나입니다.).

이제 같은 선상의 서로 다른 두 점이 주어졌고, 그 점이 p1(2, 3)과 p2(3, 5)라고 가정하겠습니다. 이 두 점을 연결하는 선을 만들고 싶을 때 W와 B는 어떻게 구할 수 있을까요?

W부터 구해 보겠습니다. W는 **가중치**weight라 부르며 기하학에서는 **기울기**slope라고도 부릅니다. [그림 1-2]를 보겠습니다.

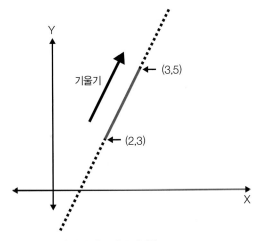

그림 1-2 기울기가 있는 선분 시각화

두 점(p1, p2) 사이의 기울기를 구하는 다음 공식을 이용해 쉽게 계산해 볼 수 있습니다.

$$W=(y2-y1)/(x2-x1)$$

위 식에 주어진 값들을 넣어 보면 기울기(W)를 계산할 수 있습니다.

$$W=(5-3)/(3-2)=(2)/(1)=2$$

이를 다음처럼 파이썬으로도 계산해 보겠습니다.

```
def get_slope(p1, p2):
    W = (p2.y - p1.y) / (p2.x - p1.x)
    return W
```

위 코드는 작동은 하겠지만, 두 x가 모두 0일 때 0으로 나누어지는 경우를 고려하지는 않았으므로 불완전한 수식입니다. 하지만 일단 여기서는 넘어가겠습니다.

W값을 찾아서 직선을 위한 함수를 만들었으니 이제 B를 구해 보겠습니다. 다시 고등학교 기하학을 생각해 보며, 이번에는 주어진 두 점 중 한 점을 사용하겠습니다.

처음 수식은 다음과 같습니다.

$$y=Wx+B$$

이것을 다음 식처럼 변환합니다.

$$B = y - Wx$$

그리고 x=2, y=3, W=2를 대입합니다.

$$B = 3 - (2*2)$$

B가 −1로 계산됩니다.

위 수식을 다음 코드로 작성할 수 있습니다.

```python
def get_bias(p1, W):
    B = p1.y - (W * p1.x))
    return B
```

마지막으로 새로운 x값이 주어졌을 때 y값을 구할 수 있는 코드는 다음과 같습니다.

```python
def get_y(x, W, B):
    y = (W*x) + B
    return y
```

전체 코드를 보고 싶다면, 다음 코드를 참고하세요.

```python
def get_slope(p1, p2):
    W = (p2.y - p1.y) / (p2.x - p1.x)
    return W

def get_bias(p1, W):
    B = p1.y - (W * p1.x)
    return B

def get_y(x, W, B):
    y = W*x + B

p1 = Point(2, 3)
p2 = Point(3, 5)

W = get_slope(p1, p2)
B = get_bias(p1, W)
```

```
# 이제 어떤 x에 대해서도 y를 구할 수 있습니다
x = 10
y = get_y(x, W, B)
```

위 코드를 실행해 보면 x가 10일 때 y가 19가 된다는 것을 확인할 수 있습니다.

지금까지 쉽게 접할 수 있는 일반적인 프로그래밍을 해 보았습니다. 우리에겐 해결하고자 하는 문제가 있었고, 그 문제를 해결하는 규칙을 찾아낸 뒤, 코드로 작성하여 문제를 해결했습니다. 주어진 두 점으로 W를 계산하는 규칙을 코드로 작성했습니다. W를 찾은 뒤에는 W와 주어진 점 중 한 점으로 B값을 계산할 수 있습니다. 그런 다음 W와 B, x로 y를 계산하는 규칙을 만들었습니다.

이것이 바로 **규칙 기반 프로그래밍**이라고도 부르는 전통적인 프로그래밍 방식입니다. [그림 1-3]을 보겠습니다.

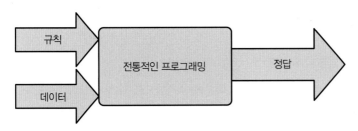

그림 1-3 전통적인 프로그래밍

큰 관점에서 보았을 때, **입력 데이터**에 대한 **정답**을 제공하는 **규칙**을 구현하는 것이 전통적인 프로그래밍 방식입니다. 앞의 시나리오에서는 한 직선 위의 두 데이터(두 점)가 있었습니다. 직선을 표현하는 규칙을 이용하여 새로운 데이터에 대한 답을 구하고, 이 답으로 선을 그렸습니다.

이러한 시나리오상에서 프로그래머의 핵심 역할은 **규칙을 찾아내는 것**입니다. 컴퓨터가 이해할 수 있도록 규칙을 쪼개고, 문제를 정의하고, 코딩 언어로 표현하는 방식은 다른 문제에도 적용할 수 있습니다.

하지만 매번 이렇게 쉽게 규칙을 찾아내지 못할 수도 있습니다. 티셔츠와 신발을 구별하고 싶었던 이전 시나리오를 생각해 봅시다. 어떤 프로그래머는 이 예시에서 규칙을 찾아내지 못하거나 코드로 표현하지 못할 수도 있습니다. 이럴 때 머신러닝의 도움을 받을 수 있습니다. 우리는 뒤에서 더 어려운 여러 비전 태스크를 다룰 예정이지만, 처음에는 쉽게 접근하기 위해 머신러닝을 이용해서 선의 방정식을 찾는 방법부터 알아보겠습니다.

1.2.2 컴퓨터가 어떻게 학습할 수 있을까요?

프로그래머가 직접 직선을 구성하는 규칙을 찾아서 구현하는 방법과 머신러닝이 접근하는 방법이 어떤 차이점이 있는지 살펴보겠습니다.

먼저 머신러닝 코드가 어떻게 이루어져 있는지 알아보겠습니다. 이 예제는 모든 코드에서 가장 기본적으로 볼 수 있는 'Hello World' 같은 구조지만, 전반적인 구조는 앞으로 보게 될 복잡한 머신러닝 코드와 굉장히 유사합니다.

머신러닝으로 이 문제를 해결하기 위해 개략적인 사용법을 설명하겠습니다. 앞에서 우리는 x와 y값이 있을 때 W와 B를 찾아내고, 그 후 W와 B를 이용하여 직선의 방정식을 찾아내면 다른 x에 대한 y도 얻을 수 있었습니다.

1단계 정답 추측하기

제목을 잘못 본 게 아닙니다. 우선, 정답을 모르기 때문에 추측만으로 답을 구합니다. 실제로 W와 B값을 임의로 고른다는 의미입니다. 처음에는 완전히 임의의 값으로 시작하지만 점차 정답에 가까워집니다. 그럼 여기서 첫 추측값을 W=10, B=5로 했다고 가정해 보겠습니다.

2단계 추측한 결과에서 정확도 측정하기

이제 추측한 값 W와 B가 준비됐으니, 추측한 결과가 정답과 얼마나 다른지 판단할 수 있습니다. y=10x+5로 여러 x에 대해 y값을 계산하고, 이것을 실제 '정답'과 비교하여 추측이 얼마나 좋은지 나쁜지를 도출합니다. 이 경우 보통 추측된 숫자가 정답과 많이 다르기 때문에 추측이 엄청 잘못됐다고 느껴지겠지만, 지금은 그냥 우리의 추측값이 다소 좋지 않았다는 점만 알아두세요. 이후 더 자세히 설명하겠습니다. 여기서 추측값이 정답과 차이 나는 정도를 손실[loss]이라고도 부릅니다.

3단계 추측 최적화하기

이제 추측값을 구했다면, 손실을 계산하고, 이것을 가지고 더 좋은 추측값을 만들 수 있습니다. 이 과정을 **최적화**optimization라 부릅니다. 예전에 인공지능과 관련된 코딩이나 학습에서 수학이 많이 사용되는 부분을 봤다면 바로 그 부분이 최적화 부분일 것입니다. 최적화는 한마디로 파라미터를 조금씩 조정해 가며 에러가 가장 적게 나오도록 만들어가는 방법입니다. 그 방법 중 **경사 하강법**gradient descent은 미적분을 통해 추측값을 개선해갈 수 있습니다만, 여기서는 다루지 않겠습니다. 최적화 모델의 작동 방식을 알면 유용하긴 하겠지만, 지금 우리는 텐서플로 같은 프레임워크에서 이미 구현해 둔 최적화 모델을 사용하면 됩니다. 나중에 학습 과정을 더 개선 해야 할 때 더 좋은 방법들을 찾아보면 되므로 프레임워크에 내장된 옵티마이저를 사용하는 것 만으로 충분합니다. 최적화 과정을 끝내면 다시 1단계로 돌아갑니다. 이 과정을 반복하여 최적 의 W와 B 파라미터값을 찾습니다.

기계(머신)가 학습(러닝)하기 때문에 위 과정을 **머신러닝**Machine learning이라 부르는 이유가 됩니다. 추측값을 만들어내고, 그 값이 좋은지 나쁜지 계산하고, 그 정보를 바탕으로 다음 추측값을 최적화하는 이 과정을 반복하면 컴퓨터는 시간이 지나면서 W와 B 파라미터(혹은 다른 무엇이든)를 '학습'해 갑니다. 그리하여 결국 컴퓨터는 선을 구성하는 규칙을 찾습니다. 이 과정을 [그림 1-4]로 표현할 수 있습니다.

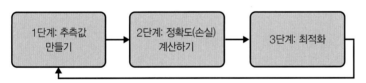

그림 1-4 머신러닝 알고리즘

머신러닝 코드 구현하기

이제 머신러닝 코드를 좀 더 자세히 살펴보면서 직접 실행해 보겠습니다. 처음에는 머신러닝 코드들이 다소 생소하겠지만 이 책의 예제들을 차근차근 살펴보면 점차 익숙해질 겁니다. 한 직선 위의 임의의 점들이 주어졌을 때 W와 B 파라미터를 컴퓨터가 학습하려면 단순한 **신경 망**neural network (이게 무엇인지는 뒤에 설명하도록 하겠습니다)을 사용하면 되므로, 필자는 이 예제 또한, 'Hello World' 예제라 부르겠습니다.

다음은 코드입니다(이 책에서 나오는 모든 코드 예제는 이 책이 제공하는 **깃허브**^{Github}[1] 저장소에서 확인할 수 있습니다).

```
# import 부분은 생략합니다(깃허브 전체 코드를 참고해주세요).
model = Sequential(Dense(units=1, input_shape=[1]))
model.compile(optimizer='sgd', loss='mean_squared_error')

xs = np.array([-1.0, 0.0, 1.0, 2.0, 3.0, 4.0], dtype=float)
ys = np.array([-3.0, -1.0, 1.0, 3.0, 5.0, 7.0], dtype=float)

model.fit(xs, ys, epochs=500)

print(model.predict([10.0]))
```

> **NOTE** 이 코드는 텐서플로 케라스 API로 작성되었습니다. 케라스는 고수준 API로 쉽게 모델을 정의하고 학습할 수 있도록 설계된 오픈소스 프레임워크입니다.

그럼 한 줄, 한 줄 확인해 보죠.

먼저 **모델**^{model}의 개념입니다. 데이터를 하나씩 배우는 코드를 작성할 때, 결과가 되는 객체를 보통 '모델'이라고 부릅니다. 여기서 말하는 모델은 앞에서 코드로 구현했던 get_y() 함수와 비슷한 결과를 제공합니다. 하지만 모델은 W와 B를 인자로 전달하지 않아도 된다는 점이 get_y() 함수와 차이점입니다. 준비된 데이터를 기반으로 스스로 W와 B를 찾아가기 때문에 학습이 끝나고 모델에 x값을 넣으면 적절한 y값을 반환합니다.

다음은 모델을 정의하는 코드입니다.

```
model = Sequential(Dense(units=1, input_shape=[1]))
```

나머지 코드들은 어떤 역할을 할까요? 먼저 괄호 안에 있는 Dense를 보겠습니다. 여러분은 [그림 1-5]와 같이 생긴 신경망을 본 적이 있을 것입니다.

---

1 옮긴이_ https://github.com/tucan9389/ondevice-ml-book

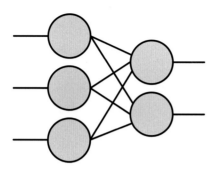

그림 1-5 기본 신경망

[그림 1–5]에서 왼편의 각 노드(혹은 뉴런)가 오른편의 노드와 연결되어 있습니다. Dense 는 왼편의 노드(뉴런)를 오른편의 모든 노드(뉴런)와 연결하는 방식입니다. 그래서 뜻도 '**밀집**dense'입니다. 또한 왼편에 3개의 노드가 있고 오른편엔 2개의 노드가 있는데, 이 노드들은 '**레이어**layer'('층'이라고도 합니다)의 행렬을 이룹니다. 첫 번째 '레이어'에는 뉴런 세 개가 있고, 두 번째 '레이어'에는 뉴런 두 개가 있습니다.

다시 코드로 돌아오겠습니다.

```
model = Sequential(Dense(units=1, input_shape=[1]))
```

이 코드는 괄호 안에 레이어로 이루어진 행렬을 정의해 만듭니다. 행렬에서 첫 번째 요소는 [그림 1–5]의 신경망인 Dense가 됩니다. 그 외에 다른 레이어가 정의되지는 않았으므로 Sequential은 한 레이어만 가집니다. 이 레이어는 하나의 유닛을 가지는데, units=1 인자는 하나의 값을 입력받도록 입력 형태를 구성합니다.

우리가 만든 신경망은 [그림 1–6]으로 표현할 수 있습니다.

그림 1-6 가장 간단한 신경망

이것이 이 예제를 신경망의 'Hello World'라 부른 이유입니다. 이 모델은 한 레이어만을 가지며, 이 레이어에는 뉴런이 단 한 개만 존재합니다. 한 줄의 코드로 모델 아키텍처를 정의했습니다.

그럼 다음 줄로 넘어가겠습니다.

```
model.compile(optimizer='sgd', loss='mean_squared_error')
```

손실을 계산하기 위해 내장된 함수와 옵티마이저(추측값이 얼마나 좋고 나쁜지 판단하는 2단계 과정을 떠올려 보세요)를 사용하여 W와 B 파라미터를 개선해갈 수 있습니다.

여기서 'sgd'는 '확률적 경사 하강법'stochastic gradient descent'의 약자입니다. 이것을 설명하기엔 이 책의 범위를 벗어나므로 비교적 간단하게 소개하겠습니다. 확률적 경사 하강법은 손실을 최소화하기 위해 사용하는 최적화이며, 평균 제곱 오차 손실함수mean squared error loss function로 계산하는 데 사용합니다.

다음으로 데이터를 정의합니다. 2개의 점으로는 충분하지 않을 수 있으므로 6개의 점을 만들었습니다.

```
xs = np.array([-1.0, 0.0, 1.0, 2.0, 3.0, 4.0], dtype=float)
ys = np.array([-3.0, -1.0, 1.0, 3.0, 5.0, 7.0], dtype=float)
```

np는 넘파이(혹은 넘피)NumPy 라이브러리를 의미합니다. 흔히 데이터 과학이나 머신러닝에서 손쉽게 데이터를 처리하는 용도로 이 라이브러리를 사용합니다. 넘파이에 대한 자세한 내용은 공식 홈페이지[2]에서 확인할 수 있습니다.

x= −1일 때 y= −3이 되고, x가 0이면 y는 −1이 되는 식으로, x값들에 대한 y값들을 만들겠습니다. 값들을 검산해 보면 y=2x−1에 성립한다는 것을 확인해 볼 수 있습니다.

다음으로는 앞에서 말했던 일(추측값을 만들고, 손실이 좋은지 나쁜지 계산하고, 새로운 추측값으로 최적화하는 일)을 반복하겠습니다. 텐서플로에서는 보통 이 과정을 피팅fitting이라 부릅니다. x와 y값들을 알고 있으면, x를 y에 피팅하고 싶을 때 주어진 x에 대해 정답 y를 넣어 규칙을 찾습니다. epochs=500은 이 과정을 500번 반복하겠다는 의미입니다.

```
model.fit(xs, ys, epochs=500)
```

---

2 https://numpy.org

이 코드를 실행하면 다음과 같은 출력물을 확인할 수 있습니다.

```
Epoch 1/500
1/1 [==============================] - 0s 1ms/step - loss: 32.4543
Epoch 2/500
1/1 [==============================] - 0s 1ms/step - loss: 25.8570
Epoch 3/500
1/1 [==============================] - 0s 1ms/step - loss: 20.6599
Epoch 4/500
1/1 [==============================] - 0s 2ms/step - loss: 16.5646
Epoch 5/500
1/1 [==============================] - 0s 1ms/step - loss: 13.3362
```

손실의 단위는 크게 중요하지 않습니다. 이 값이 점점 줄어드는지가 중요합니다. 손실이 줄어들수록 모델의 성능이 나아져서 점점 정답에 가까운 값을 반환하게 된다는 점을 기억해주세요. 첫 번째 에폭의 손실은 32.4543이었으나 5번째 에폭의 손실은 13.3362로 줄어들었습니다.

500번째에서 마지막 5개 에폭의 손실을 확인해 보겠습니다.

```
Epoch 496/500
1/1 [==============================] - 0s 916us/step - loss: 5.7985e-05
Epoch 497/500
1/1 [==============================] - 0s 1ms/step - loss: 5.6793e-05
Epoch 498/500
1/1 [==============================] - 0s 2ms/step - loss: 5.5626e-05
Epoch 499/500
1/1 [==============================] - 0s 1ms/step - loss: 5.4484e-05
Epoch 500/500
1/1 [==============================] - 0s 4ms/step - loss: 5.3364e-05
```

손실이 아주 많이 작아진 $5.3364e{-}05\,(5.3 \times 10^{-5})$이 됩니다.

이 손실은 뉴런이 찾은 W와 B값이 정답 W와 B값과 아주 조금만 차이가 난다는 의미입니다. 물론 손실이 0이 아니기 때문에 완전히 정답이라 할 수는 없습니다. 예를 들어 x = 10.0으로 가정해 보겠습니다.

```
print(model.predict([10.0]))
```

`predict`를 호출하여 모델에서 나온 추론 결과는 19에 아주 가까운 18.98입니다. 왜 이런 차이가 생기는 걸까요? 두 가지 이유를 추측해 볼 수 있습니다. 첫 번째는 신경망은 **확실성**이 아닌 **가능성**을 다루기 때문에 완벽하게 정확하다고 할 수는 없습니다. 예제에서 찾은 W와 B는 정확할 가능성이 높지만 100% 정확하다고 확신할 순 없습니다. 두 번째, 신경망에 넣은 데이터의 수가 작기 때문입니다. 학습 데이터로 넣은 6개의 점이 같은 선상에 있지만, 이 데이터만으로는 모델이 판단하기에 다른 점들이 반드시 같은 직선 위에 있다고 보기는 어렵습니다. 낮은 확률로 데이터가 직선으로부터 아예 멀어질 수도 있습니다. 우리는 컴퓨터에 이 값들이 같은 직선 위에 있다고 알려주지 않았고, xs가 ys로 대응하는 규칙을 찾으라고만 했으므로, 학습된 모델의 예측 결과가 직선처럼 보일 수는 있지만 실제 직선이라고 완전히 보장하진 못합니다.

이 점이 바로 신경망과 머신러닝을 다룰 때 주의해야 할 점입니다. 이처럼 머신러닝은 **확률**을 다룹니다.

또한, 모델의 메서드 이름에서도 힌트를 얻을 수 있습니다. x = 10.0이라고 했을 때 y를 **계산**calculate하지 않고 **예측**predict하였습니다. 여기서 예측(혹은 추론)은 모델이 학습한 것들을 바탕으로 출력값을 **알아내려고** 하겠지만 이 출력값은 완벽하게 정확하진 않습니다.

1.2.3 전통적인 프로그래밍과 머신러닝의 차이점

돌아가서 [그림 1-3]의 전통적인 프로그래밍을 다시 보겠습니다. 여러분이 방금 본 머신러닝과 전통적인 프로그래밍의 차이점을 생각해 보세요. 앞의 설명처럼 전통적인 프로그래밍에서는 프로그래머가 주어진 시나리오에서 규칙을 정의하고, 코드로 표현하고, 해당 코드가 주어진 데이터에 대해 답을 구할 수 있도록 만듭니다. 머신러닝도 전체적인 흐름은 비슷하지만, 어떤 절차는 반대로 진행합니다. [그림 1-7]을 보겠습니다.

그림에서 볼 수 있듯, 여기서 전통적인 프로그래밍과 머신러닝의 주요한 차이점은, **여러분(프로그래머)이 규칙을 알아내지 않는다는 점입니다.** 대신 **데이터**와 **정답**을 주입하여 컴퓨터가 스스로 규칙을 알아내도록 합니다. 앞의 예제에서 (데이터라고 부르는) x값들에 대해 (정답이라고 부르는) y값을 컴퓨터에 주고, x를 y로 맞추는 규칙을 찾게 만듭니다. 따로 기하학 계산, 절편 계산과 같은 것들을 하지 않고도 컴퓨터는 x로 y를 찾는 **패턴**을 스스로 알아냈습니다.

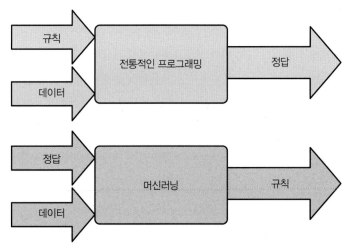

그림 1-7 전통적인 프로그래밍과 머신러닝

이것이 머신러닝과 전통적인 프로그래밍의 차이입니다. 이러한 방식은 애플리케이션에서 완전히 새로운 시나리오의 개발이 가능하게 하기 때문에 많은 사람이 머신러닝에 관심을 갖는 이유이기도 합니다. 예시 중 하나는 **컴퓨터 비전** 분야입니다. 앞에서 논의한 바와 같이 티셔츠와 신발의 차이를 찾는 규칙을 코드로 작성하는 것은 굉장히 어렵습니다. 하지만 컴퓨터가 일대일 매칭 방법을 알아낼 수 있다면 이런 시나리오도 해결이 가능합니다. 여기서부터는 X-ray나 다른 의료용 스캔들을 해석하거나, 대기오염을 탐지하는 등 더 중요한 일까지도 처리할 수 있습니다. 실제로 연구 결과에 따르면 특정 작업에 대해서는 컴퓨터가 인간만큼, 때로는 인간보다 더 뛰어난 경우도 보고되고 있습니다. 재미 삼아 이 블로그[3]도 확인해 보세요. 구글의 연구원들이 당뇨망막증이 진단된 망막 이미지로 컴퓨터가 각 진단을 결정하는 요인이 무엇인지 알아내도록 훈련시켰고, 시간이 지나면서 결국 컴퓨터는 최고의 당뇨망막증 진단 능력을 가지게 되는 내용입니다.

---

3 https://oreil.ly/D2Ssu

1.3 모바일 모델 제작하기

앞에서 어떤 문제를 풀 때, 어떻게 전통적인 규칙 기반 프로그래밍에서 머신러닝으로 넘어가는 지를 간단한 예시와 함께 살펴보았습니다. 물론 예시가 아닌 사용자의 실제 문제를 해결할 수 없으면 무용지물이겠지만, 우리는 **안드로이드**와 **iOS** 같은 모바일 기기에서도 머신러닝 모델을 사용하여 실제 문제를 해결할 수 있습니다!

모델 활용의 관점에서 다양한 방법이 있지만, 이 책에서는 최대한 쉽게 활용할 수 있는 방법에 초점을 두고 설명하겠습니다.

예를 들어, 이미 만들어져 있는 **모델**과 **턴키 솔루션**을 사용하여 문제를 해결할 수 있고, 또 다른 방법으로 **전이 학습**transfer learning을 많이 사용합니다. 이 방법은 누군가가 만들어놓은 기존 모델의 일부분을 가져와서 용도에 맞게 바꿔 사용하는 것입니다. 예를 들어 빅테크 회사나 유명한 대학의 연구자들은 접근하기 힘든 데이터나 사용하기 힘든 컴퓨팅 자원을 활용하여 모델을 만듭니다. 이후에 이들은 다른 사람들이 그 모델을 재사용하거나 용도를 바꿔 사용할 수 있게 세상에 공유해 왔습니다. 앞으로 2장부터 이렇게 공유된 다양한 모델들을 살펴봅니다.

물론 완전히 처음부터 모델을 학습시켜[4] 여러분만의 모델을 만드는 방법도 있습니다. 텐서플로를 이용해 이런 모델을 만들 수도 있지만 이 책에서는 가볍게 다루고 기존 모델을 이용하는 모바일 시나리오에 더 집중하겠습니다. 처음부터 모델을 만드는 학습에 더 관심이 있다면 『개발자를 위한 머신러닝&딥러닝』(한빛미디어, 2022)책을 추천합니다. 이 책은 여러분만의 모델을 만드는 방법에 더 초점을 두고 아주 기초적인 원리부터 설명합니다.

---

4 옮긴이_ 스크래치(scratch)부터 학습한다고도 합니다.

1.4 마치며

이 장에서는 인공지능과 머신러닝에 대해 소개했습니다. 프로그래머 관점에서 보았을 때 개념적으로 과장된 부분을 덜어내는 데 도움이 되었다면 좋겠습니다. 과장된 부분을 덜어내고 나면 인공지능과 머신러닝이 매우 유용하고 효과적으로 사용되는 곳을 판단할 수 있습니다. 이 장에서 머신러닝이 작동하는 방식과, 서로 다른 값들을 맞춰가는 방법, 패턴을 매칭하는 방법, 이를 결합하여 컴퓨터가 규칙을 '학습'해 가는 전반적인 **'루프'** 과정을 자세히 알아보았습니다. 이 과정을 지나고 나면 컴퓨터는 다소 지능적으로 작동하여 '인공지능'이라는 용어가 어울리게 됩니다. 또한 **모델, 예측, 손실, 최적화, 추론** 등을 포함하여 머신러닝 또는 인공지능 프로그래머가 되기 위해 알아야 하는 용어들에 대해 배웠습니다.

3장부터는 이런 예제들을 활용하여 머신러닝 모델을 모바일 애플리케이션에 구현해 보겠습니다. 하지만 그전에 먼저 직접 모델을 만들어 보면서 머신러닝이 전체적으로 어떻게 작동하는지 살펴보겠습니다. 그럼 2장에서는 좀 더 복잡한 컴퓨터 비전 모델을 만들어 보겠습니다.

## CHAPTER 2

컴퓨터 비전 소개

이 책에서는 머신러닝 모델의 기초 지식이나 학습 방법에 대한 모든 내용을 다루지 않겠지만, 독립적으로 다룰 수 있는 몇 가지 기본 시나리오를 다룹니다. 텐서플로로 커스텀 모델을 만드는 과정에 대해 더 배워보고 싶다면 필자가 집필한 『개발자를 위한 머신러닝&딥러닝』(한빛미디어, 2022)를, 좀 더 깊이 있게 배워보고 싶다면 『핸즈온 머신러닝(2판)』(한빛미디어, 2020)을 추천합니다.

이 장에서는 1장에서 만들었던 기본 모델보다 조금 더 복잡한 컴퓨터 비전 모델로 컴퓨터가 사물을 '보는' 방법을 살펴보겠습니다. '**인공지능**'이나 '**기계학습**' 용어와 비슷하게 '**컴퓨터 비전**'이나 '**보다**'와 같은 용어도 모델 작동 방식에 대한 오해를 만들 수 있습니다.

컴퓨터 비전은 거대한 분야입니다. 그래서 우선 이 장의 목적에 맞게 몇 가지 작은 핵심 시나리오에만 초점을 두고 설명하겠습니다. 컴퓨터 비전은 크게 이미지의 내용을 분석하고, 이미지에 해당되는 레이블을 찾거나, 이미지 속에 항목을 찾는 작업들을 말합니다.

컴퓨터 비전은 정말로 인간의 '**시각**'vision'이나 '**보다**'seeing'와 동등한 의미는 아니지만, 컴퓨터가 이미지의 픽셀을 해석하는 구조화된 알고리즘을 말합니다. 물론 사람이 문장의 의미를 이해하는 것처럼 정말로 이미지를 '이해한다'는 것은 아닙니다.[1]

아주 간단한 이미지라도 전통적인 규칙 기반 알고리즘으로 해석하려면 수많은 코드를 작성해

1 　옮긴이_ 현재 딥러닝이 이미지를 이해하는 방식은, 이미지의 수많은 패턴을 찾아서 조합하여 또 다른 패턴을 찾을 수 있는 방법이라 생각합니다. 이미지를 이해한다기보다는 이미지의 패턴을 잘 찾을 수 있다는 의미로 이해하면 좋습니다.

야 할 것입니다. 바로 여기서 머신러닝이 빛을 냅니다. 이후에도 설명하겠지만, 머신러닝을 활용하면 단 몇 줄의 코드로 이미지의 내용을 해석할 수 있는 모델을 만들 수 있습니다. 그럼 시작해 보겠습니다.

2.1 비전을 위한 뉴런 사용하기

1장에서 만들었던 예제 코드에서 우리는 직선의 방정식을 따르는 점들의 데이터를 가지고 있을 때, 선형 방정식을 이용해 신경망이 스스로 파라미터값을 찾아가는 방법을 알아보았습니다. 시각적으로 보여드리자면 신경망은 [그림 2-1]처럼 생겼습니다.

그림 2-1 신경망으로 x를 y에 맞추기(피팅)

이 신경망은 레이어를 하나만 가지고 있고, 각 레이어에도 하나의 뉴런만 있는 가장 단순한 형태의 신경망입니다.

여기서 우리는 Sequential을 사용합니다. 이 Sequential은 기본적으로 Dense를 가지고 있습니다.

```
model = Sequential(Dense(units=1))
```

비슷한 방법으로 더 많은 레이어를 추가할 수 있습니다. [그림 2-2] 같은 개선된 신경망을 만드는 방법은 꽤 간단합니다.

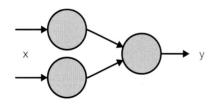

그림 2-2 더 개선된 신경망

먼저 [그림 2-2]의 요소들을 보겠습니다. 동일한 세로줄의 뉴런들이 한 레이어가 됩니다. [그림 2-3]은 이 모델에 레이어를 표현한 그림입니다.

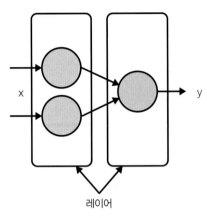

그림 2-3 신경망의 레이어들

이것을 코드로 구현할 때는 간단하게 Sequential 정의 안에 나열하면 됩니다. 이전 코드에서 추가된 내용을 다음 코드로 확인하겠습니다.

```
model = Sequential(
        [Dense(units=2),
         Dense(units=1)])
```

Sequential 안에 쉼표를 기준으로 레이어들을 나열하면 쉽게 정의할 수 있습니다. units가 2인 Dense와 units가 1인 Dense를 차례로 넣어 [그림 2-3]과 같은 아키텍처를 만들 수 있습니다.

하지만 이 경우는 그림과 같이 출력값을 단 하나만 가지게 됩니다. 출력은 뉴런 하나이고 이 뉴런은 하나의 가중치와 하나의 편향만을 학습하게 됩니다. 아주 단순한 이미지라 하더라도 하나의 값만으로 표현하기에는 일반적인 이미지에는 너무 많은 내용을 담고 있으므로 이 뉴런 하나만으로 이미지 내용을 잘 이해하는 데는 무리가 있습니다.

그럼 [그림 2-4]처럼 출력에 여러 뉴런을 가지면 어떨까요?

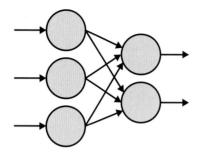

그림 2-4 여러 출력의 신경망

이제 신경망이 여러 개의 입력과 여러 개의 출력을 가지게 되었습니다. 추가로 여기서 이미지의 내용을 구별하고 해석할 수 있는 무언가를 만들기 위해, 출력 뉴런을 우리가 구별하고 싶은 여러 클래스에 지정하면 어떨까요?

이게 정확히 무슨 말일까요? 우리가 언어를 배우는 것과 비슷합니다. 사람은 언어를 배우려고 할 때 우선 단어 단위로 배웁니다. 이것과 같은 방식으로 이미지를 해석하는 법을 배울 때도 컴퓨터가 이해할 수 있는 항목의 개수를 제한하는 것이 좋습니다. 예를 들어 컴퓨터가 강아지와 고양이를 구별하는 것부터 보겠습니다. 우리는 이 두 가지 종류의 '어휘'(강아지와 고양이)를 만들어서 출력 뉴런에 각각 지정해 둡니다. 보통 여기서 클래스^{class}라는 용어를 사용합니다. **객체지향 프로그래밍**의 클래스와 헷갈리지 않게 조심하세요.

우리는 구별하고 싶은 '클래스' 개수를 고정해 두었기 때문에, 이 작업을 보통 **이미지 분류**^{image classification}라고 부릅니다. 우리의 모델은 편의상 **분류기**^{classifier}라고 부르겠습니다.

그럼 강아지와 고양이를 구별할 수 있도록 [그림 2-4]를 [그림 2-5]로 수정했습니다.

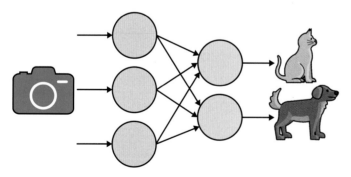

그림 2-5 강아지와 고양이를 구별하는 출력 레이어

이제 신경망에 입력값으로 이미지를 넣으면 마지막 두 뉴런을 통해 결괏값을 얻을 수 있습니다. 두 뉴런의 결괏값은 강아지와 고양이를 의미하며 이를 통해 이미지를 '본다'고 할 수 있습니다. 이 방법으로 다른 클래스들도 추가할 수도 있습니다. 클래스를 표현하는 출력 뉴런(예를 들어 토끼)을 추가해주기만 하면 됩니다. 하지만 지금은 문제를 단순하게 하기 위해 두 개의 클래스만 사용하겠습니다.

이제 그럼 컴퓨터가 이미지를 입력으로 받아서 우리가 원하는 출력 뉴런으로 만드는 방법을 알아보겠습니다.

한 가지 방법은 출력 표현에 **원–핫 인코딩**one–hot encoding을 사용하는 것입니다. 원–핫 인코딩은 전체 카테고리 수만큼 0을 가지는 벡터를 이용해서 원하는 카테고리만 1로 표현하는 표현법입니다. 원하는 카테고리 빼고 모두 0을 사용해서 메모리 관점에서 비효율적으로 보이겠지만, 기본적인 개념과 어떻게 원–핫 인코딩이 신경망 아키텍처에 매칭되는지 알고 나면 왜 이렇게 표현하게 됐는지 어느 정도 이해가 될 것입니다.

예를 들어 [그림 2–5]를 보겠습니다. 여기에는 강아지와 고양이 각각 한 개씩 총 두 개의 출력 뉴런이 있습니다. '고양이 특징을 가졌다'는 것을 표현할 때는 [1, 0]으로 표현하고, '강아지 특징을 가졌다'고 표현할 때는 [0, 1]로 표현하겠습니다. 여기서 우리는 아마 1,000개의 클래스를 인식할 때 999개의 0과 한 개의 1로 이루어진 레이블 데이터라면 메모리 관점에서 얼마나 비효율적인지 생각해 볼 수는 있습니다.

메모리 관점에서는 효율적이지는 않지만, 해결 방법은 모델이 학습되는 동안에만 이런 데이터를 저장하고, 끝나고 나면 바로 버리는 것입니다. 이 방법을 사용하면 우리의 출력 모델은 이런 인코딩과 일치하는 뉴런을 가지고 이것을 읽어올 때, 우리는 어떤 뉴런이 어떤 클래스를 나타내는지 알 수 있습니다.

따라서 우리가 [그림 2–5]에서 고양이와 강아지의 특징을 인코딩해서 표현한다면, 고양이 이미지를 입력으로 받았을 때 [그림 2–6]과 같이 인코딩된 것처럼 결과를 출력할 수 있습니다.

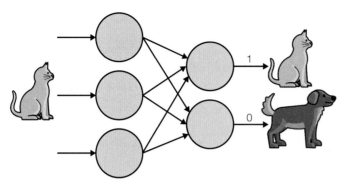

그림 2-6 고양이를 표현하는 원-핫 인코딩

이제 신경망이 우리가 원하는 방식대로 작동합니다. 모델에 고양이 이미지를 넣으면 출력 뉴런이 [1,0]으로 인코딩되어 고양이를 '보았다'고 식별할 수 있습니다. 이런 출력 형태는 신경망을 학습하는 데 흔히 사용되는 기본 데이터 표현 방식입니다. 만약 우리가 여러 강아지와 고양이 이미지를 가지고 있다면 각 이미지를 적절하게 레이블링하고, 시간이 지나면서 신경망이 입력 이미지에 대해 적절한 레이블을 맞춰서 우리가 달아놓은 레이블값과 비슷한 출력을 만들어내게 됩니다.

여기서 만약, 출력 뉴런이 1 혹은 0 대신 0과 1의 사잇값을 출력하면 어떻게 될까요? 사실 큰 차이가 없이 단순히 **확률**의 출력값을 얻을 뿐입니다. 따라서 신경망이 원-핫 인코딩된 레이블로 이미지를 학습하면 [그림 2-7]처럼 이미지를 해석해서 뭐가 보이는지에 대한 확률값을 나열하는 모델을 얻게 됩니다.

그림 2-7 이미지 해석 결과(확률값)

이 이미지에서는 모델이 98.82% 확률로 바나나를 찾았다고 판단하였고, 매우 적지만 그래니 스미스(사과의 일종)^{Granny Smith}나 무화과^{Fig}를 찾았다는 판단도 했습니다. 그 이유는 이 이미지 가 명백하게 바나나이긴 하지만, 애플리케이션이 추출한 특징 중에 사과나 무화과와 유사한 부 분도 있기 때문입니다(색깔이나 표면 질감 같은 것들).

모델이 제대로 판단할 수 있게 학습시키려면 수많은 이미지와 각 이미지별 적절한 클래스가 달린 레이블링을 제공해야 합니다. 다행히도 이미 만들어져 있는 오픈 데이터셋이 많기 때문에 이를 활 용해 쉽게 학습시킬 수 있습니다. 다음 절에서 분류기를 처음부터 만드는 방법을 살펴보겠습니다.

2.1.1 첫 분류기: 의류 구별하기

첫 번째 예제로 이미지에서 의류 항목을 구별하기 위해서는 어떤 것들이 필요한지 생각해 봅시 다. [그림 2-8]을 보겠습니다.

그림 2-8 의류 예시

세상에는 다양한 종류의 의류가 있고, 우리는 여러 의류 속에서 셔츠나 코트, 원피스를 구별할 수 있죠. 하지만 의류를 한 번도 본 적이 없는 사람에게는 어떻게 설명할까요? 신발은요? 심지어 그림에는 두 종류의 신발이 있는데 이것을 어떻게 설명할까요? 1장에서 말했던 규칙 기반 프로그래밍을 사용하면 원하는 결과를 얻기 어려울 것입니다. 어떤 경우는 규칙만으로 표현하기가 불가능할 수도 있습니다.

물론 컴퓨터 비전도 예외가 아닙니다만, 우리가 이런 것들을 구별하기 위해 어떤 식으로 학습했는지 생각해 보세요. 우리는 여러 예시를 보면서 어떻게 사용하는지 경험을 통해 배웠습니다. 컴퓨터도 비슷한 방법으로 학습시킬 수 있을까요? 한계가 있긴 하지만, 대답은 '예'입니다. 첫 번째 예시로 **패션 MNIST**^{Fashion MNIST}라는 잘 알려진 데이터셋으로 컴퓨터가 의류를 구별할 수 있도록 가르치는 방법을 소개하겠습니다.

2.1.2 데이터: 패션 MNIST

알고리즘 학습과 벤치마킹에서 가장 기초적인 데이터셋 중 하나는 MNIST^{Modified National Institute of Standards and Technology} 데이터셋입니다. 얀 르쿤^{Yann LeCun}, 코리나 코르테스^{Corinna Cortes}, 크리스토퍼 버지스^{Christopher Burges}가 만들었으며, 0에서 9까지 손글씨 숫자를 70,000개의 이미지로 담고 있고, 각 이미지는 28 × 28 **회색조**로 되어 있습니다.

패션 MNIST[2]는 MNIST와 같은 수의 데이터 쌍, 같은 이미지 크기, 같은 클래스 개수로 이루어져 있어서, MNIST 속 이미지를 교체해서 패션 MNIST로 사용할 수 있도록 구성되어 있습니다. 패션 MNIST에는 기존 MNIST에 있는 0에서 9까지의 숫자 이미지 대신, 10가지 다른 종류의 의류 이미지가 들어 있습니다.

[그림 2-9]에서 데이터셋의 이미지 예시를 확인할 수 있습니다. 다음 그림에서 3행씩 같은 종류의 의류 이미지들이 구성되어 있는 것을 알 수 있습니다.

그림 2-9 패션 MNIST 데이터셋 살펴보기

셔츠, 바지, 원피스, 신발 같은 다양한 종류의 의류가 있습니다. 각 이미지의 픽셀들은 0에서 255 사잇값을 가지는 회색조로 표현됩니다.

이미지를 크게 확대해 보면 [그림 2-10]처럼 됩니다.

---

2 https://oreil.ly/GmmUB

그림 2-10 패션 MNIST 데이터셋의 이미지를 확대한 모습

모든 이미지가 픽셀로 이루어진 정사각형 격자입니다. 이 경우 격자의 크기는 28×28이고, 각 픽셀의 값은 0에서 255 사잇값입니다.

2.1.3 패션 MNIST 모델 아키텍처

이제 앞에서 소개했던 컴퓨터 비전용 아키텍처로 이 픽셀값들을 어떻게 사용하는지 살펴보겠습니다.

[그림 2-11]에서 아키텍처를 확인할 수 있습니다. 패션 MNIST에 10가지 의류 클래스가 있으므로 우리는 10개 뉴런을 가지는 출력 레이어가 필요합니다. 이번에는 출력 레이어를 오른쪽이 아닌 아래에 두도록 표현했습니다.

그림에서 '위'쪽의 뉴런 개수는 우선 20개로 구성했는데, 코드를 작성하면서 이 개수는 언제든 바꿀 수 있습니다. 하지만 이미지 픽셀을 변환해 뉴런에 넣는다는 점을 기억해주세요.

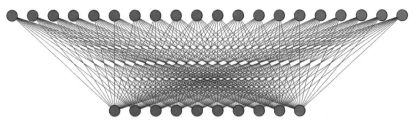

그림 2-11 의류 이미지를 구별하는 신경망 아키텍처

우리 이미지는 28 × 28 픽셀 크기(2차원 배열)의 정사각형이므로 이미지를 입력 레이어의 뉴런이 표현하는 방식(1차원 배열)으로 만들어줘야 합니다. 이렇게 만드는 과정을 이미지 '**플래트닝**flattening'이라 부르며, 이 과정에서 28 × 28을 784 × 1 크기의 배열로 만들어줍니다. 그러면 [그림 2-12]처럼 입력 뉴런에 같은 '**셰입**shape'으로 이미지를 밀어 넣을 수 있게 됩니다. [그림 2-10]은 '9' 클래스의 앵클 부츠 이미지이므로 **원-핫 인코딩**에서 10번째 뉴런(0번째부터 시작하기 때문에 10번째 뉴런이 됨)을 1로, 나머지는 0으로 구성해서 레이블 정보도 학습에 사용합니다. 그림을 보면 'Dense(밀집된)' 레이어 용어가 와닿을 것입니다

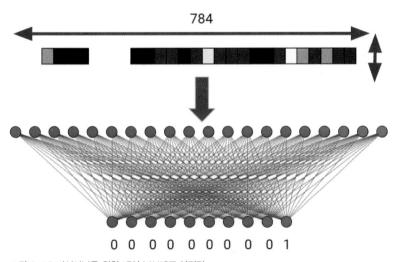

그림 2-12 머신러닝을 위한 패션 MNIST 신경망

학습셋의 6만 개의 이미지가 있다고 한다면 1장에서 말했던 훈련 루프를 돌게 됩니다. 먼저 신경망의 모든 뉴런이 임의의 숫자로 초기화됩니다. 다음으로 6만 개의 레이블링된 이미지에 대한 분류가 이뤄집니다. 분류에서의 **정확도**와 **손실값**은 옵티마이저가 뉴런값을 조금씩 조정하는

데 사용되고, 이 과정을 계속 반복합니다. 시간이 지나면 뉴런의 **가중치**와 **편향값**이 학습 데이터에 맞게 조정되어 있을 것입니다. 이제 코드로 살펴보겠습니다.

2.1.4 패션 MNIST 모델 코딩

앞에서 설명했던 모델 아키텍처는 다음과 같습니다.

```
model = Sequential(
    [Flatten(input_shape=(28,28)),
     Dense(20, activation=tf.nn.relu),
     Dense(10, activation=tf.nn.softmax)])
```

굉장히 간단합니다. 몇 가지 개념들이 있는데 같이 살펴보시죠.

가장 먼저 볼 것은 **Sequential**입니다. 이 클래스는 리스트 자료형을 통해 레이어들을 정의할 수 있습니다. 리스트 안에 있는 각 요소는 레이어 타입을 정의합니다. 이 코드에서는 하나의 **Flatten**과 두 개의 **Dense**가 순서대로 연결됩니다. 또한 이 레이어들은 뉴런의 개수와 활성함수에 대한 세부 정보로 정의합니다.

다음은 첫 번째 레이어입니다.

```
Flatten(input_shape=(28,28))
```

여기서 레이어의 장점을 보여줍니다. 모델 아키텍처를 정의할 수 있을 뿐만 아니라, 레이어의 기능을 **캡슐화**할 수도 있습니다. 여기서 입력 셰입인 28 × 28에서 784 × 1로 플래트닝을 시켜줍니다.

다음으로 [그림 2-12]에서 살펴보았던 두 개의 레이어입니다. 20개 뉴런을 가지는 **Dense** 레이어와 10개의 뉴런을 가지는 **Dense** 레이어입니다.

여기서 **activation** 파라미터는 **활성함수**를 정의하는 파라미터입니다. 활성함수는 레이어 뒤에 붙어서 실행되고 신경망이 복잡한 패턴을 구별하는 데 도움이 됩니다. 레이어에서 레이어로 정보가 이동할 때 작동 방식을 변경하여 학습을 더 잘하고 빠르게 할 수 있도록 도와줍니다.

이런 이유로 항상 쓰는 것은 아니지만, 보통 사용을 권장합니다.

20 뉴런 레이어에서 활성함수는 **tf.nn.relu**입니다. 여기서 relu는 'rectified linear unit'를 의미합니다. 이 함수는 입력값이 0보다 작으면 0을 반환하고, 0보다 크면 입력값을 그대로 반환하는 기능을 가지는데 다소 어려울 것 같은 함수 이름에 비해 간단한 함수입니다.

```
if val<0:
    return 0
else:
    return val
```

이전 레이어에서 어떤 뉴런이 **음수**를 반환한다면 다른 뉴런의 **양수**값을 상쇄시켜버려서 학습된 내용을 무시하게 될 수도 있습니다. 이 위험을 방지하기 위해 모든 학습 과정마다 모든 뉴런을 확인해야 하지만, 간단하게 레이어에 활성함수를 추가하여 이 문제를 해결할 수 있습니다.

이런 경우 출력 레이어는 softmax라는 활성함수를 가집니다. 우리의 모델은 출력 레이어가 10개의 뉴런을 가지고 있습니다. 이상적으로는 이 뉴런들이 하나 빼고 다 0의 값을 가져야 하고, 단 하나만 1의 값을 가지게 됩니다. 이 1의 값이 우리의 클래스가 됩니다. 물론 현실에서는 이렇게 이상적으로 되기 쉽지 않으며, 각 뉴런이 각기 다른 값을 가집니다. 가장 큰 값을 가지는 뉴런이 즉, 입력 이미지를 분류한 결과가 됩니다. 하지만 이 값을 확률로 보기 위해서 뉴런의 값을 적절히 조정해서 다 합쳤을 때 1로 만들어야 합니다. 이를 위해 해당 레이어에 softmax 활성함수를 적용해줍니다.

여기까지가 전체적인 모델 아키텍처입니다. 이제 데이터를 가져오고, 모델을 컴파일링하고, 학습을 수행하는 전체 코드를 살펴보겠습니다.

```
import tensorflow as tf

data = tf.keras.datasets.mnist
(training_images, training_labels), (val_images, val_labels) = data.load_data()

training_images  = training_images / 255.0
val_images = val_images / 255.0

model = tf.keras.models.Sequential(
            [tf.keras.layers.Flatten(input_shape=(28,28)),
             tf.keras.layers.Dense(20, activation=tf.nn.relu),
             tf.keras.layers.Dense(10, activation=tf.nn.softmax)])
```

```
model.compile(optimizer='adam',
              loss='sparse_categorical_crossentropy',
              metrics=['accuracy'])

model.fit(training_images, training_labels, epochs=20)
```

앞에서 얘기했던 내용을 기억하시나요? 이미지 내용 분석을 위해 전통적인 방법으로 코딩을 한다면 패션 MNIST 같은 간단한 이미지라도 몇천 줄의 코드를 짜야 하지만, 머신러닝으로는 단 몇 줄로 간단히 해결할 수 있습니다.

먼저 데이터를 가져오는 부분입니다. 패션 MNIST 데이터셋은 텐서플로로 만들어졌기 때문에 다음과 같이 쉽게 패션 MNIST 데이터를 가져올 수 있습니다.

```
data = tf.keras.datasets.fashion_mnist
(training_images, training_labels), (val_images, val_labels) = data.load_data()
```

training_images에는 6만 개의 이미지가 training_labels에는 그에 해당하는 레이블 정보가 담겨있습니다. 또한 val_images와 val_labels에도 1만 개의 이미지와 레이블이 담겨 있습니다. val 데이터는 학습시키는 동안에는 사용하지 않으며, 신경망이 한 번도 보지 못했던 데이터로써 성능을 평가할 때 사용합니다.

다음 행입니다.

```
training_images  = training_images / 255.0
val_images = val_images / 255.0
```

배열의 값들을 어떤 값으로 나누고 싶을 때 파이썬의 넘파이를 사용하면 아주 편리합니다. 그런데 왜 255로 나눌까요?

왜냐면 이미지의 픽셀값이 0에서 255로 이루어져 있으므로 255로 나누어서 0에서 1의 사잇값으로 만들어주는 겁니다. 이 작업을 **정규화**normalization라고 부릅니다 그렇다면 왜 정규화를 하는 걸까요? Dense 레이어는 입력값이 0에서 1의 사잇값일 때 잘 작동하는데, 정규화는 오류가 너무 커져버려서 학습이 되지 않는 문제를 예방하는 데 도움이 됩니다. 1장에서 y = 2x − 1을 떠올려보세요. 그 예제에서는 간단한 예제라 정규화를 하지 않았지만, 대부분의 경우는 데이터를 신경망에 넣기 전에 정규화를 시켜줘야 합니다.

모델 아키텍처를 정의하고 나면, 이제 **손실함수**와 **옵티마이저**를 지정하여 모델을 컴파일해야 합니다.

```
model.compile(optimizer='adam',
              loss='sparse_categorical_crossentropy',
              metrics=['accuracy'])
```

이것은 1장에서 봤던 sgd와 mean_squared_error와는 다릅니다. 텐서플로에는 이런 함수들을 정의해놓은 라이브러리가 있습니다. 일반적으로 개발자들은 이런 함수들을 골라 실험하고, 모델에 가장 좋은 기능이 무엇인지 찾습니다. 여기에는 몇 가지 제약이 있는데 특히 loss 함수가 그렇습니다. 우리의 모델은 하나 이상의 출력 뉴런을 가지고, 이 뉴런이 출력의 클래스(혹은 범주형)를 의미한다고 했을 때, 범주형 손실함수인 sparse_categorical_crossentropy를 사용할 수 있습니다. 각각이 어떻게 작동하는지에 대한 내용은 이 책의 범위를 벗어나는 일이라 설명할 수 없어 아쉽지만, 우리가 사용할 수 있는 여러 가지 손실함수와 옵티마이저를 텐서플로 공식 홈페이지[3]에서 찾아 실험해 보면 좋습니다. 필자는 옵티마이저로 adam을 사용했습니다. adam은 sgd의 개선된 버전으로 더 좋은 성능을 보입니다.[4]

또한, metrics=['accuracy'] 파라미터도 사용했습니다. 이 파라미터는 학습되는 동안 텐서플로에 정확도를 알려줍니다. 보통 정확도는 **범주형 모델**categorical model을 학습시킬 때 잘 진행되고 있는지 확인하는 데 사용합니다. 즉, 모델이 학습 이미지를 사용해 추론한 결과가 정답과 얼마나 잘 맞는지 확인할 수 있습니다. 컴파일 시점에 지표를 지정하여 텐서플로가 학습을 진행하는 동안 사용할 수 있게 설정합니다.

마지막으로 학습 데이터를 넣어 모델을 학습시킵니다.

```
model.fit(training_images, training_labels, epochs=20)
```

필자는 **epochs**을 20으로 지정하여 반복 학습 횟수를 20회로 만들었고(손실값을 계산하고, 최적화하는 과정), 학습 이미지와 레이블로 모델을 **맞추도록**fit 했습니다.

---

3 https://www.tensorflow.org/

4 옮긴이_ adam은 보통 빠르게 학습되고, sgd는 조금 느린 경향이 있어 캐글 대회에서는 참가자들은 adam으로 서브실험들을 한 뒤, 마지막에는 sgd로 최고 성능을 뽑는 경향이 있다고 합니다.

이제 학습을 수행하면 다음과 같은 출력물을 확인할 수 있습니다.

```
Epoch 1/20
1875/1875 [==================] - 2s 1ms/step - loss: 0.4214 - accuracy: 0.8844
Epoch 2/20
1875/1875 [==================] - 2s 1ms/step - loss: 0.2237 - accuracy: 0.9356
Epoch 3/20
1875/1875 [==================] - 2s 1ms/step - loss: 0.1897 - accuracy: 0.9450
```

방금 예제 결과를 보면 세 번의 루프 뒤에 벌써 학습셋에 대해서는 94.5% 정확도를 달성했습니다. 필자가 이 예제를 수행했을 때는, **구글 코랩**Google colab으로 6만 개의 이미지를 처리하고 학습하는 데 몇 초밖에 걸리지 않았습니다. 여기서 마지막 줄의 1875/1875 값은 어떤 의미일까요? 텐서플로는 **배치** 기능으로 모델이 여러 이미지를 한 번에 보게 하여 더 빠르게 학습시킬 수 있습니다. 패션 MNIST 학습에서는 는 32개의 이미지를 한 배치로 사용했습니다. 여기서 6만 장의 이미지를 32개로 나눠서 1,875개의 배치가 만들어집니다.

이제 에폭값이 20될 때까지 기다리면 97%의 정확도 달성을 확인할 수 있습니다.

```
Epoch 19/20
1875/1875 [==================] - 2s 1ms/step - loss: 0.0922 - accuracy: 0.9717
Epoch 20/20
1875/1875 [==================] - 2s 1ms/step - loss: 0.0905 - accuracy: 0.9722
```

훌륭하네요! 단 몇 줄의 코드와 1분 미만의 학습을 통해 우리는 이제 97% 정확도로 패션 MNIST를 구별할 수 있는 모델을 만들었습니다.

앞에서 우리가 1만 장의 **검증셋**을 분리해놨던 것을 기억하나요? 이제 이 데이터셋을 모델에 넣어 검증해 보죠. 모델이 한 번도 본 적 없는 이미지를 사용함으로써 실제로 모델이 정확하게 잘 판단하는지 검증할 수 있습니다. `model.evaluate`를 호출할 때 검증셋의 이미지와 레이블을 전달합니다.

```
model.evaluate(val_images, val_labels)
313/313 [==================] - 0s 872us/step - loss: 0.1320 - accuracy: 0.9623
```

이제 우리의 모델이 아직 한 번도 본 적 없는 데이터에 대해 96% 정확도를 달성한 것을 확인할 수 있었습니다. 이 말은 패션 데이터 예측에 모델이 과적합 현상을 피하고 잘 해낸다는 의미입니다. 머신러닝에서 **과적합**overfitting 현상은 모델이 학습셋은 잘 판단해내지만, 처음 보는 데이터는 잘 판단하지 못하는 현상을 말합니다. 이는 학습셋의 정확도와 검증셋의 정확도가 크게 차이가 났을 때 파악할 수 있습니다. 예를 들어 사람에게 비유하면 우리가 신발을 모르는 사람에게 신발이 무엇인지 가르쳐주고 싶었는데, 하이힐 이미지만 보여준다면 이 사람은 하이힐만이 신발이라고 '생각'할 것이며, 운동화 이미지를 보여주면 신발이 맞는지 제대로 판단을 못 하므로 과적합되었다고 볼 수 있습니다. 신경망에도 이와 같은 현상을 피해야 합니다. 우선 우리의 모델은 학습셋 정확도와 검증셋 정확도 차이가 크지 않았으므로 과적합 없이 잘 학습됐다고 볼 수 있습니다.

앞선 과정으로 우리는 이미지를 '보는' 방법을 모델에 가르쳐보았습니다. 물론 여기서 사용한 이미지는 흑백 이미지에, 이미지 한 가운데에 내용이 있고, 이미지 하나에 객체가 하나만 있는 단순한 데이터였습니다. 실무에서 이미지를 구별해야 하는 모델은 이것보다 복잡한 이미지를 이해해야 합니다. 이때는 '**합성곱 신경망**convolutional neural network'를 사용하면 됩니다. 합성곱 신경망의 작동 방법을 설명하기엔 이 책의 범위를 벗어나기 때문에 아쉽지만, 좀 더 자세히 알고 싶다면 이 장 앞에서 언급했던 책을 살펴보기를 추천합니다.

더 복잡한 모델 아키텍처에 대해 자세히 몰라도 쉽게 시도해 볼 수 있는 효과적인 방법이 있습니다. 바로 다음 절에서 다룰 **전이 학습**입니다.

2.2 컴퓨터 비전을 위한 전이 학습

[그림 2-12]의 패션 MNIST를 위한 모델 아키텍처를 생각해 보겠습니다. 앞에서 우리가 했던 준비된 이미지 데이터로 하는 분류 작업은 눈으로 보기에는 단순하게 보였지만, 그에 따른 모델 아키텍처는 매우 복잡했습니다. 그럼 좀 더 큰 이미지, 더 많은 클래스, 색상, 다른 것들이 추가된다면? 이를 위해서는 훨씬 더 복잡한 아키텍처를 만들어야만 합니다. 예를 들어 [표 2-1]는 **MobileNet**이라 부르는 아키텍처의 레이어를 표현하였습니다. 이름에서 알 수 있듯, 모바일 친화적이고, 적은 배터리 소모량에 높은 성능을 내도록 설계된 모델 아키텍처입니다.

표 2-1 MobileNet 설명

Input	Operator	t	c	n	s
$224^2 \times 3$	conv2d	–	32	1	2
$112^2 \times 32$	bottleneck	1	16	1	1
$112^2 \times 16$	bottleneck	6	24	2	2
$56^2 \times 24$	bottleneck	6	32	3	2
$28^2 \times 32$	bottleneck	6	64	4	2
$14^2 \times 64$	bottleneck	6	96	3	1
$14^2 \times 96$	bottleneck	6	160	3	2
$7^2 \times 160$	bottleneck	6	320	1	1
$7^2 \times 320$	conv2d 1x1	–	1280	1	1
$7^2 \times 1280$	avgpool 7x7	–	–	1	–
$1 \times 1 \times 1280$	conv2d 1x1	–		–	

표를 확인하면 여러 레이어가 있으며, 대부분이 '**버틀넥**bottleneck'(합성곱을 사용하는 레이어)이라는 종류의 레이어임을 알 수 있습니다. 224 × 224 × 3 크기의 컬러 이미지를 받아서, 1,280개까지 쪼개어 내려가는데, 마지막에 출력된 값을 '**특징 벡터**feature vector'라 부릅니다. 이 벡터로 1,000개의 클래스를 분류해 레이어로 전달하는 MobileNet 모델을 설계할 수 있습니다. 이 모델은 1,000개의 클래스를 분류하는 ILSVRC 대회[5]의 ImageNet 데이터베이스[6]를 위해 처음 설계되었습니다.

모델을 설계하고 학습시키는 것은 매우 복잡한 작업입니다.

하지만 다행스럽게도 우리는 이미 공개된 모델과 이미 학습된 모델을 사용할 수 있습니다. 우리 앞에 놓인 1,000개보다 많은 클래스를 구별해야 하는 상황에서도 이러한 모델을 활용할 수 있습니다.

MobileNet 같은 모델은 수천 클래스를 가진 이미지 10만 장으로 학습하는 과정을 거쳤기 때문에 일반적인 이미지에서도 좋은 성능을 낼 수 있습니다. 이때 학습되었던 파라미터값들을 활용하여 다른 이미지 셋에도 적용하면 아주 잘 작동합니다.

----

5 ILSVRC: ImageNet Large Scale Visual Recognition Challenge
6 https://oreil.ly/qnBpY

예를 들어 [표 2-1]처럼 1,000개의 이미지가 아닌 간단하게 이미지 3개만 구별하는 모델을 만들고 싶다면, MobileNet에 출력 뉴런 3개를 붙여서, 사전학습된 MobileNet의 1,280개 특징 벡터를 이용하고 마지막 레이어를 통해 3개의 클래스로만 구별하도록 만들면 됩니다.

운이 좋게도 우리는 쉽게 사전학습된 모델이 있는 **텐서플로 허브**^{TensorFlow Hub}를 이용할 수 있습니다.

텐서플로 허브는 다음 코드로 불러올 수 있습니다.

```
import tensorflow_hub as hub
```

MobileNetV2를 사용하려면 다음 코드를 사용하면 됩니다.

```
model_handle =
    "https://tfhub.dev/google/imagenet/mobilenet_v2_035_224/feature_vector/4"
```

MobileNetV2를 사용하도록 했으니 이제 특징 벡터를 받도록 만들겠습니다. 텐서플로 허브에는 여러 방법으로 학습된 **MobileNetV2** 기반 모델들이 많이 있으므로 URL에 **035_224** 같은 숫자가 붙습니다. 여기서 자세하게 다루지는 않겠지만 **224**는 우리가 사용하고 싶은 모델의 이미지 입력 크기를 나타냅니다. [표 2-1]을 보면 **MobileNetV2**의 입력 이미지 크기가 224 × 224였던 것을 확인할 수 있습니다.

여기서 중요한 점은 허브에서 이미 학습된 모델을 불러온다는 것입니다. 이 모델은 우리가 분류할 수 있게 특징 벡터를 출력할 수 있습니다. 따라서 우리 모델은 다음과 같이 됩니다.

```
feature_vector = hub.KerasLayer(model_handle, trainable=False,
                                input_shape=(224, 224, 3))
model = tf.keras.models.Sequential([
    feature_vector,
    tf.keras.layers.Dense(3, activation = 'softmax'),
])
```

첫 번째 줄의 **trainable=False** 설정은, 학습된 모델의 파라미터를 재사용하되 사전학습된 값들은 수정하지 않는다는 의미입니다.

두 번째 줄이 바로 우리의 모델을 만드는 코드입니다. 특징 벡터와 세 개의 뉴런을 담고 있는 Dense 레이어로 Sequential을 구성합니다. 이미 MobileNet과 ImageNet을 통해 몇 시간 동안 이미 학습된 것들이 준비되어 있으므로 우리는 다시 처음부터 모델을 학습시킬 필요가 없습니다.

이제 이 모델에 **Beans 데이터셋**을 학습시켜보겠습니다. 이 데이터셋에는 식물의 콩 질병을 분류한 데이터로 구성되어 있습니다. 이 데이터셋을 이용해 간단한 코드로 분류기를 만들어 아주 복잡한 이미지도 분류할 수 있습니다. [그림 2-13]은 출력 결과를 보여줍니다. 이 코드는 이 책이 제공하는 깃허브 저장소[7]에서 확인할 수 있습니다.

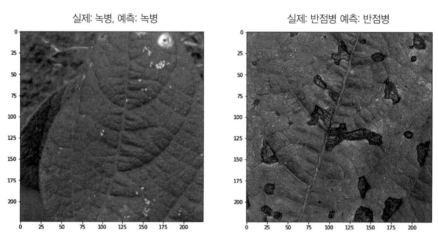

그림 2-13 전이 학습으로 복잡한 콩 질병 이미지 분류하기

지금까지 과정으로 우리는 전이 학습을 통해 복잡한 모델을 빠르게 만들 수 있었습니다. 앞으로의 내용에서도 이러한 장점을 지닌 전이 학습을 주로 사용할 것입니다. 유익한 시간이었길 바랍니다.

---

7 옮긴이_ https://github.com/tucan9389/ondevice-ml-book/blob/main/BookSource/Chapter02/Chapter2_BeansWithTr ansferLearning.ipynb

2.3 마치며

이번 장에서는 컴퓨터 비전을 소개하고, '컴퓨터가 본다는 것'이 어떤 의미인지 코드를 통해 살펴보았습니다. 또한, 10가지 패션 종류를 구별하는 모델을 밑바닥부터 만들어 보면서 신경망이 어떻게 구성되는지도 살펴보았습니다. 다음으로 이미 수백만 장의 이미지를 사전학습된 모델을 사용하여 여러 클래스를 인식하고, 이미 학습된 파라미터를 다양한 시나리오에서 쉽게 사용할 수 있는 전이 학습에 대한 개념을 소개하였습니다. 또한, 아주 적은 코드로 텐서플로 허브에서 모델을 어떻게 다운로드하고, 복잡한 모델을 쉽게 재사용할 수 있는지도 살펴보았습니다 (예를 들어 두 개의 레이어로 구성된 모델로 만들어진 콩 질병 분류기).

이 책은 모바일 애플리케이션에서 사용할 모델에 초점을 두기 때문에 이번 장에서 소개한 방법들을 주로 사용합니다. 이제 ML Kit를 소개하는 3장으로 넘어가겠습니다. 이 프레임워크는 안드로이드와 iOS에서 빠르게 프로토타입을 만들거나 턴키 ML 솔루션을 사용할 수 있게 도와줍니다.

## CHAPTER 3

ML Kit 소개

앞의 두 장에서 우리는 간단한 모델을 만들면서 머신러닝과 딥러닝의 기본 개념들을 살펴보았습니다. 이제 이 책의 나머지 부분에서는 모바일 기기에서 모델을 사용하는 방법에 대해 살펴보겠습니다.

모바일 기기에서 모델을 사용하는 방법으로 구글의 ML Kit를 이용하는 방법이 있습니다. 이 도구는 특정 도메인의 문제를 해결하기 위해 학습된 모델을 이미 제공하고 있기도 하고, 필요에 따라 자신만의 데이터셋으로 만든 커스텀 모델을 사용할 수 있게 합니다. 3장에서는 ML Kit를 사용하여 안드로이드와 iOS 기기에서 모델을 실행하는 방법을 알아봅니다. 여기서 사용되는 모델들은 **온디바이스**On-device[1]로 실행되어 네트워크 지연이 없어 빠른 처리 속도와 개인정보보호 측면에서 이점이 있습니다.

> **NOTE** 안드로이드와 iOS에 추가 라이브러리를 사용하는 방법에 익숙하지 않다면 이 장을 자세히 보시길 추천합니다. 이후의 장에서 이 내용을 활용합니다.

ML Kit는 다음 세 가지 시나리오에서 사용될 수 있습니다.

- 우리에게 필요한 태스크 기능이 ML Kit에 이미 구현되어 있는 모델을 **턴키 솔루션**으로 사용할 때

----

1 옮긴이_ 서버를 거치지 않고 기기의 컴퓨팅 자원으로 연산이 수행된다는 의미.

- 특정 태스크를 위한 모델을 빠르게 만들 때 (예를 들면, 우리가 비전 애플리케이션을 만들려는데, 모델이 아직 없지만 소유한 기기에서 작동할 수 있는지만 확인하고 싶을 때)
- 2장에서 보았던 커스텀 모델로 애플리케이션을 만들 때

이 장에서 우리는 턴키 솔루션에 대해 살펴봅니다. 턴키 솔루션이 어떻게 작동하는지 알아본 후 머신러닝 모델을 사용하는 애플리케이션을 직접 만들어 실행해 보겠습니다. 그다음 장에서는 ML Kit로 **컴퓨터 비전**Computer Vision과 **자연어 처리(NLP)** 시나리오를 프로토타입 애플리케이션으로 만드는 방법을 살펴보겠습니다. 그 뒤에 커스텀 모델을 만들어 ML Kit로 애플리케이션에서 사용하는 방법까지 살펴볼 예정입니다.

먼저 실습으로 살펴보는 것이 좋겠습니다. 안드로이드와 iOS의 **얼굴 탐지** 애플리케이션을 통해 ML Kit로 애플리케이션을 만들어 보겠습니다.

3.1 안드로이드 얼굴 탐지 애플리케이션

이제 사전학습이 필요 없는 머신러닝 모델을 활용하여 얼굴 탐지 애플리케이션을 만들어 보겠습니다. [그림 3-1]을 보면 이미지에서 얼굴을 탐지하는 예시를 확인하실 수 있습니다.

그림 3-1 이미지에서 얼굴 탐지하기

이 머신러닝 모델로 한 이미지 안에 여러 개의 얼굴도 탐지할 수 있습니다. [그림 3-2]를 보면, 앞에 있는 여성의 얼굴이 돌아간 채로 이미지가 찍혔는데도 모델이 얼굴을 탐지할 수 있습니다.

그림 3-2 이미지에서 여러 얼굴 탐지하기

이제 이런 기능의 안드로이드 애플리케이션을 만드는 방법을 살펴보겠습니다.

1단계 안드로이드 스튜디오로 프로젝트 생성하기

지금부터는 안드로이드 스튜디오를 사용하므로 여러분이 코틀린 기반의 안드로이드 애플리케이션 개발 기본 지식을 알고 있다고 가정하겠습니다. 안드로이드 개발에 익숙하지 않다면 구글의 〈Android Basics in Kotlin〉[2] 강의를 먼저 듣는 것을 추천합니다. 그리고 만약 안드로이드 스튜디오를 아직 설치하지 않았다면 링크[3]에서 다운로드할 수 있습니다.

먼저 안드로이드 스튜디오에서 프로젝트를 생성합니다. [File] → [New]를 선택하면 [그림 3-3]처럼 **프로젝트 템플릿**을 선택하라는 팝업 창이 나타납니다.

---

2 https://oreil.ly/bOja4

3 https://developer.android.com/studio/

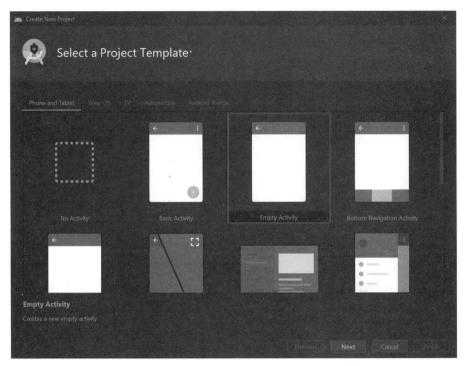

그림 3-3 안드로이드 스튜디오에서 새 프로젝트 시작하기

'Empty Activity' 템플릿을 선택하고 [Next]를 클릭합니다.

다음 창인 'Configure Your Project'에서 프로젝트의 이름(Name), 경로(Save location), 언어(Language)를 입력합니다. 필자는 [그림 3-4]처럼 프로젝트 이름을 FD로 패키지 이름을 com.example.fd로 입력했습니다.

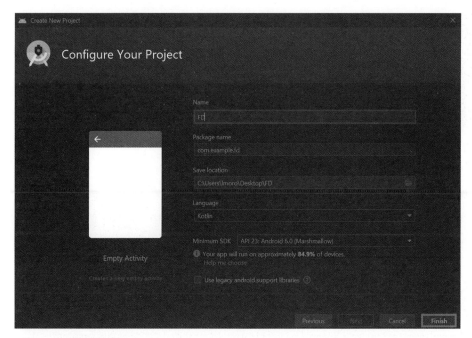

그림 3-4 프로젝트 설정하기

[Finish]를 클릭하면 안드로이드 스튜디오는 'Empty Activity'로 기본 애플리케이션 프로젝트를 생성해줍니다. 이 프로젝트에서 얼굴 탐지 애플리케이션을 만들겠습니다.

2단계 ML Kit 라이브러리 추가 및 설정하기

안드로이드 스튜디오에서는 **Gradle build tool**[4]로 외부 라이브러리를 추가할 수 있습니다. 프로젝트에 **두 개의** Gradle 파일이 있어서 처음에는 조금 헷갈릴 수 있습니다. 하나는 프로젝트를 위한 전체 빌드 기반을 정의하는 용도고, 다른 하나는 애플리케이션을 위한 것입니다. 우선 애플리케이션을 위한 Gradle(build.gradle)에 ML Kit를 추가해야 합니다. [그림 3-5]처럼 **통합 개발 환경**Integrated Development Environment**(IDE)**에 Gradle Scripts 폴더를 확인해 보세요. 다음은 Module: app에 대한 내용을 설명하겠습니다.

---

4 https://gradle.org

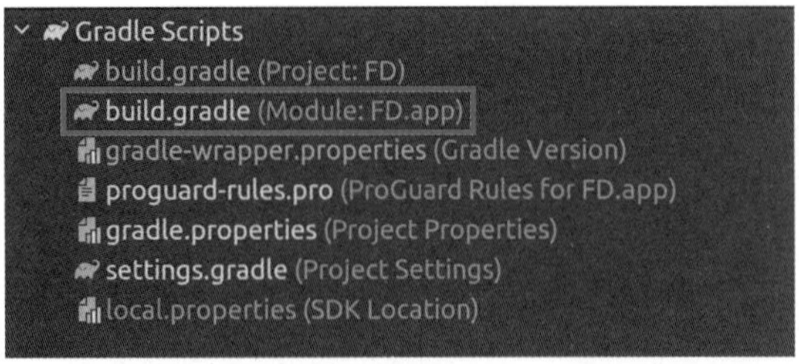

그림 3-5 Gradle Scripts 살펴보기

Module: app를 위한 **build.gradle**을 열어서 몇 가지 설정을 보겠습니다. 바로 'dependencies'라는 절이 있습니다. 여기에는 'implementation', 'testImplementation', 'androidTestImplementation' 등 몇 가지 항목이 있습니다. 여기에 의존성을 추가하고, ML Kit의 얼굴 탐지를 위한 세부 사항을 추가합니다.

```
dependencies {
    implementation fileTree(dir: 'libs', include: ['*.jar'])
    implementation "org.jetbrains.kotlin:kotlin-stdlib-jdk7:$kotlin_version"
    implementation 'androidx.appcompat:appcompat:1.2.0'
    implementation 'androidx.core:core-ktx:1.3.1'
    implementation 'androidx.constraintlayout:constraintlayout:2.0.1'
    testImplementation 'junit:junit:4.12'
    androidTestImplementation 'androidx.test.ext:junit:1.1.2'
    androidTestImplementation 'androidx.test.espresso:espresso-core:3.3.0'
    // 애플리케이션에 모델을 번들링하기 위해 이 의존성을 사용합니다
    implementation 'com.google.mlkit:face-detection:16.0.2'
}
```

필자가 집필할 당시 버전과 여러분의 버전이 조금 다를 수 있습니다. 우선 지금은 ML Kit 얼굴 탐지 애플리케이션에 의존성을 추가하기 위해 마지막 라인이 추가된 점만 기억해주세요.

3단계 사용자 인터페이스 만들기

빠르게 얼굴 탐지를 구현해 보기 위해 UI는 되도록 간략하게 만들겠습니다. 안드로이드 스튜디오에서 res 폴더를 찾습니다. [그림 3-6]처럼 레이아웃과 activity_main.xml 파일을 수정하여 애플리케이션의 UI를 만들 수 있습니다.

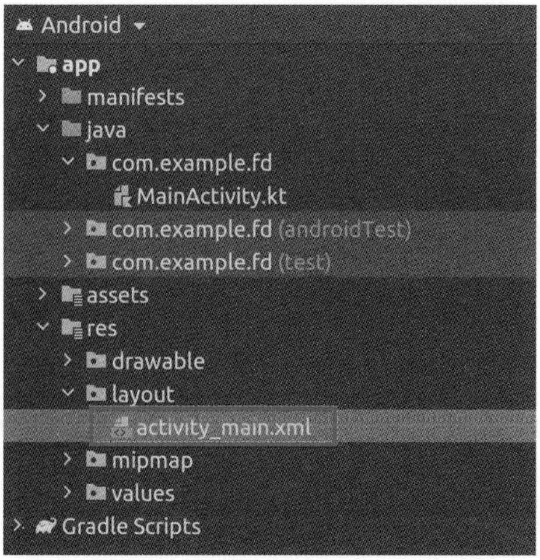

그림 3-6 액티비티 설정 파일의 위치

이 파일을 열어 보면 'Hello World' 텍스트가 담겨있는 간단한 레이아웃을 확인할 수 있습니다. 화면 오른쪽 상단의 [code] 아이콘을 선택하여 코드 화면으로 전환하세요. 레이아웃 설정은 다음과 같이 **XML** 파일에서 할 수 있습니다.

```xml
<?xml version="1.0" encoding="utf-8"?>
<androidx.constraintlayout.widget.ConstraintLayout
    xmlns:android="http://schemas.android.com/apk/res/android"
    xmlns:app="http://schemas.android.com/apk/res-auto"
    xmlns:tools="http://schemas.android.com/tools"
    android:layout_width="match_parent"
    android:layout_height="match_parent"
    tools:context=".MainActivity">
    <TextView
        android:layout_width="wrap_content"
        android:layout_height="wrap_content"
        android:text="Hello World!"
        app:layout_constraintBottom_toBottomOf="parent"
        app:layout_constraintLeft_toLeftOf="parent"
        app:layout_constraintRight_toRightOf="parent"
        app:layout_constraintTop_toTopOf="parent" />
</androidx.constraintlayout.widget.ConstraintLayout>
```

가운데에 있는 **텍스트뷰**를 제거하고 **버튼**과 **이미지뷰**를 넣어줍니다.

```xml
<?xml version="1.0" encoding="utf-8"?>
<androidx.constraintlayout.widget.ConstraintLayout
    xmlns:android="http://schemas.android.com/apk/res/android"
    xmlns:app="http://schemas.android.com/apk/res-auto"
    xmlns:tools="http://schemas.android.com/tools"
    android:layout_width="match_parent"
    android:layout_height="match_parent"
    tools:context=".MainActivity">

    <Button
        android:id="@+id/btnTest"
        android:layout_width="wrap_content"
        android:layout_height="wrap_content"
        android:text="Button" />

    <ImageView
        android:id="@+id/imageFace"
        android:layout_width="match_parent"
        android:layout_height="match_parent" />
</androidx.constraintlayout.widget.ConstraintLayout>
```

이제 버튼과 이미지를 담고 있는 기본 UI가 완성되었습니다. 다음으로 우리는 이미지뷰에 이미지를 불러온 후, 사용자가 버튼을 눌렀을 때 ML Kit를 사용하여 그 이미지에서 얼굴을 탐지한 다음, 탐지된 얼굴 영역에 사각형을 그리는 기능을 구현해 보겠습니다.

4단계 assets 폴더 생성 후 이미지 추가하기

안드로이드 스튜디오는 기본적으로 assets 폴더를 만들어주지 않으므로, 이미지를 담을 용도의 폴더를 만들어줍니다. 간단한 방법으로는 운영체제 기본 파일 시스템에서 폴더를 만드는 방법입니다. 파일 시스템(파인더나 탐색기)에서 프로젝트 위치를 찾아서, **app/src/main** 폴더에 **assets**이라는 이름의 폴더를 만들면 안드로이드 스튜디오는 해당 폴더를 인식합니다. 이제 이 폴더 안에 이미지 몇 개(이 책의 깃허브 저장소[5]에 있는 것을 사용하면 됩니다)를 복사해

....

5 옮긴이_ https://github.com/tucan9389/ondevice-ml-book/tree/main/BookSource/Chapter03/Android/FD/app/src/main/
assets

넣으면 준비가 되었습니다.

설정이 마무리되면 안드로이드 스튜디오는 assets 폴더를 인식해서 보여줍니다. [그림 3-7]
을 참고해주세요.

그림 3-7 assets 폴더

이제 코드를 작성할 준비가 되었습니다. 기본 이미지를 **UI**에 표시하는 것부터 시작해 보겠습
니다.

5단계 **기본 이미지를 UI에 불러오기**

이제 MainActivity.kt 파일에서 액티비티가 생성될 때 호출되는 onCreate 이름의 메서드를
찾아야 합니다. setContentView 줄 아래에 다음 코드를 추가합니다.

```
val img: ImageView = findViewById(R.id.imageFace)
// assets 폴더의 이미지 파일과 확장자
val fileName = "face-test.jpg"
// assets 폴더에서 비트맵 이미지 가져오기
val bitmap: Bitmap? = assetsToBitmap(fileName)
bitmap?.apply{
        img.setImageBitmap(this)
}
```

이미지뷰컨트롤을 사용할 수 있는 img 객체를 만들었습니다. 다음으로는 face-test.jpg 파
일을 가져오고, assetsToBitmap이라 부르는 헬퍼 함수를 사용하여 assets 폴더에서 비트

맵을 불러옵니다. 이 메서드는 잠시 뒤에 정의하도록 하겠습니다. 비트맵이 준비되면 apply를 호출합니다. 이 메서드는 비트맵을 불러올 때 코드를 실행하는 코드입니다. 다음으로 img의 bitmap 프로퍼티에 bitmap을 넣습니다. 이제 이미지뷰에 이미지를 불러올 수 있습니다.

다음 코드는 assets 폴더에서 비트맵을 불러오는 헬퍼 함수입니다.

```
// assets 폴더에서 비트맵 이미지를 가져오기 위한 헬퍼 함수
fun Context.assetsToBitmap(fileName: String): Bitmap?{
    return try {
        with(assets.open(fileName)){
            BitmapFactory.decodeStream(this)
        }
    } catch (e: IOException) { null }
}
```

> **NOTE** 이 예제에서는 헬퍼 함수를 액티비티 안에 정의했습니다. 그러나 규모가 있는 애플리케이션에서는 이런 함수들을 헬퍼 클래스로 분리하는 것이 좋은 프로그래밍 습관입니다.

이 예제는 간단하게 assets을 열어서 BitmapFactory를 사용하여 이미지 콘텐츠를 nullable Bitmap으로 스트림하였습니다. 애플리케이션을 실행해 보면 [그림 3-8]처럼 됩니다.

그림 3-8 애플리케이션 실행하기

굉장히 단순하게 이미지뷰와 버튼만으로 구성된 애플리케이션이지만, 이미지뷰에 우리가 원하는 이미지를 불러올 수 있는 기본 애플리케이션이 탄생했습니다. 다음으로는 코드상에서 버튼 액션을 만들고 ML Kit 얼굴 탐지기를 호출하도록 만들어 보겠습니다.

6단계 얼굴 탐지기 호출하기

얼굴 탐지 API[6]는 여러 옵션을 제공합니다. 이 옵션은 FaceDetectorOptions 객체를 통해 제어할 수 있습니다. 여기서 이 객체의 모든 옵션을 다루진 않겠지만(공식 문서[7]를 참고해주세요), 탐지기를 호출하기 전에 필요한 기본적인 옵션들은 FaceDetectorOptions.Builder() 객체로 설정할 수 있습니다. 다음 예제를 보겠습니다.

```
val highAccuracyOpts = FaceDetectorOptions.Builder()
    .setPerformanceMode(FaceDetectorOptions.PERFORMANCE_MODE_FAST)
    .build()
```

이 객체에는 얼굴의 다양한 특징 또는 눈을 감았거나 떴다는 것을 구별할 수 있는 여러 옵션이 있습니다. 하지만 이번에는 좀 더 빠른 처리 속도 옵션인 바운딩 박스 옵션을 사용하겠습니다 (이미지 속 얼굴을 더 정확하게 찾고 싶으면 PERFORMANCE_MODE_ACCURATE 옵션을 사용하면 되는데, 일반적으로 처리 속도가 좀 더 느립니다).

다음으로 이 옵션들을 사용하여 탐지기 객체를 만들고, 비트맵을 전달하겠습니다. 비트맵이 nullable 타입(Bitmap?)인데, fromBitmap 메소드는 nullable 타입을 인자로 받을 수 없으므로 !!을 비트맵 뒤에 붙여줍니다. 이어서 코드입니다.

```
val detector = FaceDetection.getClient(highAccuracyOpts)
val image = InputImage.fromBitmap(bitmap!!, 0)
```

detector.process를 호출하고 이미지를 전달하여 탐지기에서 결과를 얻어낼 수 있습니다. 처리가 잘 끝났다면 onSuccessListener 콜백으로 얼굴 리스트를 받게 됩니다. 실패 시

---

6 https://oreil.ly/CPJWS
7 https://firebase.google.com/docs/reference/android/com/google/firebase/ml/vision/face/FirebaseVisionFace
   DetectorOptions#constants

onFailureListener를 통해 **예외 처리**를 할 수 있습니다.

```
val result = detector.process(image)
    .addOnSuccessListener { faces ->
        // 성공적으로 태스크가 끝나면
        // ...
        bitmap?.apply{
            img.setImageBitmap(drawWithRectangle(faces))
        }
    }
    .addOnFailureListener { e ->
        // 태스크가 실패했을 때의 예외 처리
        // ...
    }
```

onSuccessListener 안에서는 함수 호출을 위해 bitmap?.apply를 사용할 수 있습니다. 하지만 이번에는 drawWithRectangle이라는 함수를 반환하도록 이미지 비트맵을 설정하여, 얼굴 리스트를 전달합니다. 이렇게 하면 비트맵을 받아서 사각형을 그리게 됩니다. 다음 단계에서 살펴보겠습니다.

하지만 우선, 버튼을 위해 onCreate의 onSuccessListner 내에서는 앞에서처럼 bitmap?.apply를 호출합니다. 하지만 이번에는 drawWithRectangle 함수에 얼굴 리스트를 전달하고, 그 결괏값을 이미지 비트맵으로 설정합니다. 다음은 전체 코드입니다.

```
val btn: Button = findViewById(R.id.btnTest)
    btn.setOnClickListener {
        val highAccuracyOpts = FaceDetectorOptions.Builder()
            .setPerformanceMode(FaceDetectorOptions.PERFORMANCE_MODE_FAST)
            .build()
        val detector = FaceDetection.getClient(highAccuracyOpts)
        val image = InputImage.fromBitmap(bitmap!!, 0)
        val result = detector.process(image)
            .addOnSuccessListener { faces ->
                // 성공적으로 태스크가 끝나면
                // ...
                bitmap?.apply{
                    img.setImageBitmap(drawWithRectangle(faces))
                }
            }
```

```
        .addOnFailureListener { e ->
            // 태스크가 실패했을 때의 예외 처리
            // ...
        }
    }
```

7단계 바운딩 박스 그리기

위의 작업이 끝나면 얼굴 탐지 API는 호출자에게 얼굴 리스트를 반환합니다. 이전 단계에서 우리는 이 리스트를 받아 `bitmap?.apply` 메서드로 전달했습니다. 이제 `drawWithRectangle` 함수로부터 결과를 반환 받도록 이미지 비트맵 집합을 요청합니다. 다음 코드를 살펴보겠습니다.

```
fun Bitmap.drawWithRectangle(faces: List<Face>):Bitmap?{
    val bitmap = copy(config, true)
    val canvas = Canvas(bitmap)
    for (face in faces){
        val bounds = face.boundingBox
        Paint().apply {
            color = Color.RED
            style = Paint.Style.STROKE

            strokeWidth = 4.0f
            isAntiAlias = true
            // 컨버스에 사각형 그리기
            canvas.drawRect(
                bounds,
                this
            )
        }
    }
    return bitmap
}
```

이 메서드는 호출할 때 사용했던 비트맵의 복사본을 만들고 비트맵으로 **캔버스**^{Canvas}를 초기화합니다. 그런 다음 `boundingBox` 프로퍼티를 호출하여 얼굴 리스트의 각 얼굴에 대해 사각형 객체를 얻습니다. 여기서 좋은 점은 ML Kit가 이미지 크기에 맞춰서 사각형 크기를 이미 조정해놓았으므로, 추가로 디코딩을 할 필요가 없다는 점입니다.

그러므로 여기서는 그냥 Paint() 객체를 생성하고, 이 객체의 apply 메서드로 사각형을 정의하고, canvas.drawRect로 사각형을 그릴 수 있습니다. 캔버스는 비트맵으로 초기화됐고, 그 위에 사각형을 그립니다.

이 과정을 다른 얼굴 영역에 대해서도 반복합니다. 다 끝나면 사각형이 그려진 새로운 비트맵을 반환합니다. 그리고 이것은 이미지뷰에 메인 비트맵에 적용하는 데 순차적으로 사용되므로 (6단계: 바운딩 박스 그리기 참고), 새로운 비트맵을 **이미지뷰**에 주입하면 화면이 갱신됩니다. [그림 3-9]의 결과를 확인해 보세요.

그림 3-9 바운딩 박스가 그려진 애플리케이션

다른 이미지로 테스트해 보고 싶으면 assets 폴더에 넣고, 다음처럼 5단계 코드의 이미지 파일명만 바꿔주면 됩니다.

```
val fileName = "face-test.jpg"
```

지금까지 ML Kit의 **얼굴 탐지** 기능을 가진 **턴키 솔루션**으로 첫 번째 안드로이드 애플리케이션을 만들었습니다. 이 라이브러리에 활용할 수 있는 여러 API가 있습니다. 얼굴의 특징을 찾는 기능을 포함해서, 눈이 떠져 있는지, 미소를 짓고 있는지 등을 인식할 수 있습니다. 이런 기능을 사용할 모든 준비가 끝났으니, 스스로 애플리케이션을 좀 더 개선해 보세요.

다음으로 iOS 애플리케이션을 구현하는 방법을 살펴보겠습니다.

3.2 iOS 얼굴 탐지 애플리케이션

이번에는 ML Kit의 얼굴 탐지 기능을 이용해 iOS 애플리케이션을 한번 만들어 보겠습니다. 먼저 iOS 애플리케이션 개발 전에 맥 컴퓨터와 코딩, 디버깅, 테스팅용으로 Xcode 개발 환경이 필요합니다.

1단계 Xcode 프로젝트 생성하기

먼저 Xcode를 켜고 [New Project]를 선택합니다. 그러면 [그림 3-10]처럼 새 프로젝트 템플릿 창이 나타납니다.

화면 상단에 iOS를 선택하고, 애플리케이션 종류로 [App]를 선택하세요. [Next]를 누르고, 몇 가지 세부 사항을 입력해야 합니다. Product Name은 여러분의 이름으로 설정하고 나머지 부분은 [그림 3-11]과 같이 기본값으로 진행합니다.

[Next]를 누르고 나면 Xcode가 템플릿 프로젝트를 만들어줄 것입니다. 여기서 바로 코딩을 하지 말고 먼저 **IDE** 외부에서 설정해야 할 부분이 더 있으므로 잠시 Xcode를 닫습니다. 다음 단계에서 CocoaPods으로 ML Kit 라이브러리를 추가하는 방법을 살펴보도록 하겠습니다.

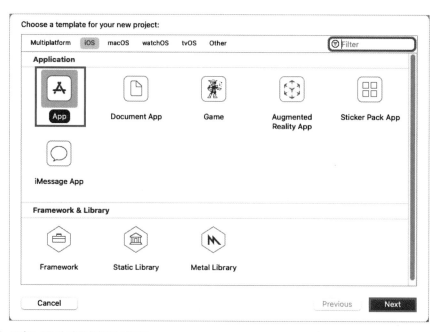

그림 3-10 새 애플리케이션 템플릿

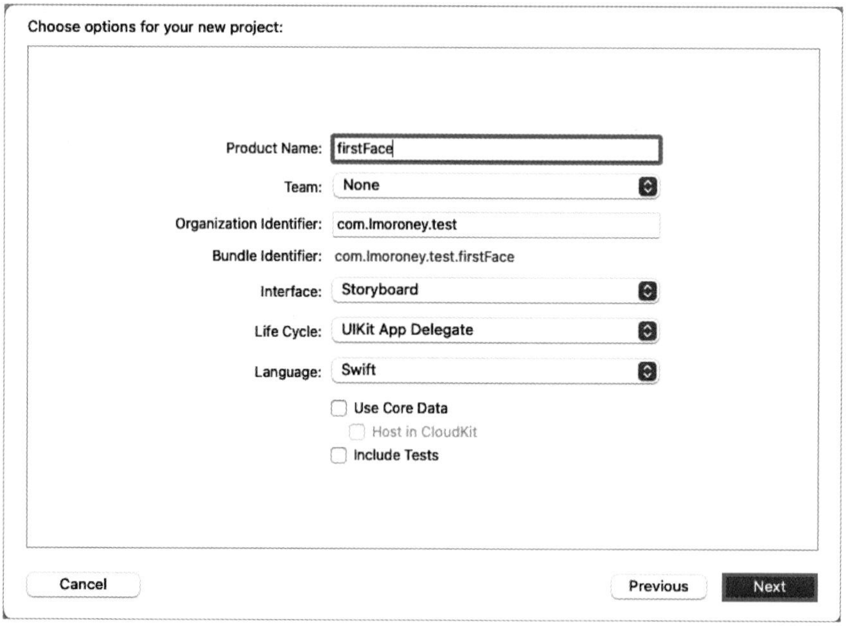

Choose options for your new project:

Product Name:	firstFace
Team:	None
Organization Identifier:	com.lmoroney.test
Bundle Identifier:	com.lmoroney.test.firstFace
Interface:	Storyboard
Life Cycle:	UIKit App Delegate
Language:	Swift

☐ Use Core Data
　☐ Host in CloudKit
☐ Include Tests

Cancel　　　　　　　　　　Previous　Next

그림 3-11 프로젝트 옵션 선택하기

2단계 CocoaPods과 Podfiles 사용하기

iOS 개발 환경에서 일반적인 의존성 관리 도구는 CocoaPods[8]입니다.[9] 이 도구는 앞에서 설명한 안드로이드 부분의 `Gradle` 파일과 비슷한 역할을 합니다. `Podfile`을 정의하여 CocoaPods을 사용합니다. 여기서 `Podfile`은 애플리케이션에 추가할 의존성들을 명시해 둔 파일입니다.

이번 장에서 CocoaPods에 대해 깊게 다루진 않겠지만, iOS 애플리케이션에서 ML Kit를 사용할 때는 CocoaPods을 거의 매번 사용해야 하므로 CocoaPods이 반드시 설치되어 있어야 합니다.[10]

이제 프로젝트를 생성하면 개인의 프로젝트 이름으로 폴더가 만들어집니다. 예를 들어 필자는 `firstFace`를 프로젝트 이름으로 사용했으므로 이 이름의 폴더가 생성되어 있습니다. 이 폴더 안에 `firstFace.xcodeproj`라 부르는 Xcode 프로젝트와 `firstFace` 폴더가 있습니다.

`.xcodeproj` 파일과 같은 경로 수준의 프로젝트 폴더 안에 `Podfile`이라는 텍스트 파일을 생성합니다. 이때 이 파일의 확장자는 따로 없습니다. 파일의 내용을 다음과 같이 수정하는데, 프로젝트 이름은 `firstFace` 혹은 여러분만의 프로젝트 이름으로 넣어주세요.[11]

```
platform :ios, '10.0'

target 'firstFace' do
        pod 'GoogleMLKit/FaceDetection'
        pod 'GoogleMLKit/TextRecognition'
end
```

그런 다음 터미널을 이용해 프로젝트 폴더(이 폴더에는 `.xcproject`가 있어야 합니다)로 간 뒤[12], `pod install`을 입력합니다. 잘 입력했으면 [그림 3-12]와 같이 됩니다.

---

8 https://cocoapods.org
9 옮긴이_ 애플 플랫폼 개발에서 의존성 관리 도구로 애플에서 제공하는 SPM(Swift Package Manager)도 있지만, 번역 시점 기준 ML Kit는 아직 SPM를 지원하지는 않습니다.
10 옮긴이_ CocoaPods을 설치하기 위해서는 매킨토시 터미널에서 `brew install cocoapods` 명령어를 입력하면 됩니다.
11 옮긴이_ 터미널에 가서, 프로젝트 경로로 간 뒤, `pod init` 명령어를 실행해도 `Podfile`이 생성되고, 아니면 다른 도구(VSCode나 Xcode 같은)의 텍스트 생성 방법으로도 가능합니다.
12 옮긴이_ 터미널에서는 `cd {프로젝트 경로}`와 같은 명령어로 해당 폴더로 이동할 수 있습니다.

명령을 입력하면 의존성들을 다운로드해서 `firstFace.xcworkspace` 이름으로 된 새로운 워크스페이스에 설치합니다. 앞으로의 작업에서 이것들을 사용할 것입니다. 이제 터미널에서 `open firstFace.xcworkspace`를 입력하여 Xcode 프로젝트를 열겠습니다.

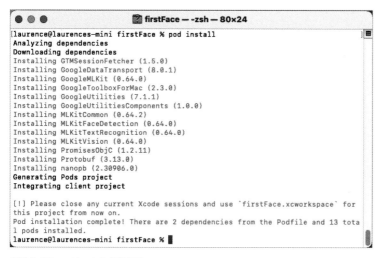

그림 3-12 pod install 실행하기

3단계 사용자 인터페이스 만들기

우리는 최소한의 **UI**를 사용하는 애플리케이션을 만들기 위해 이미지뷰와 버튼만 사용하겠습니다. Xcode에서 `.xcworkspace` 파일을 열고 프로젝트 안에서 `Main.storyboard` 파일을 찾아 [View] → [Show Library]를 통해 도구 라이브러리를 열겠습니다.

그러면 [그림 3-13]처럼 사용 할 수 있는 UI 요소들을 확인할 수 있습니다.

---

13 https://oreil.ly/BqxCx

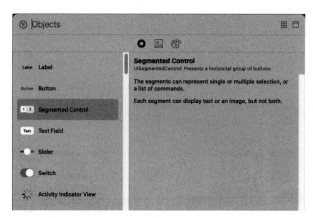

그림 3-13 UI 요소 추가하기

여기서 에디터의 '**Main.storyboard**'가 켜진 상태에서 이미지뷰와 버튼을 스토리보드의 디자인 화면으로 끌어다 놓습니다. 완료하고 나면 IDE는 [그림 3-14]처럼 됩니다.

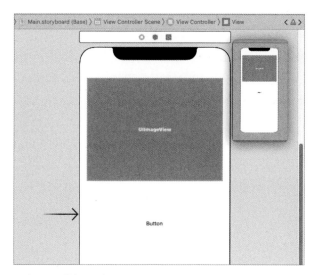

그림 3-14 메인 스토리보드

에디터 메뉴에 **Assistant**라는 기능이 있습니다. 'Assistant'를 선택하면 시각적 에디터와 함께 코드 창을 옆에(혹은 아래에) 열어줍니다.

[Ctrl]를 누른 채로 버튼을 끌어다 코드의 class ViewController 아래에 놓으면 [그림 3-15]

처럼 팝업 창이 나타납니다.

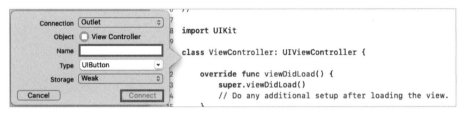

그림 3-15 Xcode에서 UI 연결하기

'Connection' 설정에서 [Action]을 선택하고 'Name'은 buttonPressed를 입력하고, [Connect]를 누릅니다.

그러면 다음 코드가 생성됩니다.

```
@IBAction func buttonPressed(_ sender: Any) {
}
```

비슷하게 Ctrl 를 누른 채로 UIImageView 컨트롤을 끌어다 코드 창에 놓으면 [그림 3-15] 팝업 창이 나타납니다. 이번에는 'Connection'은 [Outlet]으로, 'Name'은 imageView로 설정하고 [Connect]를 누르면 다음과 같은 코드가 생성됩니다.

```
@IBOutlet weak var imageView: UIImageView!
```

여기서 **IB**는 '**인터페이스 빌더**Interface Builder'라는 의미입니다. 우리는 버튼을 눌렀을 때 실행되는 인터페이스 빌더 **액션**action과, 이미지뷰로 지정하여 UIImageView의 내용을 참조할 수 있는 인터페이스 **아웃렛**outlet을 만들었습니다.

다음으로 여성 얼굴 이미지 JPEG를 애플리케이션에 추가합니다. 간단하게 Xcode의 프로젝트 탐색기에 끌어다 놓으면 됩니다. Finder로 가서 이미지를 찾아 Xcode상의 코드 왼쪽에 끌어다 놓습니다. 'Choose options for adding these files.' 창이 나타나면 기본값으로 놔두고 [Finish]를 클릭합니다.

이미지 파일이 프로젝트상에 assets으로 들어온 모습을 확인할 수 있을 것입니다. 필자의 경우

[그림 3-16]처럼 `face1.jpg`가 추가되었습니다.

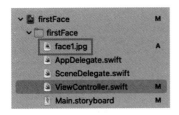

그림 3-16 프로젝트에 파일 추가하기

다음 코드처럼 `viewDidLoad()` 메서드에 추가하여 이미지뷰에 추가했던 이미지를 불러올 수 있습니다.

```
override func viewDidLoad() {
    super.viewDidLoad()
    // 뷰가 불러와지면 추가적인 설정을 하는 곳
    imageView.image = UIImage(named: "face1.jpg")
}
```

이제 우리는 이미지와 버튼으로 이루어진 간단한 애플리케이션을 만들어서 실행해 볼 수 있게 되었습니다.

> **NOTE** iOS 시뮬레이터는 iOS 기기를 가상으로 돌려볼 수 있는 환경을 제공합니다. 글을 집필하는 시점에서 일부 서드파티 라이브러리들은 M1 맥에서 시뮬레이터 환경을 지원하지 않습니다. 이런 경우 실제 기기에서 실행하거나, 'My Mac – Designed for iPad' 런타임을 선택할 수 있습니다. 이후에 나오는 스크린숏들은 M1 맥미니에서 'My Mac – Designed for iPad' 타깃으로 실행하였습니다.[14]

사용자 인터페이스 요소의 마지막 부분은 이미지에 어노테이션을 추가하는 데 필요한 뷰입니다. 얼굴의 바운딩 박스를 그리는 용도입니다. 다음 코드를 `ViewController.swift`에 추가합니다.

---

14 옮긴이_ 2022년 7월 31일 기준 이 문제는 해결되지 않고 있습니다. 관련 이슈는 다음 링크에서 확인할 수 있습니다(https://issuetracker.google.com/issues/178965151).

```
// 탐지된 바운딩 박스를 그리기 위한 오버레이 뷰
private lazy var annotationOverlayView: UIView = {
    precondition(isViewLoaded)
    let annotationOverlayView = UIView(frame: .zero)
    annotationOverlayView.translatesAutoresizingMaskIntoConstraints =
        false
    return annotationOverlayView
}()
```

이 코드는 메인뷰가 생성된 뒤에 호출되어 오버레이 뷰를 만듭니다.

오버레이 뷰는 **viewDidLoad** 안에서 생성되어 이미지뷰 위에 얹어집니다.

```
override func viewDidLoad() {
    super.viewDidLoad()
    // 뷰가 불러와지면 추가적인 설정을 하는 곳
    imageView.image = UIImage(named: "face1.jpg")
    imageView.addSubview(annotationOverlayView)
    NSLayoutConstraint.activate([
        annotationOverlayView.topAnchor.constraint(equalTo:
imageView.topAnchor),
        annotationOverlayView.leadingAnchor.constraint(equalTo:
imageView.leadingAnchor),
        annotationOverlayView.trailingAnchor.constraint(equalTo:
imageView.trailingAnchor),
        annotationOverlayView.bottomAnchor.constraint(equalTo:
imageView.bottomAnchor),
    ])
}
```

이제 전체 사용자 인터페이스를 만들었습니다. 사용자 인터페이스는 이미지를 처리하기 위해 **UIImageView**, 사용자가 누를 버튼, 바운딩 박스를 그릴 어노테이션 뷰로 구성됩니다. 이제 ML Kit를 활용한 얼굴 탐지 로직을 만들 차례입니다.

4단계 애플리케이션 로직

우리는 사용자가 버튼을 누르면 ML Kit의 얼굴 탐지를 실행하고, 이미지를 전달하면, 얼굴 위치에 대한 바운딩 박스 정보를 얻어서, 자동으로 화면에 그려지게 하고 싶습니다. 이 과정을 단계별로 살펴보겠습니다.

먼저, ML Kit 라이브러리를 불러와야 합니다.

```
import MLKitFaceDetection
import MLKitVision
```

다음으로 ML Kit 얼굴 탐지기를 설정하겠습니다. 이를 위해 FaceDetectorOptions 객체를 생성하고, 몇 가지 프로퍼티들을 설정합니다. 여기서는 얼굴의 윤곽선이나, 빠른 성능을 위한 기본 옵션값들로 설정했습니다.

```
private lazy var faceDetectorOption: FaceDetectorOptions = {
    let option = FaceDetectorOptions()
    option.contourMode = .all
    option.performanceMode = .fast
    return option
}()
```

이 옵션은 faceDetector를 인스턴스로 만들 때 사용합니다.

```
private lazy var faceDetector =
    FaceDetector.faceDetector(options: faceDetectorOption)
```

여기서 FaceDetectorOptions이 없다는 에러가 발생할 수 있습니다. 그냥 아직 라이브러리에서 참조하지 않고 있다는 뜻이라 괜찮습니다. 일반적인 **컴퓨터 비전**을 위한 **헬퍼 라이브러리**를 포함하여 ML Kit 얼굴 탐지 라이브러리에서 제공할 것입니다.

```
import MLKitFaceDetection
import MLKitVision
```

우리는 앞에서 사용자가 버튼을 누르면 실행되는 인터페이스 빌더 액션을 만들었습니다. 이 기능부터 만들어 보겠습니다. 이 메서드 안에 커스텀 메서드를 호출하도록 만듭니다. 이 메서드는 바로 다음에 정의하도록 하겠습니다.

```
@IBAction func buttonPressed(_ sender: Any) {
    runFaceContourDetection(with: imageView.image!)
}
```

다음으로 메서드의 구현 부분입니다. 이 메서드에서는 이미지를 받아서 얼굴 탐지기에 보내는 작업을 합니다. 얼굴 탐지기가 처리하고 반환한 결과를 처리할 수 있습니다. 비교적 간단한 작업을 하는 이 메서드는 쉽고 단순하게 만들 수 있습니다.

```
func runFaceContourDetection(with image: UIImage) {
    let visionImage = VisionImage(image: image)
    visionImage.orientation = image.imageOrientation
    faceDetector.process(visionImage) { features, error in
        self.processResult(from: features, error: error)
    }
}
```

아직 processResult 메서드를 작성하지 않아서 Xcode가 에러를 표시할 것입니다. 바로 구현해 보도록 하겠습니다.

ML Kit로 여러 종류의 객체를 탐지하려면 이미지를 VisionImage 객체에 넣어줘야 합니다. 이 객체는 여러 이미지 형식을 지원하며, 이번에는 UIImage를 사용했습니다. 먼저 VisionImage 객체를 생성하고 이미지의 방향을 알맞게 설정합니다. 다음으로 얼굴 탐지기 객체로 이미지 처리를 수행합니다. 그러면 탐지기는 특징feature 정보와 에러error 정보를 반환하게 되고, processResult 메서드에 전달하여 후처리를 수행합니다.

다음은 processResult 메서드의 구현부입니다(단순하게 만들기 위해 오류 예외 처리를 생략했습니다만, 실제 제품의 애플리케이션에서는 예외 처리를 제대로 구현해주는 게 좋습니다). 이 코드는 ML Kit의 얼굴 탐지기에서 얼굴 바운딩 박스 정보를 가져와 화면에 그려줍니다.

```
func processResult(from faces: [Face]?, error: Error?) {
    guard let faces = faces else {
        return
    }
    for feature in faces {
        let transform = self.transformMatrix()
        let transformedRect = feature.frame.applying(transform)
```

```
        self.addRectangle(
            transformedRect,
            to: self.annotationOverlayView,
            color: UIColor.green
        )
    }
}
```

ML Kit에서 반환한 바운딩 박스 좌표계와 iOS UI 좌표계는 다릅니다. iOS 좌표계는 화면에 렌더링되는 픽셀 수가 아니라 실제 이미지 크기 기반으로 한다는 점이나, 이미지 크기 비율 같은 것들이, 좌표계가 다른 이유입니다. 결과를 iOS 좌표계에 맞추기 위해 `transformMatrix` 메서드를 만들어 사용했습니다. 이 메서드는 최종적으로 `transformedRect`를 만드는 데 사용됩니다. 마지막으로 `annotationOverlayView`에 사각형을 추가합니다. 이 사각형은 얼굴 영역을 표현하게 됩니다.

다음은 헬퍼 함수의 전체 내용입니다. 사각형 좌표를 변환하고, 오버레이 뷰에 적용합니다.

```
private func transformMatrix() -> CGAffineTransform {
    guard let image = imageView.image else
        { return CGAffineTransform() }
    let imageViewWidth = imageView.frame.size.width
    let imageViewHeight = imageView.frame.size.height
    let imageWidth = image.size.width
    let imageHeight = image.size.height
    let imageViewAspectRatio = imageViewWidth / imageViewHeight
    let imageAspectRatio = imageWidth / imageHeight
    let scale =
        (imageViewAspectRatio > imageAspectRatio)
        ? imageViewHeight / imageHeight : imageViewWidth / imageWidth

    let scaledImageWidth = imageWidth * scale
    let scaledImageHeight = imageHeight * scale
    let xValue = (imageViewWidth - scaledImageWidth) / CGFloat(2.0)
    let yValue = (imageViewHeight - scaledImageHeight) / CGFloat(2.0)

    var transform = CGAffineTransform.identity.translatedBy(
                                    x: xValue, y: yValue)
    transform = transform.scaledBy(x: scale, y: scale)
    return transform
}
```

```
private func addRectangle(_ rectangle: CGRect, to view: UIView, color: UIColor) {
    let rectangleView = UIView(frame: rectangle)
    rectangleView.layer.cornerRadius = 10.0
    rectangleView.alpha = 0.3
    rectangleView.backgroundColor = color
    view.addSubview(rectangleView)
}
```

이제 모든 코드를 작성했습니다. 코드의 대부분이 좌표 변환이나 화면상에 사각형을 그리는 내용입니다. 얼굴 탐지 기능 자체는 비교적 쉽습니다. runFaceContourDetection 메서드를 호출하기 위해 세 줄 정도만 작성하면 되니까요. 이제 애플리케이션을 실행해서 [그림 3-17]처럼 버튼을 눌러 탐지된 얼굴의 위치를 확인해 보세요.

Button

그림 3-17 iOS에서 얼굴 탐지하기

이 예제는 굉장히 쉬운 예제였습니다. 그러나 복잡한 애플리케이션에서도 충분히 활용할 수 있는 구조입니다. ML Kit는 애플리케이션 개발 시 머신러닝 부분을 굉장히 쉽게 만들 수 있게 도와주며, 이번 얼굴 탐지 애플리케이션 제작을 통해 어느 정도 이 점이 증명되었으면 좋겠습니다.

3.3 마치며

이번 장에서는 애플리케이션에서의 모바일 머신러닝을 위한 ML Kit 사용법 소개를 했습니다. 주어진 이미지에 얼굴 위치를 찾고, 그 위에 사각형을 그리는 애플리케이션을 안드로이드와 iOS 모두에서 만들어 보았습니다. 여기서 중요한 점은, 의존성 관리 도구로써 안드로이드는 Gradle을 사용해 봤고 iOS는 CocoaPods을 사용하여 ML Kit를 프로젝트에 추가하는 방법을 살펴보았다는 점입니다. 이제 앞으로의 장에서는 안드로이드에서 비전 애플리케이션을 만드는 것부터 시작하여 여러 일반적인 태스크에 대해 더 자세히 다뤄 보겠습니다.

## CHAPTER 4

안드로이드에서 ML Kit로 컴퓨터 비전 애플리케이션 만들기

3장에서는 ML Kit란 무엇인지, ML Kit를 활용해 얼굴을 탐지하는 애플리케이션을 만드는 법을 살펴봤습니다. 하지만 ML Kit는 그 이상의 일을 해낼 수 있습니다. 가령 커스텀 모델을 **호스팅**하거나, **바코드**를 인식하는 등 여러 가지 시나리오에 대한 **프로토타입**을 쉽고 빠르게 구현하는 것도 가능하죠. 이 장에서는 이미지를 분류하고 레이블을 찾거나, 고정 또는 움직이는 이미지에서 객체를 탐지하는 등의 영상 처리 시나리오에 대해 ML Kit가 제공하는 다른 모델을 살펴봅니다. 이 장의 애플리케이션은 안드로이드 플랫폼, 코틀린 프로그래밍 언어로 구현되며, iOS로 동일한 애플리케이션을 구현하는 방법은 6장에서 다룹니다.

4.1 이미지 분류 및 레이블 찾기

이미지 분류는 머신러닝에서 꽤 널리 알려진 주제이며, 영상 처리의 기본 예로 많이 사용됩니다. 이미지 분류가 무엇인지 간단히 짚어 보자면 이미지를 컴퓨터에 보여주고, 컴퓨터가 그 이미지의 내용을 구별하는 작업이라고 정의할 수 있습니다. 가령 [그림 4-1]의 고양이 이미지를 컴퓨터에 보여주면, 컴퓨터는 그 이미지에 대해 고양이라는 레이블을 찾는 것입니다.

ML Kit는 이보다 더 다양한 일을 할 수 있게 합니다. [그림 4-1]의 이미지를 보여주면, 단순히 고양이라는 것을 알려주기보다 고양이, 꽃, 풀 등 이미지에 포함된 다양한 사물의 존재 유무까지 확률로 표현해주죠.

이제 다음 이미지의 레이블을 찾는 매우 간단한 안드로이드 애플리케이션을 만들어 보죠. **안드로이드 스튜디오**와 **코틀린**을 사용해 구현합니다. 해당 도구가 없다면 공식 홈페이지[1]에서 다운로드한 후 설치하기를 바랍니다.

그림 4-1 고양이 이미지

1단계 애플리케이션 생성 및 ML Kit 설정하기

아직 3장을 보지 않았거나 안드로이드 애플리케이션을 생성하고 실행하는 법에 친숙하지 않다면, 3장의 내용을 먼저 살펴보세요. 애플리케이션을 생성했다면 3장에서도 봤던 build. gradle 파일을 수정합니다. 3장에서는 얼굴 탐지용 라이브러리를 추가했지만, 이번에는 이미지의 레이블을 탐지해내는 image-labeling 라이브러리를 추가합니다.

```
dependencies {
    implementation "org.jetbrains.kotlin:kotlin-stdlib:$kotlin_version"
    implementation 'androidx.core:core-ktx:1.2.0'
    implementation 'androidx.appcompat:appcompat:1.2.0'
    implementation 'com.google.android.material:material:1.1.0'
    implementation 'androidx.constraintlayout:constraintlayout:2.0.4'
```

---

1 https://developer.android.com/studio/

```
    testImplementation 'junit:junit:4.+'
    androidTestImplementation 'androidx.test.ext:junit:1.1.2'
    androidTestImplementation 'androidx.test.espresso:espresso-core:3.2.0'
    implementation 'com.google.mlkit:image-labeling:17.0.1'
}
```

라이브러리를 추가하면, 안드로이드 스튜디오는 Gradle 파일에 변화가 생겼음을 감지하고 동기화를 수행할 것인지 물어봅니다. 여기서 동기화를 선택하면, 새로 추가한 ML Kit 의존성을 포함해서 애플리케이션 빌드가 수행됩니다.

2단계 사용자 인터페이스 만들기

우리의 목적은 이미지의 레이블을 파악하는 것이기 때문에, UI는 간단하게 만들겠습니다. 화면 좌측의 안드로이드 뷰에서 res/layout 폴더를 클릭하면, activity_main.xml 파일을 확인할 수 있습니다. 이 내용이 생소하다면 3장을 한 번 더 읽어 보기를 바랍니다.

그리고 해당 파일을 수정하여 LinearLayout에 **이미지뷰**, **버튼**, **텍스트뷰**가 포함되도록 UI를 만들어줍니다.

```xml
<?xml version="1.0" encoding="utf-8"?>
<androidx.constraintlayout.widget.ConstraintLayout
    xmlns:android="http://schemas.android.com/apk/res/android"
    xmlns:app="http://schemas.android.com/apk/res-auto"
    xmlns:tools="http://schemas.android.com/tools"
    android:layout_width="match_parent"
    android:layout_height="match_parent"
    tools:context=".MainActivity">

    <LinearLayout
        android:layout_width="match_parent"
        android:layout_height="wrap_content"
        android:orientation="vertical"
        app:layout_constraintStart_toStartOf="parent"
        app:layout_constraintTop_toTopOf="parent">

        <ImageView
            android:id="@+id/imageToLabel"
            android:layout_width="match_parent"
```

```
                android:layout_height="match_parent"
                android:layout_gravity="center"
                android:adjustViewBounds="true"
            />
            <Button
                android:id="@+id/btnTest"
                android:layout_width="wrap_content"
                android:layout_height="wrap_content"
                android:text="Label Image"
                android:layout_gravity="center"/>
            <TextView
                android:id="@+id/txtOutput"
                android:layout_width="match_parent"
                android:layout_height="wrap_content"
                android:ems="10"
                android:gravity="start¦top" />
        </LinearLayout>
    </androidx.constraintlayout.widget.ConstraintLayout>
```

실행 단계에서 이미지뷰는 이미지를 불러오고, 버튼을 누르면 ML Kit가 호출되어 출력된 이미지의 레이블 데이터를 추출합니다. 그리고 추출된 레이블은 텍스트뷰를 통해 출력되죠. 잠시 후 [그림 4-3]과 같은 결과를 확인해 보겠습니다.

3단계 assets 폴더 생성 후 이미지 추가하기

이미지를 추가하려면 assets 폴더가 필요합니다. assets 폴더를 만든 뒤 이미지를 추가했다면, [그림 4-2]와 같은 파일 목록을 확인할 수 있습니다.

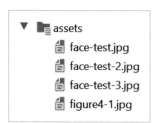

그림 4-2 assets 폴더 내 포함된 이미지

4단계 **이미지뷰에 이미지를 불러오기**

이번에는 코드를 작성할 차례입니다. assets 폴더에 담긴 이미지를 비트맵으로 불러오는 확장 함수를 MainActivity.kt 파일에 추가해 보죠.

```
fun Context.assetsToBitmap(fileName: String): Bitmap?{
    return try {
        with(assets.open(fileName)){
            BitmapFactory.decodeStream(this)
        }
    } catch (e: IOException) { null }
}
```

그리고 안드로이드 스튜디오가 생성해준 onCreate 함수의 내용을 수정하여, ID값으로 이미지뷰를 찾은 뒤 assets 폴더의 이미지 중 하나를 불러오도록 합니다.

```
val img: ImageView = findViewById(R.id.imageToLabel)
// 파일 확장자를 포함한 이미지 파일명
val fileName = "figure4-1.jpg"
// 이미지 파일명으로부터 비트맵을 불러옴
val bitmap: Bitmap? = assetsToBitmap(fileName)
bitmap?.apply {
    img.setImageBitmap(this)
}
```

여기까지 했다면 애플리케이션을 실행해서 정상적으로 이미지가 출력되는지 확인해 볼 수 있습니다. 문제없이 이미지를 불러왔다면 그 결과는 [그림 4-3]과 같습니다.

그림 4-3 이미지를 불러와 구동 중인 애플리케이션

버튼을 누르더라도 아직은 아무 일도 일어나지 않습니다. 관련 코드를 작성하지 않았기 때문이죠. 이제 그 코드를 작성해 보겠습니다.

5단계 버튼 핸들러 코드 작성하기

텍스트를 화면에 보여줄 텍스트뷰 타입의 변수를 만듭니다. 또 버튼도 마찬가지로 버튼 타입의 변수를 만듭니다. 이 두 변수는 findViewById로 조회된 실제 UI 요소를 참조합니다.

```
val txtOutput : TextView = findViewById(R.id.txtOutput)
val btn: Button = findViewById(R.id.btnTest)
```

코드로 버튼을 참조했으면, 해당 버튼의 **setOnClickListener**로 버튼이 클릭되었을 때 처리될 일을 지정하는 핸들러를 달아줄 수 있습니다. 자동 완성 기능을 활용하면 기본 코드는 자동으로 추가됩니다. 그러면 이 코드의 일부를 다음처럼 수정하여, 이미지에 대한 레이블을 찾도록 만들어줍니다. 그 방법을 단계별로 살펴보죠.

```
btn.setOnClickListener {
        val labeler =
            ImageLabeling.getClient(ImageLabelerOptions.DEFAULT_OPTIONS)
        val image = InputImage.fromBitmap(bitmap!!, 0)
        var outputText = ""
```

```
                labeler.process(image).addOnSuccessListener { labels ->
                        // 성공적으로 태스크가 끝나면
                        for (label in labels) {
                            val text = label.text
                            val confidence = label.confidence
                            outputText += "$text : $confidence\n"
                        }
                        txtOutput.text = outputText
                }
            .addOnFailureListener { e ->
                        // 태스크가 실패했을 때의 예외 처리
                        // ...
            }
    }
```

버튼을 클릭하면 다음과 같은 **DEFAULT_OPTIONS**로 설정된 ML Kit의 이미지 **레이블러**^{labeler}를 생성합니다.

```
val labeler = ImageLabeling.getClient(ImageLabelerOptions.DEFAULT_OPTIONS)
```

그다음 **Bitmap**(이미지 출력에 사용)으로부터 **Image** 객체(ML Kit가 이해할 수 있는 형식)를 생성합니다.

```
val image = InputImage.fromBitmap(bitmap!!, 0)
```

레이블러는 이미지 처리를 위해 호출되는데, 이때 레이블러에 두 **리스너**^{listener}를 추가해야 합니다. 성공 리스너는 처리가 성공적으로 완료되었을 때, 실패 리스너는 그렇지 않을 때 실행됩니다. 한편 레이블러의 성공 리스너는 발견된 레이블 목록을 반환하고, 이 목록의 각 레이블은 텍스트와 0~1 값으로 각 레이블의 신뢰도를 표현하는 프로퍼티를 가지고 있습니다.

따라서 성공 리스너의 코드는 모든 레이블 목록을 **파싱**하고, 각 레이블의 텍스트와 신뢰도를 outputText 변수에 문자열로 이어 붙이는 작업을 수행해야 합니다. 이 작업이 완료되면, 텍스트뷰(txtOutput 변수)가 가진 text 프로퍼티에 해당 outputText 변수의 값을 대입합니다.

```
for (label in labels) {
        val text = label.text
```

```
        val confidence = label.confidence
        outputText += "$text : $confidence\n"
    }
    txtOutput.text = outputText
```

꽤 간단하죠. 앞에서 본 고양이 이미지를 넣고 애플리케이션을 실행하면, [그림 4-4]와 같은 결과를 얻을 수 있습니다.

그림 4-4 고양이 이미지를 레이블링하기

추가 단계

ML Kit가 제공하는 이미지의 레이블을 추출하는 모델은 약 400종류의 범주를 구별할 수 있습니다. 이 책을 쓴 시점의 정확한 개수는 447개였지만, 그 개수는 얼마든지 바뀔 수 있습니다. ML Kit가 제공하는 전체 레이블 맵은 링크[2]에서 확인할 수 있습니다. 만약 ML Kit가 지원하지 않는 범주를 구별하고 싶다면, 텐서플로를 사용해야 하며 이 내용은 9장에서 다룹니다.

---

2 https://developers.google.com/ml-kit/vision/image-labeling/labelmap

4.2 객체 탐지

앞 절에서는 이미지가 표현하고자 하는 레이블을 추출했지만, 실제 이미지에 포함된 객체의 위치를 파악하지는 못했습니다. 만약 이를 원한다면 **객체 탐지**object detection를 활용해야 합니다. 이미지를 입력하면 **객체 탐지기**object detector는 이미지에 포함된 객체의 목록과 각 객체의 위치 정보가 담긴 **바운딩 박스**bounding box를 함께 반환합니다. ML Kit의 기본 객체 탐지 모델은 이미지 속객체를 훌륭히 탐지해냅니다. 다만 분류할 수 있는 객체의 종류가 다섯 개밖에 없다는 단점이 있죠. 하지만 객체 탐지 모델이 탐지한 각 객체에 대해 앞 절의 이미지 레이블러 기능을 적용하면, 각 객체의 세부 레이블 목록을 얻을 수 있습니다. [그림 4-5]는 그 결과입니다.

그림 4-5 이미지 내 객체 탐지

이제 이 애플리케이션을 만드는 단계별 절차를 살펴보죠.

1단계 애플리케이션 생성 및 ML Kit 불러오기

전과 같은 방식으로 단일 뷰를 가진 애플리케이션을 생성합니다. 이번에 만들 애플리케이션도 이미지 레이블링과 유사한 수준으로 간단한 형태로 만듭니다.

애플리케이션을 만들면 다음 코드처럼 `build.gradle` 파일을 수정하여, 이미지의 레이블을 추출하기 위한 `image-labeling`과 객체를 탐지하기 위한 `object-detection` 모두 사용할 수 있도록 만듭니다.

```
implementation 'com.google.mlkit:object-detection:17.0.0'
implementation 'com.google.mlkit:image-labeling:17.0.4'
```

> **NOTE** 이 파일을 수정할 때는 버전 정보가 다를 수 있습니다(2022년 8월 기준 최신 버전 반영). 따라서 현재 가용한 최신 모델을 링크[3]에서 확인하기를 바랍니다.

2단계 액티비티 레이아웃 XML 생성하기

액티비티에 대한 레이아웃 파일은 이전 예제와 완벽히 동일합니다. 즉, 이미지뷰, 버튼, 텍스트뷰를 가진 LinearLayout이 필요합니다. **이미지뷰**는 이미지를 출력하고, **버튼**은 객체 탐지와 이미지의 레이블을 추출하는 코드를 실행하며, **텍스트뷰**는 추출된 레이블을 텍스트 형태로 출력하죠. 레이아웃 파일의 코드는 이전 예제를 참조하기를 바랍니다.

3단계 이미지뷰에 이미지를 불러오기

전과 같은 방식으로 **assets** 폴더의 이미지를 이미지뷰에 불러오기 위한 확장 함수를 정의합니다. 이전과 똑같은 코드지만, 편의상 다시 추가해 두었습니다.

---

3 https://developers.google.com/ml-kit

```
// assets에서 비트맵을 얻기 위한 확장 함수
fun Context.assetsToBitmap(fileName: String): Bitmap?{
    return try {
        with(assets.open(fileName)){
            BitmapFactory.decodeStream(this)
        }
    } catch (e: IOException) { null }
}
```

또 전과 마찬가지로 assets 폴더를 만든 뒤 이미지를 추가합니다. [그림 4–5]의 이미지는 픽사베이^{Pixabay}라는 서비스에서 다운받은 뒤 **bird.jpg**로 이름을 변경한 파일을 사용했습니다.

그다음 onCreate 함수에는 방금 정의된 확장 함수로 **assets** 폴더의 이미지를 가져온 다음, 해당 이미지를 **Bitmap** 형식으로 만드는 코드를 작성합니다.

```
val img: ImageView = findViewById(R.id.imageToLabel)
// assets 폴더 내, 확장자를 포함한 이미지 파일 이름
val fileName = "bird.jpg"
// 해당 이미지 파일로부터 비트맵 얻기
val bitmap: Bitmap? = assetsToBitmap(fileName)
bitmap?.apply {
    img.setImageBitmap(this)
}
```

또 전과 마찬가지로 버튼과 텍스트뷰 UI를 코드로 접근할 수 있도록 변수로 참조합니다.

```
val txtOutput : TextView = findViewById(R.id.txtOutput)
val btn: Button = findViewById(R.id.btnTest)
```

4단계 객체 탐지기의 옵션 설정하기

이 절은 ML Kit가 제공하는 다양한 클래스가 사용됩니다. 그 목록은 다음 코드와 같습니다.

```
import com.google.mlkit.vision.common.InputImage
import com.google.mlkit.vision.label.ImageLabeling
import com.google.mlkit.vision.label.defaults.ImageLabelerOptions
```

```
import com.google.mlkit.vision.objects.DetectedObject
import com.google.mlkit.vision.objects.ObjectDetection
import com.google.mlkit.vision.objects.defaults.ObjectDetectorOptions
```

ML Kit의 객체 탐지기는 객체에 대한 다양한 탐지 수단(모드)을 제공하는데, 이는 ObjectDetectorOptions으로 제어할 수 있습니다. 우리가 만들 애플리케이션은 그중 단일 이미지 내의 여러 객체를 탐지하는 가장 간단한 모드인 SINGLE_IMAGE_MODE를 사용합니다.

```
val options =
        ObjectDetectorOptions.Builder()
        .setDetectorMode(ObjectDetectorOptions.SINGLE_IMAGE_MODE)
        .enableMultipleObjects()
        .build()
```

객체 탐지기는 꽤 유용한 API입니다. 비디오 스트림을 프레임 단위별로 분석해 객체를 탐지할 수도 있죠. 물론 이 책에서 그 내용까지는 다루지 않지만, ML Kit 공식 문서에서 더 많은 것을 배울 수 있습니다.

앞에서 말한 대로 객체 탐지 모드는 ObjectDetectorOptions에 의해 결정되며, 우리가 만들 애플리케이션은 그중 SINGLE_IMAGE_MODE를 사용합니다. 해당 모드에 대한 상세 내용은 공식 문서[4]를 확인해 보기를 바랍니다.

추가로 객체 탐지기는 이미지 내의 모든 객체, 또는 그중 가장 두드러진 객체 하나만 반환하도록 설정할 수 있습니다. 우리가 만들 애플리케이션은 enableMultipleObjects()를 사용해 모든 객체를 반환하도록 설정했습니다. [그림 4-5]에서 여러 객체 목록이 출력된 이유입니다.

또 다른 기본 옵션인 분류 기능을 켜고, 끄는 모드도 많이 사용됩니다. 기본 객체 탐지기는 오직 다섯 가지 범주로만 객체를 탐지할 수 있으며, 각 범주는 포괄적인 의미를 가집니다[5]. 우리는 이 모드를 사용하지 않고 이 문제를 다른 방식으로 풀어 보겠습니다. 앞 장에서 우리가 만든 이미지 레이블러를 활용하는 방식이죠. 만약 탐지 단계에서 다섯 가지 이상의 범주를 파악해야 한다면, 텐서플로로 만든 커스텀 모델을 사용해야만 합니다. 그 방법은 9~11장에서 다룹니다.

---

4 https://oreil.ly/WFSZD.

5 옮긴이_새를 예로 들면, 구체적인 종이 아니라 '새'라는 범주를 탐지합니다.

5단계 버튼과의 상호작용

우리가 원하는 기능은 버튼을 누르면 객체 탐지기를 호출해 이미지 내 객체들의 **바운딩 박스** 목록을 얻는 것입니다. 잠시 후에는 바운딩 박스 정보로 이미지의 특정 부분을 자른 뒤, 그 부분의 이미지만 레이블러에 넣어주는 작업도 해 봅니다. 우선 지금은 객체 탐지 핸들러를 구현해야겠죠. 이 **핸들러**는 다음과 같은 코드로 구현합니다.

```
btn.setOnClickListener {
        val objectDetector = ObjectDetection.getClient(options)
        var image = InputImage.fromBitmap(bitmap!!, 0)
        objectDetector.process(image)
                .addOnSuccessListener { detectedObjects ->
                // 성공적으로 태스크가 끝나면
                }
                .addOnFailureListener { e ->
                    // 태스크가 실패했을 때의 예외 처리
                    // ...
                }
        }
}
```

위 코드는 앞에서 이미지의 레이블을 추출했던 방식과 유사합니다. 일부 옵션으로 객체 탐지용 API 인스턴스를 생성하고, Bitmap을 InputImage 타입으로 변환한 뒤, 객체 탐지기로 InputImage 객체를 처리합니다.

그러면 탐지된 객체들의 목록이 반환되며 성공하거나, 예외가 발생하여 실패하게 됩니다.

성공 리스너인 onSuccessListener가 반환한 detectedObjects는 바운딩 박스를 포함, 객체들의 상세 정보를 가지고 있습니다. 이제 이 정보를 토대로, 이미지 위에 바운딩 박스를 그리는 함수를 만들어 보죠.

6단계 바운딩 박스 그리기

Bitmap 객체 위에 사각형을 그리는 가장 간단한 방법은 캔버스를 사용하는 확장 함수를 정의하는 것입니다. 탐지된 객체 목록을 확장된 함수로 전달하면, 이 함수는 바운딩 박스 목록을 추출한 뒤 Bitmap 위에 바운딩 박스를 그립니다.

다음은 이를 수행하는 완성된 코드입니다.

```kotlin
fun Bitmap.drawWithRectangle(objects: List<DetectedObject>):Bitmap?{
    val bitmap = copy(config, true)
    val canvas = Canvas(bitmap)
    var thisLabel = 0
    for (obj in objects){
        thisLabel++
        val bounds = obj.boundingBox
        Paint().apply {
            color = Color.RED
            style = Paint.Style.STROKE
            textSize = 32.0f
            strokeWidth = 4.0f
            isAntiAlias = true
            // 캔버스에 사각형 그리기
            canvas.drawRect(
                    bounds,
                    this
            )
            canvas.drawText(thisLabel.toString(),
                        bounds.left.toFloat(),
                        bounds.top.toFloat(), this )
        }
    }
    return bitmap
}
```

가장 먼저 이 함수는 **Bitmap**의 복사본을 만든 뒤, 해당 **Bitmap**의 캔버스를 생성합니다. 그 후 탐지된 객체를 하나씩 접근해서 처리합니다.

MK Kit가 반환한 각 객체의 바운딩 박스 정보는 **boundingBox** 프로퍼티에 담겨 있습니다. 즉, 다음처럼 접근할 수 있겠죠.

```kotlin
val bounds = obj.boundingBox
```

그러면 다음 코드처럼 캔버스의 **drawRect** 메서드로 상자를 그릴 수 있습니다(내부적으로 **Paint** 객체 사용).

```
canvas.drawRect(
        bounds,
            this
    )
```

나머지 코드는 단순히 바운딩 박스의 크기, 색상, 그리고 [그림 4-5]의 각 바운딩 박스 위에 출력된 숫자의 텍스트 색상을 결정합니다.

이렇게 만든 확장 함수를 onSuccessListener에서 호출되도록 작성합니다.

```
bitmap?.apply{
    img.setImageBitmap(drawWithRectangle(detectedObjects))
}
```

ML Kit가 탐지된 객체 목록을 성공적으로 반환하면, 이미지 위에 바운딩 박스들이 그려진 결과를 확인할 수 있습니다. 하지만 아쉽게도 객체 탐지기가 가진 한계(분류할 수 있는 객체의 종류가 5개)로 인해, 유용한 레이블을 원하는 만큼 얻을 수는 없습니다. 다음으로는 객체 탐지기의 한계를 극복하기 위해, 각 바운딩 박스의 이미지에 레이블러를 적용해서 각 바운딩 박스별 상세 정보를 얻는 방법을 다뤄 보겠습니다.

7단계 객체 레이블링

여기서 다루는 ML Kit의 기본 객체 탐지기 모델은 오직 다섯 개의 포괄적인 범주밖에 다루지 못한다는 문제가 있습니다. 이것은 두 가지 방법으로 해결할 수 있습니다. 더 많은 범주로 학습된 커스텀 모델을 사용하는 한 가지 방법, 객체 탐지기의 결과를 또 다른 모델이 처리하는 다단계 솔루션을 사용하는 방법이 있습니다. 우리는 후자를 자세히 살펴볼 텐데, 그 절차는 간단합니다. 바운딩 박스는 이미 보유한 정보입니다. 따라서 바운딩 박스 속 이미지만 잘라내 부분 이미지를 임시로 만들 수 있고, 부분 이미지에 이미지 레이블러를 적용해 더 세부 범주 목록을 얻을 수 있습니다. 이 과정을 모든 바운딩 박스에 반복적으로 수행하면, 탐지된 각 객체에 대한 세부 범주 목록을 얻을 수 있겠죠.

다음은 이를 수행하는 코드입니다.

```kotlin
fun getLabels(bitmap: Bitmap,
              objects: List<DetectedObject>, txtOutput: TextView){
    val labeler = ImageLabeling.getClient(ImageLabelerOptions.DEFAULT_OPTIONS)
    for(obj in objects) {
        val bounds = obj.boundingBox
        val croppedBitmap = Bitmap.createBitmap(
            bitmap,
            bounds.left,
            bounds.top,
            bounds.width(),
            bounds.height()
        )
        var image = InputImage.fromBitmap(croppedBitmap!!, 0)

        labeler.process(image)
            .addOnSuccessListener { labels ->
                // 성공적으로 태스크가 끝나면
                var labelText = ""
                if(labels.count()>0) {
                    labelText = txtOutput.text.toString()
                    for (thisLabel in labels){
                        labelText += thisLabel.text + " , "
                    }
                    labelText += "\n"
                } else {
                    labelText = "Not found." + "\n"
                }
                txtOutput.text = labelText.toString()
            }
    }
}
```

위 코드는 탐지된 각 객체에 접근하며, 바운딩 박스 정보로 croppedBitmap이라는 임시 Bitmap을 만듭니다. 그러면 기본 옵션으로 설정된 이미지 레이블러가 이 비트맵을 처리할 수 있고, 성공적으로 처리하면 구별된 레이블 목록을 얻을 수 있습니다. 그다음 레이블 목록의 각 요소는 콤마로 구분된 문자열로 이어 붙여진 후 txtOutput을 통해 화면에 출력되죠. 가끔은 레이블을 전혀 찾지 못하는 경우도 있기 때문에, 이 예외를 처리하기 위해 if 조건-분기문을 추가했습니다.

바로 다음 함수는 **객체 탐지 API**가 정상적으로 처리되었음을 알리는 onSuccessListener의 내용 중 **Bitmap**에 사각형을 그리는 코드가 처리된 직후에 호출됩니다.

```
getLabels(bitmap, detectedObjects, txtOutput)
```

NOTE 이 코드를 실행하면 객체 탐지기부터 이미지 레이블러까지 여러 가지 비동기 호출이 발생합니다. 결과적으로 버튼을 누른 직후에는 지연이 발생할 가능성이 큽니다. 먼저 바운딩 박스가 그려지고 나서 수 분 후 레이블 목록이 갱신될 가능성이 높은 것이죠. 안드로이드와 코틀린은 더 나은 사용자 경험을 위해 다양한 비동기 기능을 제공하므로 관련 내용을 찾아보기를 바랍니다. 이 책은 가능한 예제를 간소화해 ML Kit의 기능에만 초점을 맞추고자 비동기에 대해서는 따로 다루지 않습니다.

4.3 영상에서 객체 탐지와 객체 추적하기

MK Kit의 객체 탐지기는 비디오 스트림에서도 작동합니다. 일련의 **영상 프레임**으로부터 객체를 탐지하고 추적할 수 있죠. 예를 들어 [그림 4-6]은 카메라를 움직이며 찍은 두 장의 이미지를 보여주는데, 보다시피 **객체**, **바운딩 박스**, 해당 객체의 **ID**도 추적해낸 것을 알 수 있습니다. 카메라 시야에 객체가 들어온 동안, 카메라 위치에 따라 변하는 프레임마다 바운딩 박스는 새로 그려지지만, 추적될 ID는 항상 동일하게 유지되어야 합니다. 가령 카메라 앵글, 객체의 위치가 변해서 다른 객체처럼 보이더라도 동일한 객체라고 구별되어야 하는 것이죠.

이 절에서는 ML Kit로 이 같은 애플리케이션을 만들어 봅니다. 한 가지 유의 사항은 이 애플리케이션의 테스트에는 실제 장비가 필요하다는 것입니다. 실제로 카메라를 움직이는 등의 작동은 에뮬레이터로는 잘 표현되지 않기 때문이죠.

이런 애플리케이션을 만드는 데는 머신러닝과는 무관한 여러 절차가 필요합니다. 가령 프레임 사이의 바운딩 박스 모양을 유지하거나, 오버레이를 사용하거나, **CameraX**를 다루는 등의 작업이죠. 이 내용들을 이 책에서 다루지는 않습니다. 다만 이 책이 제공하는 깃허브 저장소를 통해 완전한 코드를 내려받을 수 있으므로, 여러분 스스로 관련 코드를 좀 더 자세히 살펴보기를 바랍니다.

그림 4-6 영상 기반의 객체 탐지기

4.3.1 레이아웃 확인하기

지금까지 만든 것들과 비교하면, 이번에 만들 애플리케이션의 레이아웃은 약간 더 복잡한 편입니다. **카메라 프리뷰**preview를 화면에 띄워야 하고, 카메라를 움직일 때마다 프리뷰 위에 추적할 객체의 바운딩 박스 위치를 실시간으로 갱신해야 합니다. 우리가 만들 애플리케이션은 카메라를 쉽게 쓸 수 있도록 도와주는 CameraX라는 라이브러리를 사용합니다. CameraX의 보다 상세한 내용은 공식문서[6]를 참고하기를 바랍니다.

지금까지와 같은 방식으로 안드로이드 애플리케이션을 만든 뒤, 레이아웃 파일을 열고 수정합니다. 이번에 만들 애플리케이션에는 FrameLayout이 사용됩니다. FrameLayout은 화면에 하나의 요소만 표현하는 데 주로 쓰이지만, 우리처럼 두 요소 중 하나가 다른 하나를 완전히 덮는 경우에도 쓸 수 있습니다.

---

6 https://developer.android.com/training/camerax

```xml
<FrameLayout android:layout_width="fill_parent"
    android:layout_height="fill_parent"
    android:layout_weight="2"
    android:padding="5dip"
    tools:ignore="MissingConstraints">
    <androidx.camera.view.PreviewView
        android:id="@+id/viewFinder"
        android:layout_width="fill_parent"
        android:layout_height="fill_parent"
        android:layout_weight="1"
        android:layout_gravity="center" />
    <com.odmlbook.liveobjectdetector.GraphicOverlay
        android:id="@+id/graphicOverlay"
        android:layout_gravity="center"
        android:layout_width="wrap_content"
        android:layout_height="wrap_content" />
</FrameLayout>
```

FrameLayout에는 가장 먼저 카메라의 비디오 스트림을 화면에 출력하는 androidx.camera.view.Preview 뷰가 배치됩니다. 그리고 다음으로는 GraphicOverlay가 배치되었죠. GraphicOverlay는 이름에서 알 수 있듯이 프리뷰 위로 그래픽을 덮어 그리는 기능을 제공합니다. 이 클래스는 오픈소스로 공개된 ML Kit의 공식 예제를 약간 변형해서 가져온 것입니다.

위 레이아웃을 정의한 파일에서 com.odmlbook.liveobjectdetector.GraphicOverlay라고 적힌 것을 알 수 있습니다. 공식 예제의 GraphicOverlay를 그대로 가져왔지만, 우리가 만드는 애플리케이션의 네임스페이스가 부여됐기 때문입니다. 여러분이 정한 네임스페이스를 써도 좋습니다. 다만 그 이름이 올바르게 설정되었는지 확인하기를 바랍니다.

여기서 우리가 중점을 둘 내용은 **객체 탐지**이므로, 레이아웃은 최대한 간단하게 만들었습니다. 따라서 CameraX를 위한 프리뷰와 그 위에 바운딩 박스를 그리기 위한 GraphicOverlay를 배치한 게 전부입니다.

4.3.2 GraphicOverlay 클래스

레이아웃에서 커스텀 클래스인 GraphicOverlay를 사용했습니다. 이 클래스는 그래픽 객체들을 관리하고, 그래픽 객체를 캔버스에 그리는 역할을 담당합니다. 우리가 만들 애플리케이션에서는 바운딩 박스를 표현하는 그래픽 객체가 관리되어야 하며, 각 객체는 최종적으로 카메라 프리뷰 위에 그려져야 합니다. 그런데 카메라 프리뷰(카메라 해상도)와 캔버스(화면 해상도)는 서로 다른 좌표 시스템을 따릅니다. 따라서 이 두 좌표를 변환하여 같은 좌표로 만들어야만 적절한 위치에 바운딩 박스를 그릴 수 있습니다. 다행히도 두 좌표를 변환하는 기능도 GraphicOverlay 클래스 내부에 구현되어 있습니다. 더불어 프레임워크별로 그래픽 객체를 그릴 때 성능 관리 기능도 GraphicOverlay 안에 구현되어 있습니다. 한편 그래픽 객체로 표현된 바운딩 박스는 onDraw 이벤트를 통해 그려집니다.

```
@Override
protected void onDraw(Canvas canvas) {
    super.onDraw(canvas);

    synchronized (lock) {
        updateTransformationIfNeeded();

        for (Graphic graphic : graphics) {
            graphic.draw(canvas);
        }
    }
}
```

4.3.3 카메라로 얻은 영상 화면 출력하기

CameraX는 **카메라 프로바이더**^{camera provider}를 정의할 수 있게 해줍니다. 이로부터 다양한 **부분 프로바이더**^{subprovider}를 설정할 수 있습니다. 가령 프리뷰를 배치할 위치는 surface 프로바이더로, 카메라가 포착한 프레임에 수행하고 싶은 작업은 analyzer 프로바이더로 정의할 수 있습니다. 앞으로 만들 애플리케이션은 이 두 프로바이더가 필요합니다. surface 프로바이더로 표시될 프리뷰를 얻고, analyzer 프로바이더로는 ML Kit의 객체 탐지기를 호출하는 것이죠. 이 두 프로바이더를 설정하는 코드는 MainActivity의 startCamera() 함수에 작성되어 있습니다.

가장 먼저 프리뷰 뷰(레이아웃 파일에서 viewFinder라는 아이디를 가진 것)를 설정하여 카메라로 들어오는 프레임의 스트림을 화면에 출력합니다.

```
val preview = Preview.Builder()
    .build()
    .also {
        it.setSurfaceProvider(viewFinder.surfaceProvider)
    }
```

그리고 **이미지 분석기**image analyzer를 설정합니다. CameraX는 프레임 단위로 analyzer를 호출해 각 프레임 이미지를 처리할 기회를 제공합니다. 우리가 원하는 기능이죠. setAnalyzer 메서드 호출 시 프레임 분석을 다룰 클래스를 지정할 수 있는데, 여기서 우리가 사용한 클래스는 ObjectAnalyzer라는 커스텀 클래스입니다. 이름에서 알 수 있듯이 이 클래스는 프레임마다 **객체 탐지 API**를 적용합니다.

```
val imageAnalyzer = ImageAnalysis.Builder()
    .setBackpressureStrategy(ImageAnalysis.STRATEGY_KEEP_ONLY_LATEST)
    .build()
    .also {
        it.setAnalyzer(cameraExecutor, ObjectAnalyzer(graphicOverlay))
    }
```

두 프로바이더를 설정했다면 카메라의 생명주기에 이들을 엮어줘야 합니다. 그래야 CameraX가 프리뷰를 화면에 출력하고, 프레임별로 각각을 관리할 수 있습니다.

```
cameraProvider.bindToLifecycle(
    this, cameraSelector, preview, imageAnalyzer
)
```

CameraX를 사용한 카메라 애플리케이션의 **생명주기**lifecycle는 CameraX 공식 문서에 자세히 나와 있습니다. 이 책에서는 그중 객체 탐지를 할 때 필요한 일부분만 강조하여 설명합니다.

4.3.4 ObjectAnalyzer 클래스

이 클래스의 완전한 코드는 이 책이 제공하는 깃허브 저장소에서 확인할 수 있습니다. 깃허브 저장소의 코드를 복제하고, 사용하면서 ObjectAnalyzer가 영상의 객체를 추적하는 방법을 이해하길 바랍니다. 이 절은 전체 코드 중 중요한 일부만을 다룹니다.

앞에서 CameraX의 analyzer 기능을 이용해 객체 탐지를 다룰 클래스로 ObjectAnalyzer를 지정해주는 과정을 봤습니다. 이때 ObjectAnalyzer로 GraphicOverlay 객체의 참조를 전달해주었죠.

커스텀 analyzer 클래스를 만들고 싶다면 ImageAnalysis.Analyzer를 오버라이드(상속)해야 합니다. ObjectAnalyzer 클래스는 다음과 같이 정의될 수 있습니다.

```
public class ObjectAnalyzer(graphicOverlay: GraphicOverlay) :
                          ImageAnalysis.Analyzer {}
```

이 클래스의 역할은 객체 탐지를 수행하는 것이므로, 전과 같은 방법으로 ObjectDetector 클래스 인스턴스를 생성합니다.

```
val options =
            ObjectDetectorOptions.Builder()
                    .setDetectorMode(ObjectDetectorOptions.STREAM_MODE)
                    .enableMultipleObjects()
                    .enableClassification()
                    .build()
    val objectDetector = ObjectDetection.getClient(options)
```

단 이번에는 객체 탐지 모드를 ObjectDetectorOptions.STREAM_MODE로 설정한다는 점이 다릅니다. 이 모드를 사용해야만 [그림 4-6]처럼 객체를 추적하는 기능을 활성화할 수 있습니다. 즉, 카메라 위치가 바뀌어도 서로 다른 프레임의 같은 객체를 실제로도 같다고 '기억'할 수 있는 것이죠.

커스텀 analyzer 클래스는 ImageProxy로 표현된 이미지를 입력받아 처리하는 analyze 메서드도 오버라이드해야 합니다. 그리고 CameraX의 이미지를 ImageProxy와 함께 사용하려면 이미지 회전 등을 관리하는 일부 처리 작업이 필요합니다. 가령 카메라의 방향이 가로/세로 모드로 바뀔 수 있기 때문에, 현재 프레임 내 이미지의 높이, 너비, 이미지의 위/아래가 뒤집혔는지의 정확한 정보를 Overlay 객체로 알려줘서 ML Kit API가 올바른 이미지를 처리할 수 있도록 해줘야 합니다.

```
if (rotationDegrees == 0 || rotationDegrees == 180) {
    overlay.setImageSourceInfo(
        imageProxy.width, imageProxy.height, isImageFlipped
    )
} else {
    overlay.setImageSourceInfo(
        imageProxy.height, imageProxy.width, isImageFlipped
    )
}
```

여기까지 했다면 이제는 프레임을 객체 탐지기로 넘겨줄 차례입니다. 만약 객체 탐지기가 성공적으로 API 호출을 마친다면, 이전 예제와 마찬가지로 콜백에는 탐지된 객체의 목록이 담겨있을 겁니다. 이때 가장 먼저 할 일은 Overlay 객체를 깨끗이 비우는 작업이며, 그 후 탐지된 각 객체의 정보를 토대로 Overlay 객체에 새로운 그래픽 객체를 추가하면 됩니다. 한편 이 그래픽 객체는 이 예제를 위해 정의된 커스텀 클래스입니다. 이 클래스가 정의된 방식은 잠시 후 살펴보겠습니다. 그러면 postInvalidate() 메서드를 호출해 Overlay 객체가 새로 그려질 수 있도록 해줍니다.

```
objectDetector.process(frame)
    .addOnSuccessListener { detectedObjects ->
    overlay.clear()
            for (detectedObject in detectedObjects){
                val objGraphic = ObjectGraphic(this.overlay, detectedObject)
                this.overlay.add(objGraphic)
            }
            this.overlay.postInvalidate()
}
```

4.3.5 ObjectGraphic 클래스

바운딩 박스는 상자, 레이블 텍스트, 레이블의 배경이라는 세 요소로 구성됩니다. 각 요소를 개별적으로 그릴 수도 있지만, 이 모두를 표현하는 별도의 클래스를 정의하는 것이 좋습니다. 이 클래스 객체는 ML Kit가 반환한 detectedObject 정보에 기초해 초기화됩니다. 그래야 추적할 객체의 바운딩 박스 좌표, ID를 그래픽 객체로 표현할 수 있겠죠. 구체적인 방법은 `ObjectGraphic` 클래스에 구현되어 있습니다. 다만 직전 코드로부터 `Overlay` 및 `detectedObject`로 이 클래스의 객체를 만들고 사용된 방식을 엿볼 수 있습니다.

4.3.6 마무리

여기까지 영상 내 객체를 탐지하고 추적하는 애플리케이션이 작동하는 방식을 살펴봤습니다. 프리뷰와 `analyzer`를 지정해 `CameraX`를 사용했으며, `analyzer`는 스트림 모드로 설정된 ML Kit의 객체 탐지기를 호출했습니다. 그리고 탐지된 객체의 정보는 바운딩 박스를 표현하는 그래픽 객체를 만드는 데 활용되었고, 각 그래픽 객체는 `Overlay` 객체에 추가되었죠. 이 예제에서는 ML Kit가 제공하는 일반 모델이 사용되었고, 이 모델은 객체를 분류하는 능력을 보유하고 있지 않습니다. 단지 어떤 객체를 탐지하고, 그 객체에 ID를 할당하는 방법만을 알 뿐입니다. 탐지된 객체를 분류하기 위해서는 커스텀 모델이 필요하며, 그 내용은 9장에서 다룹니다.

4.4 마치며

안드로이드용 ML Kit를 사용하면 영상을 처리하는 애플리케이션을 매우 손쉽게 만들 수 있습니다. 이 장에서는 ML Kit가 제공하는 일반 모델을 사용하는 몇 가지 시나리오를 살펴봤습니다. 여기에는 단일 이미지를 분류하고 그 이미지에 무엇이 담겨있는지를 레이블링하는 방법, 단일 이미지에 포함된 부분 이미지의 위치와 바운딩 박스를 탐지하는 방법이 있었습니다. 그리고 이미지에만 적용되었던 이 두 내용을 영상까지 확장해 실시간으로 객체를 탐지하고, 탐지된 객체를 추적하는 방법을 살펴보며 이 장을 마무리하였습니다. 여기서 다룬 모든 것은 ML Kit가 제공하는 일반 모델을 사용해서 구현되었지만, 9장에서는 커스텀 모델로 확장해 보겠습니다.

## CHAPTER 5

안드로이드에서 ML Kit로 텍스트 처리 애플리케이션 만들기

영상 처리와 자연어 처리는 머신러닝 계의 양대 산맥입니다. 4장에서는 ML Kit가 기본으로 제공하는 모델로 몇 가지 일반적인 영상 처리 시나리오의 문제를 풀었습니다. 이 장에서는 화면에 쓴 글씨(**디지털 잉크**digital ink)의 텍스트를 구별하기, 자동으로 생성된 텍스트로 영리하게 메시지에 답변하기, 텍스트에서 주소 같은 개체명을 추출하기 등 몇 가지 **자연어 처리 시나리오**를 다룹니다. 모두 특정 시나리오를 위해 만들어져 바로 사용할 수 있는 모델로 작업합니다. 텍스트 분류 등 다른 자연어 처리 모델을 사용하고 싶다면, TFLite로 여러분만의 모델을 만든 뒤 모바일 환경에 탑재해야 하는데, 이 내용은 책의 후반부에서 다룹니다.

5.1 개체명 추출

방대한 양의 텍스트에서 중요한 정보를 추출하기란 어렵습니다. 주소처럼 특별한 구조의 정보는 예측이 쉬워 보일지도 모릅니다. 하지만 다른 국가/상황에서는 완전히 다른 체계를 따르기 때문에, 일반화된 추출 방법을 고안하는 것은 여전히 쉽지 않습니다. 따라서 **규칙 기반 알고리즘**만으로 정보를 얻으려면 엄청난 양의 코드를 작성해야만 합니다.

예를 들어 보죠. [그림 5-1]은 제 친구 니조니에게 보낸 메시지입니다. 여기에는 방금 말한 문제가 담겨있습니다. 사람은 이 텍스트에서 시간과 날짜를 표현하는 'tomorrow at 5PM(내일 오후 다섯 시)' 같은 쓸모 있는 정보를 쉽게 이해하고 추출할 수 있습니다. 하지만 이를 코드로 작성하기란 매우 어려운 일입니다. 서로 다른 형식의 날짜 구조의 차이점을 파악하는 것조차 코드로 구현하는 것은 어렵습니다(예로 들면 국가에 따라 5/2가 5월 2일 또는 2월 5일을 의미). 또 'tomorrow(내일)' 같은 정보는 더 추출이 어렵습니다. 머신러닝으로 이 문제를 완벽하게 풀어낼 수는 없지만, 일부 일반적인 시나리오에 머신러닝을 적용하면 작성될 코드의 양을 대폭 줄이는 효과를 거둘 수 있습니다.

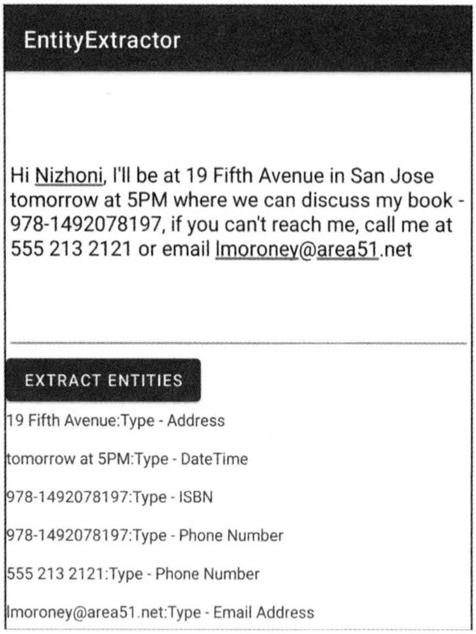

그림 5-1 텍스트로부터 개체명 추출하기

화면 아랫부분에는 발견된 개체명 목록이 출력되었습니다. **'tomorrow at 5PM'**은 DateTime 이라는 개체로, 전화번호나 이메일 주소도 적절한 개체로 추출되었습니다. 가끔 하나의 정보가 여러 패턴에 대응될 수도 있습니다. 예를 들어 책을 식별하는 **ISBN**은 세 자릿수로 시작하는데, 이는 전화번호에서도 드러나는 패턴입니다. [그림 5-1]에서 한 정보가 두 종류의 개체에 모두 대응되어 출력된 이유입니다.

이런 느낌으로 ML Kit의 **개체명 추출 API**를 사용하면 주소, 전화번호, 이메일 등의 데이터를 파악하는 애플리케이션을 만들 수 있습니다. 이 절에서는 그런 애플리케이션을 만드는 방법을 소개합니다.

1단계 애플리케이션 생성하기

여기서는 3장에서 다룬, 신규 애플리케이션을 만든 절차를 숙지했다고 가정합니다. 전과 같은 방식으로, 안드로이드 스튜디오로 단일 뷰를 가진 애플리케이션을 생성합니다. 그다음 build. gradle 파일에 개체명 추출용 라이브러리인 entity-extraction을 추가합니다.

```
implementation 'com.google.mlkit:entity-extraction:16.0.0-beta1'
```

이 책을 쓴 시점의 **개체명 추출 라이브러리**는 아직 베타 버전이었습니다. 따라서 일부 예기치 못한 버그가 발생할 수도 있습니다. 그리고 ML Kit 공식 문서를 참조해 가장 최신 버전과 변경점 등을 확인하고 진행하는 게 좋습니다.

2단계 액티비티용 레이아웃 생성하기

개체명 추출 API에 집중하기 위해 애플리케이션은 최대한 단순하게 만들겠습니다. [그림 5-1] 처럼 텍스트 입력, 개체명 추출을 요청하는 버튼, API가 탐지해 반환한 결과를 출력할 텍스트 영역 세 가지 UI 요소로만 구성합니다.

따라서 다음처럼 레이아웃 XML은 간단합니다.

```xml
<?xml version="1.0" encoding="utf-8"?>
<androidx.constraintlayout.widget.ConstraintLayout
    xmlns:android="http://schemas.android.com/apk/res/android"
    xmlns:app="http://schemas.android.com/apk/res-auto"
    xmlns:tools="http://schemas.android.com/tools"
    android:layout_width="match_parent"
    android:layout_height="match_parent"
    tools:context=".MainActivity">

    <LinearLayout
        android:layout_width="match_parent"
        android:layout_height="match_parent"
        android:orientation="vertical">

    <EditText
        android:id="@+id/txtInput"
        android:inputType="textMultiLine"
```

```xml
        android:singleLine="false"
        android:layout_width="match_parent"
        android:layout_height="240dp"/>

    <Button
        android:id="@+id/btnExtract"
        android:layout_width="wrap_content"
        android:layout_height="wrap_content"
        android:text="Extract Entities" />

    <TextView
        android:id="@+id/txtOutput"
        android:text=""
        android:layout_width="match_parent"
        android:layout_height="match_parent"/>

    </LinearLayout>
</androidx.constraintlayout.widget.ConstraintLayout>
```

문자 메시지나 트윗처럼 보이는 텍스트를 입력받기 위해서, 여러 줄이 입력될 수 있도록 에딧 텍스트의 **singleLine** 프로퍼티를 '**false**'로 설정합니다. 그리고 각 UI 요소를 수직으로 배치하기 위해 이들을 **LinearLayout**으로 감싸줬습니다.

3단계 개체명 추출용 코드 작성하기

개체명 추출 API는 네 단계를 따라 사용될 수 있습니다.

1. 클라이언트 생성을 통해 **추출기**extractor를 초기화합니다.
2. 모델을 다운로드하여 추출기가 사용될 수 있도록 준비합니다.
3. 추출기로 텍스트 중 개체를 추출합니다.
4. 추출된 개체를 파싱합니다.

그러면 각 단계를 하나씩 살펴보죠.

우선 클라이언트를 생성해 추출기를 초기화합니다. 추출기는 언어별로 알맞은 모델로 작동하도록 설계되었습니다. 다만 초기화 시 원하는 언어를 지정해줘야 합니다. 가령 영어를 사용한다면 다음처럼 코드를 작성해야 합니다.

```
val entityExtractor = EntityExtraction.getClient(
        EntityExtractorOptions.Builder(EntityExtractorOptions.ENGLISH)
                .build())
```

영어 외 언어는 **EntityExtractorOptions**에서 지원하는 심볼로 선택할 수 있습니다. 이 책을 집필할 시점에는 15가지 언어가 지원되고 있었습니다. 정확한 목록은 공식 문서를 확인하기를 바랍니다[1].

한편 언어 설정이 시역적 특성을 반영하지는 않습니다. 같은 언어라도 다르게 사용되는 지역이 있기 때문에, 이를 따로 구별하는 게 합리적입니다. 가령 미국과 영국 모두 영어를 모국어로 사용하지만, 이 둘은 날짜를 다른 방식으로 표현하죠. 미국에서의 5/2는 5월 2일을 의미하지만, 영국에서는 2월 5일을 의미합니다. 이런 부분은 옵션으로 해결할 수 있습니다.

모델은 **downloadModelIfNeeded()** 메서드로 다운로드할 수 있습니다. 이 메서드는 비동기적으로 작동하기 때문에, 메서드를 호출한 뒤, 후속 작업은 성공 또는 실패 리스너를 통해 이뤄져야 합니다. 여기서는 모델의 다운로드 성공 여부를 **extractorAvailable** 변수에 불리언값으로 저장해 둡니다.

코드로 그 과정을 살펴보겠습니다.

```
fun prepareExtractor(){
    entityExtractor.downloadModelIfNeeded().addOnSuccessListener {
        extractorAvailable = true
    }
    .addOnFailureListener {
        extractorAvailable = false
    }
}
```

이렇게 얻은 추출기는 입력된 텍스트로 **EntityExtractionParams** 객체를 생성한 뒤 사용됩니다. 이때 옵션으로 언어의 지역적 특성을 반영하는 것도 가능합니다.

다음은 기본 파라미터를 사용한 예제 코드입니다.

---

1 옮긴이_ 공식문서의 주소는 shorturl.at/go004이며, 한국어의 경우 EntityExtractorOptions.KOREAN를 사용해야 합니다.

```
val params = EntityExtractionParams.Builder(userText).build()
entityExtractor.annotate(params)
                .addOnSuccessListener { result: List<EntityAnnotation> ->
                ...
```

또는 원한다면 다음처럼 EntityExtractionParams 객체를 만들 때, 지역적 특성 정보를 넘겨줄 수도 있습니다.

```
val locale = Locale("en-uk")
val params = EntityExtractionParams.Builder(userText)
                .setPreferredLocale(locale)
                .build()
```

> **NOTE** EntityExtractionParams 객체와 설정이 가능한 파라미터를 더 자세히 알고 싶다면, ML Kit 공식 문서 홈페이지[2]를 참고하기를 바랍니다.

이렇게 파라미터를 설정한 뒤 추출기의 annotate 메서드를 호출하면, 성공 리스너를 통해 EntityAnnotation 객체 목록을 얻을 수 있습니다. 각 EntityAnnotation 객체에는 여러 개체 정보가 entities 속성에 담겨 있으며, 각 개체에는 개체 타입과 원본 텍스트 중 해당 개체에 대응되는 문자열이 담겨 있습니다. 가령 [그림 5-1]의 텍스트에 대해 개체명 추출기는 'lmoroney@area51.net' 문자열을 추출한 다음, **'email'** 타입의 개체에 해당 문자열을 집어넣습니다. 지원되는 모든 개체 타입을 파악하고 싶다면 ML Kit의 공식 문서를 참고하기를 바랍니다.

예를 들어 다음처럼 텍스트를 처리하는 코드를 작성할 수 있습니다.

```
entityExtractor.annotate(params)
    .addOnSuccessListener { result: List<EntityAnnotation> ->
        for (entityAnnotation in result) {
            outputString += entityAnnotation.annotatedText
```

---

2 https://developers.google.com/android/reference/com/google/mlkit/nl/entityextraction/
  EntityExtractionParams.Builder

```
        for (entity in entityAnnotation.entities) {
            outputString += ":" + getStringFor(entity)
        }
        outputString += "\n\n"
    }
    txtOutput.text = outputString
}
```

보다시피 파라미터와 함께 개체명 추출기의 **annotate** 메서드를 호출합니다. 그리고 성공 리스너에서는 각 EntityAnnotation 객체에 반복적으로 접근하며, 객체 내 포함된 모든 개체(entities)를 추출합니다.

그리고 getStringFor라는 메서드로 각 개체의 타입, 해당 개체에 대응된 텍스트를 하나로 엮은 문자열을 만듭니다. 즉, 'lmoroney@area51.net'을 이메일(email)로 구별했다면, 최종적으로 얻는 문자열은 'Type - Email : lmoroney@area51.net'과 같은 형태가 됩니다.

다음은 **getStringFor** 메서드를 구현한 코드입니다.

```
private fun getStringFor(entity: Entity): String{
    var returnVal = "Type - "
    when (entity.type) {
        Entity.TYPE_ADDRESS -> returnVal += "Address"
        Entity.TYPE_DATE_TIME -> returnVal += "DateTime"
        Entity.TYPE_EMAIL -> returnVal += "Email Address"
        Entity.TYPE_FLIGHT_NUMBER -> returnVal += "Flight Number"
        Entity.TYPE_IBAN -> returnVal += "IBAN"
        Entity.TYPE_ISBN -> returnVal += "ISBN"
        Entity.TYPE_MONEY -> returnVal += "Money"
        Entity.TYPE_PAYMENT_CARD -> returnVal += "Credit/Debit Card"
        Entity.TYPE_PHONE -> returnVal += "Phone Number"
        Entity.TYPE_TRACKING_NUMBER -> returnVal += "Tracking Number"
        Entity.TYPE_URL -> returnVal += "URL"
        else -> returnVal += "Address"
    }
    return returnVal
}
```

이제 남은 작업은 사용자 인터페이스를 다루는 것입니다. 사용자가 입력한 텍스트를 얻고, 추출기를 초기화한 다음, 버튼이 눌렸을 때 **개체명 추출**을 수행하는 메서드를 실행하도록 코드를 작성합니다.

따라서 `MainActivity` 코드를 다음처럼 수정합니다. 각 UI 요소에 대한 변수를 정의하고, `onCreate` 메서드에서 추출기가 개체 추출을 수행하도록 지시합니다.

```
val entityExtractor = EntityExtraction.getClient(
        EntityExtractorOptions.Builder(EntityExtractorOptions.ENGLISH)
            .build())
var extractorAvailable:Boolean = false
lateinit var txtInput: EditText
lateinit var txtOutput: TextView
lateinit var btnExtract: Button
override fun onCreate(savedInstanceState: Bundle?) {
    super.onCreate(savedInstanceState)
    setContentView(R.layout.activity_main)
    txtInput = findViewById(R.id.txtInput)
    txtOutput = findViewById(R.id.txtOutput)
    btnExtract = findViewById(R.id.btnExtract)
    prepareExtractor()
    btnExtract.setOnClickListener {
        doExtraction()
    }
}
```

`prepareExtractor`는 단순히 추출기 모델의 가용성을 확인하는 응용 함수입니다.

```
fun prepareExtractor(){
    entityExtractor.downloadModelIfNeeded().addOnSuccessListener {
        extractorAvailable = true
    }
    .addOnFailureListener {
        extractorAvailable = false
    }
}
```

사용자가 버튼을 누르면 **doExtraction()** 메서드가 호출됩니다. 바로 여기서 개체명 추출과 추출된 결과를 화면으로 출력하는 일을 합니다.

```kotlin
fun doExtraction(){
    if (extractorAvailable) {
        val userText = txtInput.text.toString()
        val params = EntityExtractionParams.Builder(userText)
            .build()
        var outputString = ""
        entityExtractor.annotate(params)
            .addOnSuccessListener { result: List<EntityAnnotation> ->
                for (entityAnnotation in result) {
                    outputString += entityAnnotation.annotatedText
                    for (entity in entityAnnotation.entities) {
                        outputString += ":" + getStringFor(entity)
                    }
                    outputString += "\n\n"
                }
                txtOutput.text = outputString
            }
            .addOnFailureListener {
            }
    }
}
```

지금까지 애플리케이션을 작동하는 핵심 코드를 살펴봤습니다. 최대한 빠르게 개체명을 추출하는 목적에 중점을 둔 간단한 애플리케이션을 만들었습니다. 추출된 개체 정보를 활용하면, 다른 유용한 파생 기능도 만들 수 있습니다. 예를 들어 안드로이드의 인텐트^{Intent}로 다른 애플리케이션을 실행할 수도 있습니다. 추출된 주소를 클릭 시 지도 애플리케이션을 실행하거나, 전화번호 클릭 시 전화 애플리케이션을 실행하는 등의 일이 가능하죠. 또한 개체명 추출은 구글 어시스턴트, 시리, 알렉사 같은 음성 비서의 핵심 기능이기도 합니다.

5.2 손글씨 인식 모델

터치 기기에서 손글씨를 인식하는 것은 꽤 흔한 시나리오입니다. 화면 서피스^{surface}에 획을 그리고, 그 획들이 모여 사람이 이해할 수 있는 텍스트가 됩니다. 가령 [그림 5-2]는 필자가 만든 간단한 애플리케이션이 필자의 삐뚤빼뚤한 손글씨를 인식하는 모습을 보여줍니다.

그림 5-2 ML Kit로 손글씨 인식하기

이제 [그림 5-2] 같은 애플리케이션을 만드는 방법을 살펴보겠습니다.

1단계 애플리케이션 생성하기

전과 같은 방식으로, 안드로이드 스튜디오로 단일 뷰 애플리케이션을 생성합니다(3장 참조). 그리고 build.gradle 파일을 다음처럼 수정하여, ML Kit의 전자잉크 인식 라이브러리인 digital-ink-recognition을 추가합니다.

```
implementation 'com.google.mlkit:digital-ink-recognition:16.1.0'
```

이 라이브러리는 여러 언어에 대해 각각의 모델을 제공합니다. 따라서 우선 모델을 다운로드해야 하며, 그러려면 인터넷 및 스토리지의 접근 권한을 부여하기 위해 **안드로이드 매니페스트**를 수정해야 합니다[3].

```
<uses-permission android:name="android.permission.ACCESS_NETWORK_STATE" />
<uses-permission android:name="android.permission.INTERNET" />
<uses-permission android:name="android.permission.WRITE_EXTERNAL_STORAGE" />
```

다음으로는 손글씨를 그릴 서피스의 구현 방법을 살펴봅니다.

2단계 손글씨를 쓸 서피스 생성하기

사용자가 손글씨를 쓰는 데 사용될 서피스를 구현하는 가장 쉬운 방법은 캔버스를 가진 커스텀 뷰를 만드는 것입니다.

> **NOTE** 이 커스텀 뷰를 구현한 코드는 자세히 다루지 않습니다. 전체 코드는 이 책이 제공하는 깃허브 저장소[4]에서 확인할 수 있습니다. 다만 화면에 그은 획들을 포착하고, 실제 육안으로 볼 수 있도록 획들을 캔버스 위에 그린 다음, 이 획들을 StrokeBuilder 객체에 추가[5]하는 방법을 알아두는 게 중요하며, 이 책에서는 해당 내용에 집중합니다. 커스텀 뷰를 만드는 자세한 내용은 공식 문서[6]를 참고하기를 바랍니다.

사용자 인터페이스 위에 그림을 그리려면, 화면이 눌렸을 때의 touchStart(), 손가락이나 펜슬을 움직일 때의 touchMove(), 손가락이나 펜슬을 화면에서 뗐을 때의 touchUp() 세 메서드를 구현해야 하는 것이 일반적입니다. 이 세 개의 메서드를 나란히 사용하면 '획'을 얻을 수 있기 때문입니다. 이 메서드들에 대응되는 이벤트는 뷰의 onTouchEvent() 메서드에 의해 포착됩니다. 따라서 포착된 이벤트 종류에 따라 각 메서드를 호출할 수 있겠죠.

---

3 옮긴이_ 모델을 다운로드하기 위해 인터넷 연결이 필요하고, 다운로드한 모델은 기기의 저장 장치에 저장되기 때문에 이 두 개에 대한 접근 권한이 있어야 합니다.

4 옮긴이_ https://github.com/tucan9389/ondevice-ml-book/tree/main/BookSource/Chapter05/DigitalInkTest

5 옮긴이_ 모델이 이해할 수 있는 Ink 객체를 구성하는 데 쓰입니다.

6 https://developer.android.com/guide/topics/ui/custom-components

```
override fun onTouchEvent(event: MotionEvent): Boolean {
    motionTouchEventX = event.x
    motionTouchEventY = event.y
    motionTouchEventT = System.currentTimeMillis()

    when (event.action) {
        MotionEvent.ACTION_DOWN -> touchStart()
        MotionEvent.ACTION_MOVE -> touchMove()
        MotionEvent.ACTION_UP -> touchUp()
    }
    return true
}
```

따라서 화면을 눌린 시점에 두 작업을 처리해야 합니다. 먼저 path(화면에 손글씨를 그리는데 사용)를 초기화하고, 획의 첫 번째 위치를 현재 눌린 지점으로 정합니다. 그다음 ML Kit가 제공하는 Stroke.Builder 타입의 strokeBuilder 객체를 생성하고, 현재 눌린 시점과 위치로 ML Kit가 파싱할 수 있는 Ink 객체를 만들어, strokeBuilder 객체에 addPoint 메서드로 추가합니다.

```
private fun touchStart() {
    // 화면에 손글씨를 그리기 위함
    path.reset()
    path.moveTo(motionTouchEventX, motionTouchEventY)
    // MLKit를 위한 Ink 객체 생성을 위해 획을 초기화
    currentX = motionTouchEventX
    currentY = motionTouchEventY
    strokeBuilder = Ink.Stroke.builder()
    strokeBuilder.addPoint(Ink.Point.create(motionTouchEventX,
                                            motionTouchEventY,
                                            motionTouchEventT))
}
```

화면에 손가락을 누른 채 움직이면 touchMove() 메서드가 호출됩니다. 이 메서드는 화면을 갱신하는 데 사용될 path 변수를 갱신한 뒤 strokeBuilder 객체를 갱신하여 현재까지 포착된 획을 ML Kit가 인식할 수 있는 Ink 객체로 만듭니다.

```
private fun touchMove() {
    val dx = Math.abs(motionTouchEventX - currentX)
```

```
        val dy = Math.abs(motionTouchEventY - currentY)
        if (dx >= touchTolerance || dy >= touchTolerance) {
            path.quadTo(currentX, currentY, (motionTouchEventX + currentX) / 2,
                                    (motionTouchEventY + currentY) / 2)
            currentX = motionTouchEventX
            currentY = motionTouchEventY
         // Stroke Builder를 업데이트하여 ML Kit가 ink를 이해할 수 있도록 만듦
            strokeBuilder.addPoint(Ink.Point.create(motionTouchEventX,
                                                     motionTouchEventY,
                                                     motionTouchEventT))
            extraCanvas.drawPath(path, paint)
        }
        invalidate()
    }
```

마지막으로 화면 서피스에서 손가락을 떼었을 때 `touchUp()` 메서드가 호출됩니다. 이때는 `path`를 다시 초기화해야 합니다. 그래야 손글씨를 새로 쓸 때, 새로운 `path`를 구성할 수 있습니다. 하지만 그 전에 `strokeBuilder`에 손가락을 뗀 지점을 추가해 획을 완성하고, 그 완성된 획을 `inkBuilder`에 추가하는 과정이 필요합니다.

```
private fun touchUp() {
    strokeBuilder.addPoint(Ink.Point.create(motionTouchEventX,
                                             motionTouchEventY,
                                             motionTouchEventT))
    inkBuilder.addStroke(strokeBuilder.build())
    path.reset()
}
```

화면에 획을 그을 때마다, 그 획은 `inkBuilder`가 관리하는 획 목록에 추가됩니다.

그리고 `inkBuilder`에 포함된 모든 획 목록은 `build` 메서드로 얻을 수 있습니다.

```
fun getInk(): Ink{
    val ink = inkBuilder.build()
    return ink
}
```

이 모든 코드는 책의 깃허브 저장소의 `CustomDrawing` 커스텀 뷰에 구현되어 있습니다. 그리고 다음 코드처럼 액티비티 레이아웃에 추가될 수 있습니다.

```
<com.odmlbook.digitalinktest.CustomDrawingSurface
    android:id="@+id/customDrawingSurface"
    android:layout_width="match_parent"
    android:layout_height="300dp" />
```

3단계 ML Kit로 Ink 파싱하기

앞 절에서는 화면에 손글씨를 쓸 수 있는 커스텀 뷰를 정의하고, 사용자가 그은 획이 Ink 객체로 담기는 과정을 살펴봤습니다. 그러면 ML Kit는 해당 Ink 객체로 사용자의 손글씨를 텍스트로 해석해낼 수 있습니다. 이번에는 그 내용을 살펴보죠.

1. 사용할 모델 스펙(예. 인식할 언어 등)으로 ModelIdentifier(모델 식별자) 객체를 초기화합니다.

2. 모델 식별자 객체로 모델의 참조를 만듭니다.

3. remoteModelManager(원격모델관리자) 객체로 모델을 다운로드합니다.

4. 다운로드한 모델로 Recognizer(식별자) 객체를 생성합니다.

5. Ink 객체를 Recognizer로 입력한 뒤 결과를 파싱합니다.

Ink 객체를 생성하는 커스텀 뷰의 액티비티에서 위 절차를 구현해야 합니다. 각 절차에 대한 실제 코드를 확인해 보겠습니다.

먼저 initializeRegonition() 함수는 DigitalInkRecognitionModelIdentifier 클래스 객체를 생성하고, 이를 사용해 모델의 참조를 만듭니다. 그리고 이 참조로 모델을 다운로드할 수 있습니다.

```
fun initializeRecognition(){
    val modelIdentifier: DigitalInkRecognitionModelIdentifier? =
        DigitalInkRecognitionModelIdentifier.fromLanguageTag("en-US")
    model = DigitalInkRecognitionModel.builder(modelIdentifier!!).build()
    remoteModelManager.download(model!!, DownloadConditions.Builder().build())
}
```

fromLanguageTag() 메서드에 언어 코드로 'en-US'를 입력했습니다. 그러면 미국식 영어로 쓰인 텍스트를 인식할 모델의 식별자를 반환합니다. 지원되는 모든 언어 코드는 ML Kit에서 제공하는 전자잉크 관련 샘플 애플리케이션을 확인해 보기를 바랍니다. 현재 지원되는 모든 언어 코드 목록을 다운로드하면 ML Kit에서 사용할 수 있는 언어 코드를 확인할 수 있습니다.

remoteModelManager가 모델을 다운로드하고 나면, 획 정보를 담은 Ink 객체에 대해 추론을 수행할 수 있습니다. 그러려면 먼저 ML Kit가 제공하는 DigitalInkRecognition 클래스 객체의 getClient 메서드를 호출하여 Recognizer 객체를 생성해야 합니다. 그리고 이때 다운로드된 모델을 지정합니다.

```
recognizer = DigitalInkRecognition.getClient(
                    DigitalInkRecognizerOptions.builder(model!!).build() )
```

그다음 화면에 쓴 글씨에 대한 Ink 객체를 getInk 메서드로 얻습니다.

```
val thisInk = customDrawingSurface.getInk()
```

그리고 해당 Ink 객체를 recognizer의 recognize 메서드에 입력합니다. 그러면 ML Kit는 **성공 리스너**를 통해 결과를 되돌려줍니다. 물론 실패하면 **실패 리스너**로 이벤트가 발생합니다.

```
recognizer.recognize(thisInk)
                .addOnSuccessListener { result: RecognitionResult ->
                    var outputString = ""
                    txtOutput.text = ""
                    for (candidate in result.candidates){
                        outputString+=candidate.text + "\n\n"
                    }
                    txtOutput.text = outputString
                }
                .addOnFailureListener { e: Exception ->
                    Log.e("Digital Ink Test", "Error during recognition: $e")
                }
```

성공 시 여러 후보 결과를 담은 'result' 객체를 반환합니다. 우리가 만들 애플리케이션은 모든 결과를 출력하도록 구현했습니다. 참고로 이 결과는 쓰여진 손글씨와 확률적으로 가장 비슷한 것 순서로 정렬되어 있습니다.

[그림 5-2]를 다시 살펴보면, 필자가 쓴 글씨가 **'hello'**에 가장 가까웠으며, 그다음 **'Hello'**, 또

그다음 'hell o'에 차례대로 비슷한 결과로 인식된 것을 확인할 수 있습니다.

다양한 언어를 지원하기 때문에, 손글씨 인식은 다양한 사용자들의 입력을 이해할 강력한 수단
으로 쓰일 수 있습니다!

가령 [그림 5-3]은 중국어로 쓴 '안녕하세요'를 파싱해 텍스트로 추출하는 훌륭한 예를 보여줍
니다.

그림 5-3 중국어 모델을 사용한 예

5.3 스마트 인공지능 답변 모델

여기서 소개할 또 다른 모델은 **스마트 답변**을 생성하는 모델입니다. 대화 내용을 전달하면, 그 대화 마지막에 답변 텍스트를 떠올리는 모델입니다. 아마도 이 같은 모델이 사용되는 수많은 애플리케이션과 홈페이지를 접한 적이 있을 겁니다. 구현 방법이 궁금했다면, 이 ML Kit의 API가 좋은 시작점이 될 수 있습니다.

이 모델이 실제 작동하는 모습은 [그림 5-4]와 같습니다.

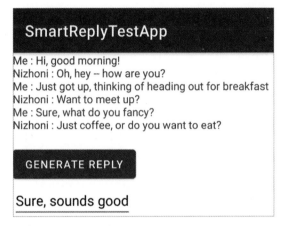

그림 5-4 스마트 답변 애플리케이션

[그림 5-4]의 대화는 아침 식사에 대한 제 친구 니조니와의 대화입니다. 대화 맨 마지막에 그녀는 'Just coffee, or do you want to eat?(커피로 충분한가요? 아니면 먹을게 필요한가요?)'라고 물어봤고, 여기서 [Generate Reply] 버튼을 눌렀을 때 적절한 답변으로 'Sure, sounds good(물론이죠, 먹는 것이 좋을 것 같습니다)'를 추천하였습니다. 질문에 필자가 한 것처럼 만족스러운 대답을 한 것은 아니지만, 말투를 잘 파악해 괜찮은 답을 제시했다고 볼 수 있습니다. 만약 제가 직접 답변을 작성했다면, 'Sure, what do you fancy?(물론이죠, 먹고 싶은 게 있나요?)' 정도로 작성했을 텐데, 자동 생성된 답변에도 'Sure'가 공통으로 포함되어 있습니다.

그러면 이제 이 애플리케이션을 만드는 방법을 알아보겠습니다.

전과 같은 방식으로, 단일 액티비티를 가진 애플리케이션을 생성합니다. 이 과정에 친숙하지 않다면, 3장의 내용을 되짚어 보기를 바랍니다.

애플리케이션을 생성했다면, 스마트 답변 라이브러리인 `smart-reply`를 포함하도록 `build.gradle` 파일을 수정합니다.

```
implementation 'com.google.mlkit:smart-reply:16.1.1'
```

`gradle` 파일의 동기화가 끝나면, 라이브러리를 사용할 준비가 된 것입니다.

2단계 가상 대화 구성하기

스마트 답변 API를 사용하려면 대화 내역이 필요하며, 여러분이 그 대화의 마지막 발언자가 되어서는 안 됩니다. 대화의 각 요소는 `TextMessage` 타입의 객체로 표현됩니다. 따라서 대화를 구성하려면, `ArrayList`로 이 객체 목록으로 넣어줘야 합니다. 한편 화자에 따른 두 종류의 `TextMessage` 객체가 있습니다. 하나는 `Local User`(본인)이며, 다른 하나는 `Remoteuser`(상대방)로, 각각 `createForLocalUser`와 `createForRemoteUser` 메서드로 만들 수 있습니다. 화자에 따라 올바른 객체를 만드는 것이 중요합니다. 그래야 API가 여러분과 상대방의 차이를 알 수 있으며, 여러분의 말투에 따라 스마트 답변을 생성할 수 있습니다.

다음 코드는 가상 대화의 전체 코드입니다.

```kotlin
// 프로퍼티들(클래스 수준의 변수들)
var outputText = ""
var conversation : ArrayList<TextMessage> = ArrayList<TextMessage>()

fun initializeConversation(){
        val friendName: String = "Nizhoni"
        addConversationItem("Hi, good morning!")
        addConversationItem("Oh, hey -- how are you?", friendName)
        addConversationItem("Just got up, thinking of heading out for breakfast")
        addConversationItem("Want to meet up?",friendName)
        addConversationItem("Sure, what do you fancy?")
        addConversationItem("Just coffee, or do you want to eat?", friendName)
```

```
            conversationView.text = outputText
    }

    private fun addConversationItem(item: String){
        outputText += "Me : $item\n"
        conversation.add(TextMessage.createForLocalUser(
                            item, System.currentTimeMillis()))
    }

    private fun addConversationItem(item: String, who: String){
        outputText += who + " : " + item + "\n"
        conversation.add(TextMessage.createForRemoteUser(
                            item, System.currentTimeMillis(),who))
    }
```

initializeConversation() 메서드는 단순히 addConversationItem() 메서드에 문자열을 입력해 호출하는 일을 합니다. 필수는 아니지만 상대방의 이름도 두 번째 파라미터로 명시할 수 있습니다. 이를 위해 메서드를 **오버로딩**하여 동일한 이름의 addConversationItem() 메서드를 두 개 정의하였습니다. 하나의 문자열만 전달되었을 때는 현재 사용자를 위한 **TextMessage**를 추가하는 반면, 문자열이 두 개 전달되었을 때는 상대방을 위한 **TextMessage**를 추가하도록 구현되었습니다.

여기서 outputText는 이후 텍스트뷰에 추가될 대화 텍스트입니다.

이렇게 애플리케이션의 사용자와 상대방의 텍스트로 구성된 **TextMessage**들로 대화를 만들었습니다. 그러면 이제는 이 대화 다음의 텍스트를 생성하는 기능을 추가해 보겠습니다.

3단계 스마트 답변 생성하기

[그림 5-4]에서 본 애플리케이션의 코드는 이 책이 제공하는 깃허브 저장소에서 확인할 수 있습니다. 스크린숏의 [**Generate Reply**] 버튼을 누르면, 해당 버튼에 대한 onClickListener 속에서 SmartReply.getClient()를 호출해 스마트 답변 클라이언트를 초기화합니다.

그러면 구성된 대화를 클라이언트의 suggestReplies() 메서드로 전달할 수 있고, 성공적으로 추론이 완료된 경우 그 결과에 대한 객체를 반환받습니다.

```
val smartReplyGenerator = SmartReply.getClient()

smartReplyGenerator.suggestReplies(conversation)
                    .addOnSuccessListener { result ->
 }
```

결과로 얻은 객체는 답변으로 사용될만한 제안 목록을 가지고 있습니다. 그리고 각 제안에는
실제 텍스트가 담긴 **text** 프로퍼티가 있습니다. 가령 가장 정확도가 높은 답변을 에딧텍스트
로 출력하려면, 다음처럼 출력될 텍스트를 구성할 수 있습니다.

```
txtInput.setText(result.suggestions[0].text.toString())
```

또는 모든 제안 목록 중 하나를 선택할 수 있도록 UI를 배치해, 사용자가 직접 원하는 결과를
고를 수 있도록 만들 수도 있을 것입니다.

5.4 마치며

이 장은 미리 제공되는 머신러닝 모델로 텍스트를 다루는 다양한 문제를 다뤘습니다. ML Kit
를 활용해 문자열에서 주소나 전화번호 등 일반적인 개체를 추출하는 것부터, 손글씨를 텍스트
로 인식하는 방법, 마지막에는 대화 끝에 영리한 답변을 생성하는 방법도 알아봤습니다.

iOS에서 ML Kit로
컴퓨터 비전 애플리케이션 만들기

3장에서는 ML Kit를 소개하고 모바일 애플리케이션으로 얼굴을 탐지하는 방법을 살펴보았습니다. 4장에서는 안드로이드 기기에서 정적 이미지, 영상에 대해 이미지 레이블링, 분류, 객체 탐지를 수행하는 방법을 알아보았습니다. 이번 6장에서는 4장에서 알아본 기능(이미지/영상을 위한 **레이블링, 분류, 객체 탐지**)들을 iOS에서 수행하는 방법을 살펴보겠습니다. 먼저 이미지 레이블링과 이미지를 분류하는 방법부터 보겠습니다.

6.1 이미지 분류 및 레이블 찾기

이미지 분류는 컴퓨터 비전에서도 주요 시나리오 중 하나입니다. 이 알고리즘은 기본적으로 이미지를 전달받으면, 그 이미지 속 객체를 분류해서 해당 이미지의 카테고리를 반환합니다. 예를 들면 [그림 6-1] 같은 여러 객체가 포함된 강아지 이미지를 컴퓨터에 전달하면 컴퓨터는 이 이미지가 강아지 카테고리에 속한다고 알려줍니다.

더 나아가서 ML Kit의 **이미지 레이블링**image labeling은 이미지상에 보이는 모든 객체를 각각 확률값으로 결과를 반환합니다. [그림 6-1]의 이미지를 보면 강아지뿐만 아니라 방, 문, 서랍, 강아지 옷도 있습니다. iOS 애플리케이션에서 이미지상의 모든 객체를 확률값으로 반환하는 기능 구현은 생각보다 쉽습니다. 차근차근 살펴보도록 하겠습니다.

그림 6-1 아이폰용 이미지 분류를 위한 예시 이미지

1단계 Xcode에서 애플리케이션 프로젝트 생성하기

애플리케이션 프로젝트를 생성하기 위해 Xcode를 사용해야 합니다. Xcode에서 App 템플릿을 사용하고 인터페이스 타입은 **스토리보드**, 사용 언어는 **스위프트**Swift를 선택하여 생성합니다 (3장 참고). 프로젝트 이름은 뭐든 괜찮겠지만 필자의 경우는 `MLKitImageClassifier`를 사용하였습니다. 프로젝트 생성이 다 끝나면 Xcode를 닫으세요. 다음 단계에서 `Podfile`을 추가하고 설치 명령을 실행하면 `.xcworkspace` 파일이 생성됩니다. 이 파일을 통해 Xcode를 다시 엽니다.

2단계 **Podfile 생성하기**

이번 단계에서는 여러분의 개발 환경에 CocoaPods이 설치되어 있어야 합니다. CocoaPods 은 여러분의 iOS 애플리케이션에 서드파티 라이브러리를 쉽게 추가할 수 있게 해주는 **의존성 관리 도구**dependency management tool입니다. ML Kit는 구글에서 제공하는 라이브러리이므로 기본적 으로 Xcode에 내장되어 있지 않습니다. 따라서 CocoaPods의 'pod'으로 라이브러리를 애플 리케이션에 추가해줘야 합니다. CocoaPods 설치 방법은 공식 홈페이지[1]에서 확인할 수 있습 니다. 이후 각 예제에서 적절한 pod 설치 방법을 알려드리겠습니다.

여러분이 생성한 프로젝트의 폴더에 새 파일을 추가하세요. 이 파일은 확장자 없이 `podfile` 이름으로 만듭니다. 저장하고 나면 여러분의 폴더는 [그림 6-2]처럼 되어 있을 것입니다.

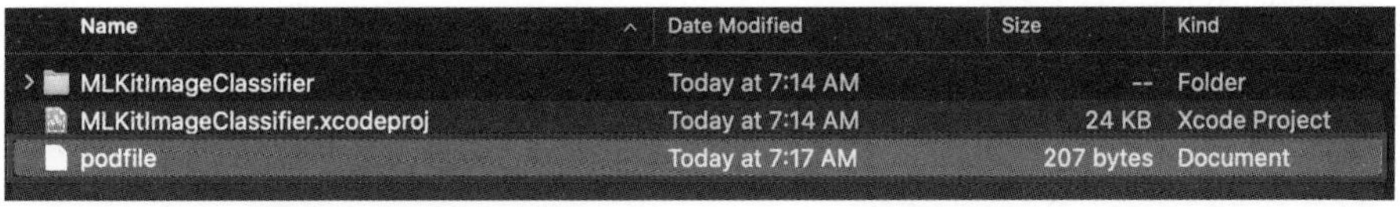

Name	Date Modified	Size	Kind
> 📁 MLKitImageClassifier	Today at 7:14 AM	--	Folder
📄 MLKitImageClassifier.xcodeproj	Today at 7:14 AM	24 KB	Xcode Project
📄 podfile	Today at 7:17 AM	207 bytes	Document

그림 6-2 Podfile을 프로젝트 폴더에 추가하기

`podfile`의 내용을 다음과 같이 수정하세요.

```
platform :ios, '10.0'
target 'MLKitImageClassifier' do
        pod 'GoogleMLKit/ImageLabeling'
end
```

`target`으로 시작하는 줄을 보면, 따옴표 안에 프로젝트 이름이 들어가야 합니다. 필자의 경우 는 프로젝트 이름이 `MLKitImageClassifier`이지만, 여러분은 여러분의 프로젝트 이름을 넣 어주면 됩니다.

이 작업을 수행하고 저장했으면, **터미널**Terminal 애플리케이션의 프로젝트 폴더로 이동하세요. `pod install` 명령어를 입력하면 [그림 6-3]과 같은 결과를 확인할 수 있습니다.

---

1 http://cocoapods.org

```
● ● ●                   MLKitImageClassifier — -zsh — 80×31
Last login: Sun Feb 28 07:22:22 on ttys004
[laurence@laurences-mini ~ % cd Desktop                                        ]
[laurence@laurences-mini Desktop % cd MLKitImageClassifier                     ]
[laurence@laurences-mini MLKitImageClassifier % pod install                    ]
Analyzing dependencies
Downloading dependencies
Installing GTMSessionFetcher (1.5.0)
Installing GoogleDataTransport (8.0.1)
Installing GoogleMLKit (0.64.0)
Installing GoogleToolboxForMac (2.3.0)
Installing GoogleUtilities (7.1.1)
Installing GoogleUtilitiesComponents (1.0.0)
Installing MLKitCommon (0.64.2)
Installing MLKitImageLabeling (0.64.0)
Installing MLKitImageLabelingCommon (0.64.0)
Installing MLKitObjectDetectionCommon (0.64.0)
Installing MLKitVision (0.64.0)
Installing MLKitVisionKit (0.64.0)
Installing PromisesObjC (1.2.11)
Installing Protobuf (3.13.0)
Installing nanopb (2.30906.0)
Generating Pods project
Integrating client project

[!] Please close any current Xcode sessions and use `MLKitImageClassifier.xcwork
space` for this project from now on.
Pod installation complete! There is 1 dependency from the Podfile and 15 total p
ods installed.
laurence@laurences-mini MLKitImageClassifier % ▊
```

그림 6-3 이미지 분류기 CocoaPods 설치하기

로그에서 마지막 줄을 보면 이제부터는 .xcworkspace를 사용하라고 가이드합니다. 1단계에서 프로젝트를 생성했을 때는 Xcode로 .xcproject를 열었습니다. pods 라이브러리를 사용하려면 .xcproject 대신 .xcworkspace를 사용해야 하므로 이제부터는 .xcworkspace를 사용합니다. Xcode로 .xcworkspace를 열어 보세요!

3단계 스토리보드 설정하기

Main.storyboard 이름의 스토리보드 파일로 애플리케이션의 UI를 수정할 수 있습니다. 스토리보드에서 UIImage 뷰를 추가하고 프로퍼티를 Aspect Fit으로 설정합니다. 그리고 버튼을 추가하여 버튼의 텍스트를 'Do Inference'로 변경하세요. 마지막으로 UILabel을 추가하고 'attributes inspector'를 사용하여 'Lines property'를 '0'으로 설정하세요. 여기서 0의 의미는 텍스트를 여러 줄에 걸쳐 표시할 수 있다는 의미입니다. 다음으로 레이블의 여유 공간을 주기 위해 레이블의 크기를 조정합니다. 작업이 끝났다면 스토리보드는 [그림 6-4]처럼 됩니다.

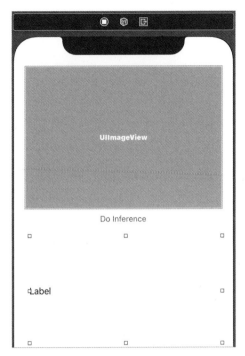

그림 6-4 간단하게 스토리보드 구성하기

다음으로 **이미지 아웃렛, 레이블 아웃렛, 버튼 액션**을 만듭니다. 별도의 창을 열어 컴포넌트를 `Ctrl` + 드래그하여 ViewController.swift 파일 위에 가져다 놓으면 됩니다(3장 참고).

언제 아웃렛이 필요하고, 언제 액션이 필요한지 헷갈릴 수 있습니다. 필자는 보통 UI 컴포넌트의 프로퍼티를 확인하거나 설정할 때 아웃렛을 사용합니다. 또한, ML Kit의 분류 기능을 사용하고 싶을 때, 이미지뷰의 내용물을 가져와야 합니다. 그리고 그 결과를 레이블에 적어줘야 합니다. 이 두 가지 경우 모두 아웃렛 세팅이 필요하며, 여러분의 코드상에서 이런 UI 컴포넌트를 참조할 때 그 이름으로 참조하게 됩니다. 아웃렛과 액션을 사용하면 UI 컴포넌트가 버튼 탭과 같은 사용자 이벤트에 반응하여 기능을 구현할 수 있습니다. `UIImageView`와 `UILabel`을 각각 `imageView`와 `lblOutput` 이름의 아웃렛으로 만듭니다. 다음으로 버튼을 위한 액션을 만듭니다. 액션의 이름은 `doInference`로 하겠습니다.

잘 따라왔다면 `ViewController.swift`가 다음처럼 되었을 것입니다.

```swift
import UIKit

class ViewController: UIViewController {

    @IBOutlet weak var imageView: UIImageView!
    @IBOutlet weak var lblOutput: UILabel!
    @IBAction func doInference(_ sender: Any) {
    }
    override func viewDidLoad() {
        super.viewDidLoad()
        // Do any additional setup after loading the view.
    }
}
```

이미지 분류를 하려면 분류할 이미지가 필요하니 아무 이미지나 준비해서 Xcode 프로젝트의 스토리보드와 같은 폴더에 넣으세요. 그러면 옵션을 선택하라는 경고창이 나옵니다. 프로젝트 이름 옆에 'Add to targets'가 체크되어 있는지 확인하고, 나머지는 기본으로 둔 다음 불러옵니다. 이 옵션은 이미지를 런타임에서 불러올 수 있도록 애플리케이션과 함께 컴파일되게 합니다.

4단계 ML Kit를 사용하여 View Controller 코드 수정하기

아직 애플리케이션은 아무 작동도 하지 않습니다. 이미지가 불러오거나, 버튼을 눌렀을 때 처리하는 코드도 작성하지 않았기 때문이죠. 이번 절에서는 그 기능들을 만드는 방법을 살펴보겠습니다.

먼저 애플리케이션이 처음 시작됐을 때 준비한 이미지를 불러오도록 viewDidLoad 메서드에 코드를 추가하여 이미지를 불러오겠습니다. 간단히 이미지뷰의 .image 프로퍼티에 이미지를 할당하면 됩니다.

```swift
// viewDidLoad에서는 이미지 초기화를 합니다
override func viewDidLoad() {
    super.viewDidLoad()
    // 이미지를 불러온 후 추가 설정을 합니다
    imageView.image = UIImage(named:"fig6-1dog.jpg")
}
```

이제 애플리케이션을 실행하면 준비한 이미지가 화면에 나타납니다. 이제 사용자들이 버튼을 눌렀을 때 원하는 기능을 수행하도록 만들겠습니다. 우리는 이미 doInference 액션을 만들어 놨습니다. 이미지뷰의 이미지를 인자로 넣어 getLabels 메서드를 호출하겠습니다.

```
@IBAction func doInference(_ sender: Any) {
    getLabels(with: imageView.image!)
}
```

아직 메서드를 구현하지 않아서 Xcode에서 에러가 나겠지만, 괜찮습니다. 비로 구현할 것이니까요. 이 메서드는 이미지 콘텐츠를 인자로 받아서 ML Kit에 전달하고, 레이블 집합을 반환합니다. 로직을 작성하기 전에 먼저 ML Kit 라이브러리를 불러와야 합니다. ViewController.swift 파일 최상단에 다음 코드를 추가하겠습니다.

```
// MLKit Vision과 Image Labeling 라이브러리를 불러옵니다
import MLKitVision
import MLKitImageLabeling
```

ML Kit의 **이미지 레이블링** 기능을 사용하려면 다음 내용을 구현해야 합니다.

- 이미지로 VisionImage 객체 만들기
- 처리를 위한 옵션을 설정하고, 이 옵션으로 레이블러 객체 초기화하기
- 이미지 레이블을 실행하고 비동기 콜백으로 결과 받기

이제 먼저 이미지를 VisionImage로 변환하기 위해 다음 코드를 작성하겠습니다.

```
let visionImage = VisionImage(image: image)
visionImage.orientation = image.imageOrientation
```

다음으로 처리 옵션을 설정하여 레이블러를 초기화합니다. 여기서 옵션 객체를 이용하면 임곗값 옵션을 손쉽게 설정할 수 있습니다. 한 이미지에 여러 레이블이 달린 경우 특정 확률 이상의 레이블만 받는 것이 우리의 목표입니다. 예를 들면 [그림 6-1]에서 0.4 확률(40%)이 약간 넘게 강아지라고 했지만, 결과에 고양이도 있을 수 있습니다. 이를 구별하기 위해 신뢰 임곗값을

0.4로 설정하겠습니다.[2]

```
let options = ImageLabelerOptions()
options.confidenceThreshold = 0.4
let labeler = ImageLabeler.imageLabeler(options: options)
```

이제 레이블러가 준비되었고 필요한 포맷의 입력 이미지도 준비되었습니다. 이 이미지를 레이블러에 전달합니다. 이 작업은 비동기로 처리되므로, 처리되는 동안 사용자 인터페이스가 잠기진 않습니다. 대신 추론이 끝났을 때 불려질 콜백 함수를 지정해줘야 합니다. 추론이 끝나면 레이블러는 **콜백 함수**를 통해 객체 두 개를 반환해줄 텐데요. 성공 시 사용되는 'labels'와 실패 시 사용되는 'error'입니다. 두 객체를 processResult 메서드에 전달하여 결과를 가공하겠습니다.

```
labeler.process(visionImage) { labels, error in
    self.processResult(from: labels, error: error)
}
```

다음은 getLabels 함수의 전체 코드입니다.

```
// 사용자가 버튼을 눌렀을 때 호출되는 메서드입니다
func getLabels(with image: UIImage){
    // UIImage에서 이미지를 가져오고 이미지 방향 설정을 합니다
    let visionImage = VisionImage(image: image)
    visionImage.orientation = image.imageOrientation

    // Image Labeler 옵션을 생성하고, 임곗값을 0.4로 설정합니다
    // 임곗값 0.4는 확률값 0.4 이하의 모든 클래스를 무시하게 됩니다

    let options = ImageLabelerOptions()
    options.confidenceThreshold = 0.4

    // 이 옵션으로 레이블러를 초기화합니다
    let labeler = ImageLabeler.imageLabeler(options: options)

    // 다음으로 이미지를 처리하고 self.processresult으로
```

----

2 옮긴이_ 실제 애플리케이션에서 신뢰 임곗값은 여러분의 실데이터를 기반으로 찾아서 설정할 수 있습니다.

```
    // 넘어가는 콜백으로 넘어갑니다
    labeler.process(visionImage) { labels, error in
    self.processResult(from: labels, error: error)
    }
}
```

레이블러가 작업을 완료하고 나면 **processResult** 함수를 호출합니다. 위 코드를 작성하면 Xcode에서 이 함수를 찾을 수 없다는 에러가 날 것입니다. Xcode가 찾는 함수를 바로 구현해 보죠.

ML Kit에서 반환된 레이블들은 **ImageLabel** 객체의 배열입니다. 따라서 **from** 파라미터와 같은 타입으로 사용하려면 새로운 메서드가 필요합니다. 이 객체들은 레이블을 설명하는(예를 들면 cat 같은) 텍스트 프로퍼티와 확률을 표현하는 (예를 들면 0.4 같은) 신뢰도 프로퍼티를 가지고 있습니다. 이제 이 객체들을 하나의 문자열인 결과로 가공하겠습니다.

다음은 전체 코드입니다.

```
    // 레이블러 콜백에서 호출됩니다
    func processResult(from labels: [ImageLabel]?, error: Error?){
        // 레이블을 담고 있는 문자열
        var labeltexts = ""
        // 첫 번째 유효한 레이블이 있는지 확인합니다
        guard let labels = labels else{
            return }
        // ...그리고 가능하다면 레이블을 돌면서 설명과 확률값을 가져옵니다

        for label in labels{
            let labelText = label.text + " : " +
                            label.confidence.description + "\n"
            labeltexts += labelText
        }
        // 다 끝나면 레이블 리스트로 UI를 갱신합니다
        lblOutput.text = labeltexts
    }
```

이제 애플리케이션을 실행해 [Do Inference] 버튼을 누르면 다음 [그림 6-5] 같은 화면을 확인할 수 있습니다.

ML Kit가 이미지를 99%로 강아지라고 인식하고, 40%로 고양이라고도 한 결과를 확인할 수 있습니다. 우리는 iOS에서 ML Kit를 사용하여 간단한 코드로 빠르게 이미지 레이블링이 가능한 애플리케이션을 만들었습니다.

그림 6-5 강아지 이미지 추론 결과

6.2 iOS에서 ML Kit로 객체 탐지

다음은 이미지 분류와 비슷하지만 조금 더 나아간 태스크를 살펴보겠습니다. 이미지에 뭐가 보이는지 인식하는 것뿐만 아니라, 이미지의 어떤 영역에 객체가 있는지 인식해 보겠습니다. 이 객체 위치에 **바운딩 박스**[3]를 그려서 사용자에게 보여줄 수 있습니다.

[그림 6-6]을 보면 객체 탐지기가 이미지 안에 3개의 객체를 찾아낸 것을 확인할 수 있습니다.

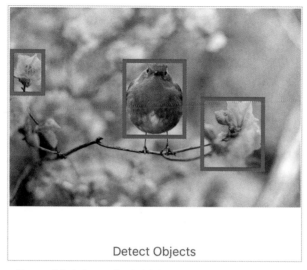

그림 6-6 객체 탐지 iOS 애플리케이션

1단계 **시작하기**

이 애플리케이션도 쉽게 만들 수 있습니다. 앞에서처럼 새로운 iOS 애플리케이션 프로젝트를 만듭니다. 프로젝트 이름은 뭐든 괜찮습니다. 다만 새 프로젝트 설정 팝업에서 스위프트와 스토리보드를 사용하도록 설정해주세요. 필자는 `MLKitObjectDetector` 이름으로 프로젝트를 생성했습니다.

앞 절에서 한 것처럼 프로젝트 폴더 안에 `Podfile`을 생성합니다. 이번에는 ML Kit의 이미지 레이블링 라이브러리 대신 **객체 탐지 라이브러리**를 사용하도록 만들겠습니다. `Podfile`을 다음과 같이 만들어줍니다.

---

3 옮긴이_ 바운딩 박스는 보통 x, y, width, height로 이루어진 사각형 정보입니다.

```
platform :ios, '10.0'
# 스위프트를 사용하지 않고, 동적 프레임워크의 사용을 원치 않을 때는 다음 줄을
# 주석 처리합니다
use_frameworks!

target 'MLKitObjectDetector' do
        pod 'GoogleMLKit/ObjectDetection'
end
```

Xcode에서 만들었던 프로젝트 이름과 타깃을 같은 이름으로 설정해야 합니다(필자의 경우는 앞에서 말한 MLKitObjectDetector입니다). 그리고 pod은 GoogleMLKit/ObjectDetection으로 지정합니다.

이제 pod install을 실행하여 지정했던 의존성들을 다운로드하고, 새로 생긴 .xcworkspace 파일을 열어 다음 단계로 넘어가겠습니다.

2단계 스토리보드에서 UI 만들기

이번 애플리케이션에서는 필요한 UI 컴포넌트가 2개밖에 없어서 스토리보드 작업은 이미지 레이블링 애플리케이션보다 더 간단합니다. 이미지뷰가 필요하고(객체 탐지 결과를 이 이미지뷰 위에 그릴 것입니다), 객체 탐지를 실행시킬 버튼이 필요합니다. 이제 UIImageView와 UIButton을 스토리보드에 추가하세요. 그리고 버튼의 텍스트를 'Detect Objects'로 변경합니다. 다 끝났다면 스토리보드는 [그림 6-7]처럼 생길 것입니다.

그림 6-7 객체 탐지 애플리케이션을 위한 스토리보드

다음으로 **이미지뷰**를 위한 **아웃렛**과 **버튼**을 위한 **액션**을 생성합니다. 만약 아웃렛과 액션에 익숙하지 않다면 3장으로 돌아가 예제를 다시 살펴보세요. 이 장의 이미지 레이블링 예제를 보셔도 됩니다.

다음은 아웃렛과 액션을 만든 `ViewController.swift` 코드입니다.

```
import UIKit
class ViewController: UIViewController {
    @IBOutlet weak var imageView: UIImageView!
    @IBAction func doObjectDetection(_ sender: Any) {
    }

    override func viewDidLoad() {
        super.viewDidLoad()
        // 뷰가 불러와지고 나서 추가적인 설정을 하는 곳
    }

}
```

방금 전 코드를 확인하면 `UIImageView`를 이미지뷰 프로퍼티로 아웃렛 이름을 정의하고, 버튼 누르기 액션으로 `doObjectDetection` 메서드를 정의했습니다.

이제 이미지를 프로젝트에 넣고 **UIImage**로 불러와서 이미지뷰의 **image** 프로퍼티에 주입합니다. 이미지는 **bird.jpg** 파일을 **viewdidLoad()**에서 불러왔습니다.

```
imageView.image = UIImage(named: "bird.jpg")
```

3단계 바운딩 박스를 그리기 위한 서브뷰 만들기

이제 이 애플리케이션에서 ML Kit에서 탐지된 객체를 결과로 받으면 이미지뷰 위에 바운딩 박스를 그려야 합니다. 먼저 이미지뷰 위에 박스를 그리는 법부터 알아보겠습니다. 이미지뷰 위에 올라간 서브뷰가 필요합니다. 이 서브뷰는 투명하고 직사각형 모양으로 만듭니다. 직사각형이 투명하므로 이미지 위에 서브뷰를 올리면 마치 실제 이미지 위에 직사각형이 그려진 것처럼 보이게 만들 수 있습니다.

이 서브뷰는 **ViewController.swift**에 **UIView** 타입으로 선언합니다. 스위프트에서는 **precondition**을 사용하여 특정 조건이 참이 될 때까지 기다렸다가 다음 라인으로 넘어갈 수 있는 기능이 있습니다. 여기서는 **isViewLoaded** 프로퍼티가 참이 될 때 다음 라인으로 넘어가도록 만들었습니다. 이 구문으로 **UIImageView**가 준비되고 나면 서브뷰가 생성됩니다.

```
// 감지된 바운딩 박스가 표시될 오버레이 뷰
private lazy var annotationOverlayView: UIView = {
    precondition(isViewLoaded)
    let annotationOverlayView = UIView(frame: .zero)
    annotationOverlayView
        .translatesAutoresizingMaskIntoConstraints = false
    return annotationOverlayView
}()
```

이렇게 선언해 두면 이제 **viewDidLoad** 안에서 생성하고 설정하여 이미지뷰에 서브뷰로 추가할 수 있습니다. 서브뷰를 이미지뷰의 크기에 맞추기 위해 **NSLayoutConstraint**도 활성화합니다.

```
override func viewDidLoad() {
        super.viewDidLoad()
        // 뷰가 불러와지고 나서 추가적인 설정을 하는 곳
```

```
imageView.image = UIImage(named: "bird.jpg")
imageView.addSubview(annotationOverlayView)
NSLayoutConstraint.activate([
    annotationOverlayView.topAnchor.constraint(
        equalTo: imageView.topAnchor),
    annotationOverlayView.leadingAnchor.constraint(
        equalTo: imageView.leadingAnchor),
    annotationOverlayView.trailingAnchor.constraint(
        equalTo: imageView.trailingAnchor),
    annotationOverlayView.bottomAnchor.constraint(
        equalTo: imageView.bottomAnchor),
])
}
```

4단계 객체 탐지 실행하기

ML Kit의 객체 탐지 API를 사용하려면 다음처럼 필요한 라이브러리를 코드 상단에서 불러와야 합니다.

```
import MLKitVision
import MLKitObjectDetection
```

버튼 액션 안에 다음 코드를 추가합니다.

```
runObjectDetection(with: imageView.image!)
```

Xcode에서는 `runObjectDetection` 메서드가 선언되지 않았다고 에러가 나겠지만, 괜찮습니다. 이제 만들면 되니까요! `ViewController.swift` 파일 안에 `runObjectDetection` 메서드를 선언합니다.

```
func runObjectDetection(with image: UIImage){
}
```

앞에서 소개했던 이미지 레이블링과 비슷하게, ML Kit로 객체 탐지를 실행하는 방법은 아주 간단합니다.

- 이미지로 VisionImage 객체 만들기

- 옵션 객체를 만들어서 객체 탐지기 생성하기

- 객체 탐지기에 이미지를 인자로 주며 객체 탐지를 실행하고 콜백으로 결과 받기

우리가 방금 선언한 메서드 안에서 위 작업을 수행해 보겠습니다. 먼저 이미지로 VisionImage 객체를 만듭니다.

```
let visionImage = VisionImage(image: image)
```

다음으로 ObjectDetector에 옵션 객체를 만들어 넣고 objectDetector 인스턴스를 만듭니다.

```
let options = ObjectDetectorOptions()
options.detectorMode = .singleImage
options.shouldEnableClassification = true
options.shouldEnableMultipleObjects = true
let objectDetector = ObjectDetector.objectDetector(
                                options: options)
```

옵션 타입을 더 자세히 알고 싶다면 ML Kit 문서[4]를 참고하십시오. 여기서 필자가 사용한 옵션은 일반적으로 사용되는 것들입니다. shouldEnableClassification은 바운딩 박스뿐만 아니라 ML Kit의 객체별 분류 결과도 반환하도록 합니다. 이러한 기본 모델(여기서 사용하고 있는)은 '패션 항목'이나 '음식 항목' 같은 일반적인 다섯 가지 객체 종류를 인식할 수 있습니다. 적절히 원하는 것을 사용하세요. shouldEnableMultipleObjects 옵션을 켜면 [그림 6-6]에서와 같이 3개의 항목(새 한 마리와 꽃 두 송이)을 탐지하고 바운딩 박스를 그릴 수 있습니다.

이제 객체 탐지를 수행하기 위해 objectDetector에 visionImage를 전달하며 process 메서드를 호출합니다. process 메서드는 비동기로 처리되기 때문에 추론이 끝나고 호출될 콜백 함수를 지정해줘야 합니다. ML Kit는 배열 타입의 detectedObjects와 error 객체를 전달해 주므로 이것을 processResult 메서드에 그대로 전달하도록 하겠습니다. 이 메서드는 바로 다음과 같이 만듭니다.

---

4 https://developers.google.com/android/reference/com/google/mlkit/vision/objects/defaults/
  ObjectDetectorOptions

```
objectDetector.process(visionImage)
    { detectedObjects, error in
        self.processResult(from: detectedObjects, error: error)
    }
```

5단계 콜백 처리하기

앞에서 사용했던 processResult 메서드를 먼저 선언하겠습니다. 이 메서드는 detectedObjects 를 Object의 배열로 from: 파라미터를 받고, error: 파라미터로 Error 객체를 받습니다.

```
func processResult(from detectedObjects: [Object]?,
                   error: Error?){
}
```

다음으로 detectedObjects 배열이 비어 있을 때 함수를 일찍 끝내버림으로써 시간 낭비를 최소화합니다.

```
guard let detectedObjects = detectedObjects else{
    return
}
```

다음으로는 탐지된 객체들 위에 바운딩 박스를 그리겠습니다.

화면상에 바운딩 박스를 그리기 위해 가공하는 작업은 이미지 레이블링 후처리보다 조금 복잡합니다. 먼저 화면에 렌더링된 이미지의 크기와 실제 이미지 크기가 다를 수 있기 때문에 맞추는 작업이 추가로 필요합니다. ML Kit에 이미지를 보낼 때는 원본 이미지 크기로 보내게 되므로 객체 탐지 결과는 원본 크기에 대한 바운딩 박스값들을 받게 됩니다. 예시를 한번 보겠습니다. 이미지가 10,000 × 10,000 크기의 픽셀이라고 해 보겠습니다. 이 이미지가 화면상에서는 600 × 600 픽셀로 그려질 수 있습니다. ML Kit에서 결과를 받으면 10,000 × 10,000 기준으로 된 바운딩 박스값(x, y, w, h)을 받게 됩니다. 따라서 추론 결과로 받은 바운딩 박스를 화면에 그려줄 때는 화면상에 이미지뷰 크기에 맞게 좌표를 변환해줘야 합니다.

먼저 행렬 변환을 계산합니다. 코드를 깊이 살펴보진 않겠지만, 기존 이미지의 크기를

UIImage에 그려지는 이미지 크기로 **스케일링**을 한다는 점이 핵심입니다.

```swift
private func transformMatrix() -> CGAffineTransform {
    guard let image = imageView.image else {
            return CGAffineTransform() }
    let imageViewWidth = imageView.frame.size.width
    let imageViewHeight = imageView.frame.size.height
    let imageWidth = image.size.width
    let imageHeight = image.size.height

    let imageViewAspectRatio =
        imageViewWidth / imageViewHeight
    let imageAspectRatio = imageWidth / imageHeight
    let scale =
        (imageViewAspectRatio > imageAspectRatio)
            ? imageViewHeight / imageHeight :
             imageViewWidth / imageWidth

    // 이미지뷰의 `contentMode`는 `scaleAspectFit`로 설정됨
    // `scaleAspectFit`는 이미지의 원래 가로세로 비율을
    // 그대로 유지하면서 이미지 크기를 이미지뷰에 맞게 조정함
    // `scale`를 곱하여 원본 이미지 크기를 얻습니다
    let scaledImageWidth = imageWidth * scale
    let scaledImageHeight = imageHeight * scale

     let xValue =
        (imageViewWidth - scaledImageWidth) / CGFloat(2.0)

     let yValue =
        (imageViewHeight - scaledImageHeight) / CGFloat(2.0)

    var transform = CGAffineTransform.identity.translatedBy(
                    x: xValue, y: yValue)
    transform = transform.scaledBy(x: scale, y: scale)
    return transform
}
```

다음으로는 각 결과 객체에 대한 바운딩 박스를 변환하겠습니다. 결과 객체의 `frame` 프로퍼티에 접근하여 바운딩 박스 정보를 가져와 변환합니다.

```swift
for obj in detectedObjects{
    let transform = self.transformMatrix()
```

```
        let transformedRect = obj.frame.applying(transform)
}
```

화면상의 이미지 크기에 맞게 바운딩 박스 정보가 변환되면 이미지 위에 바운딩 박스를 그립니다. 우리는 이미 바운딩 박스를 그리는 용도로 이미지뷰 위에 서브뷰를 올려 두었습니다. 그 위에 사각형 서브뷰를 추가하여 바운딩 박스를 그립니다.

```
self.addRectangle(transformedRect,
                  to: self.annotationOverlayView)
```

이제 **addRectangle**을 정의합니다. 사각형 크기로 새로운 뷰를 하나 생성하고 부모 뷰 위에 추가합니다. 여기서는 부모 뷰가 **annotationOverlayView**가 됩니다.

```
private func addRectangle(_ rectangle: CGRect,
                          to view: UIView) {

    let rectangleView = UIView(frame: rectangle)
    rectangleView.layer.cornerRadius = 2.0
    rectangleView.layer.borderWidth = 4
    rectangleView.layer.borderColor = UIColor.red.cgColor
    view.addSubview(rectangleView)
}
```

우리는 이미지에서 객체의 위치를 인식하고 그 영역의 바운딩 박스를 그려주는 애플리케이션을 만들었습니다. 다양한 이미지로 테스트해 보세요. 앞에서 봤던 분류기의 기능은 꽤 제한적이었지만 우리가 만든 객체 탐지기는 바운딩 박스까지 얻을 수 있습니다. 만약 바운딩 박스로 원래 이미지를 잘라서 이미지 레이블러로 추론을 시킨다면 바운딩 박스 안의 내용에 대한 더 자세한 정보를 얻을 수 있습니다! 다음 단계에서 한번 해 보겠습니다.

추가 단계 객체 탐지와 이미지 분류 합치기

앞의 예제에서는 객체 탐지를 사용하여 이미지상에 탐지된 객체의 바운딩 박스를 얻었습니다. ML Kit의 기본 객체 탐지 모델은 'Fashion good,' 'Food good,' 'Home good,' 'Place,' or 'Plant.'와 같은 몇 가지 클래스만 분류할 수 있습니다. 하지만 앞의 예제에서 보았듯이 객체 탐지기는 한 이미지상에서 여러 객체를 탐지할 수 있습니다. 단지 새가 있다거나 꽃이 있다거나 하는 위치(바운딩 박스)를 찾을 수 있지만 어떤 카테고리인지만 모를 뿐입니다.

어떤 카테고리인지까지 알려면 기존 객체 탐지에 이미지 분류를 추가하는 방법이 있습니다. 이미지에서의 바운딩 박스를 찾았으므로 원본 이미지상에서 그 영역을 자른 뒤 서브이미지를 이미지 레이블러(이미지 분류기)에 넣어 자세한 카테고리 정보를 얻을 수 있습니다.

이 작업을 수행하기 위해 각 객체의 frame 프로퍼티를 사용하여 이미지를 크롭하고 크롭된 이미지를 새로운 UIImage로 만들고 croppedImage를 호출하도록 코드를 변경해주겠습니다.

```
guard let cutImageRef: CGImage =
    theImage?.cgImage?.cropping(to: obj.frame)
    else {break}
let croppedImage: UIImage = UIImage(cgImage: cutImageRef)
```

이전 장에서 보았듯 이미지 레이블링 API는 VisionImage 객체를 사용합니다. 크롭된 이미지가 UIImage이니, 이를 사용하여 VisonImage 객체를 만듭니다.

```
let visionImage = VisionImage(image: croppedImage)
```

다음은 이미지 레이블러를 객체로 만들어줘야 합니다. 다음 코드에서 임곗값을 0.8로 레이블러 객체를 만들었습니다.

```
let options = ImageLabelerOptions()
options.confidenceThreshold = 0.8
let labeler = ImageLabeler.imageLabeler(options: options)
```

다음으로 VisionImage 객체를 레이블러에 전달하고 콜백을 구현합니다.

```
labeler.process(visionImage) {labels, error in
    self.processLabellingResult(from: labels, error: error)
}
```

앞 장에서 한 것처럼 각 객체로부터 추론된 레이블을 화면에 표시합니다.

추가단계 영상에서 객체 탐지와 객체 추적하기

실시간 영상에 박스를 그리는 일은 이 책의 범위를 벗어나는 일이지만, 이 책의 깃허브 저장소에 있는 'Chapter6ObjectTracking' 이름의 샘플 애플리케이션[5]을 통해 확인해 볼 수 있습니다. 이 애플리케이션은 애플의 CoreVideo 프레임워크를 불러와서 AVCaptureVideoPreviewLayer와 AVCaptureSession을 사용합니다.

AVCaptureConnection은 AVCaptureSession에서 생성된 객체인데, 카메라 프레임을 뽑아낼 수 있습니다. ViewController에 extension 델리게이트 메서드를 구현하여 프레임을 받습니다.

여기서 중요한 점은 영상으로부터 프레임을 뽑아내서, ML Kit에 전달하고, 객체 탐지 결과를 얻는다는 것입니다. 탐지 결과를 받으면 실시간으로 영상에 바운딩 박스를 그려 넣으면 됩니다.

애플의 **AVFoundation**을 사용하여 실시간으로 영상 프레임 정보를 버퍼로 받을 수 있습니다. 이를 위해 captureOutput이라는 델리게이트 메서드를 구현해줘야 합니다. 이 메서드에서는 VisionImage 객체를 만들고 ML Kit의 객체 탐지 API에 사용할 수 있습니다.

```
func captureOutput(_ output: AVCaptureOutput,
                   didOutput sampleBuffer: CMSampleBuffer,
                   from connection: AVCaptureConnection) {

    guard let imageBuffer = CMSampleBufferGetImageBuffer(sampleBuffer)
        else {
            print("샘플버퍼에서 이미지버퍼로 가져오는데 실패하였습니다")
            return
        }

    lastFrame = sampleBuffer
    let visionImage = VisionImage(buffer: sampleBuffer)
    let orientation = UIUtilities.imageOrientation(
        fromDevicePosition: .back
    )

    visionImage.orientation = orientation
    let imageWidth = CGFloat(CVPixelBufferGetWidth(imageBuffer))
    let imageHeight = CGFloat(CVPixelBufferGetHeight(imageBuffer))
```

---

5 옮긴이_ https://github.com/tucan9389/ondevice-ml-book/tree/main/BookSource/Chapter06/Chapter6ObjectTracking

```
let shouldEnableClassification = false
let shouldEnableMultipleObjects = true
let options = ObjectDetectorOptions()
options.shouldEnableClassification = shouldEnableClassification
options.shouldEnableMultipleObjects = shouldEnableMultipleObjects
detectObjectsOnDevice(
    in: visionImage,
    width: imageWidth,
    height: imageHeight,
    options: options)
}
```

델리게이트로부터 받은 결과물에는 샘플버퍼가 포함되어 있습니다. 프레임에 담겨있는 이미지 버퍼를 얻는 용도로 샘플버퍼를 사용합니다.

그다음 이 버퍼를 `VisionImage`로 만듭니다.

```
let visionImage = VisionImage(buffer: sampleBuffer)
```

영상에서 객체를 추적하기 위해서는 객체의 분류 기능은 비활성하고, 다중 객체 탐지 옵션을 켭니다. 다음처럼 코드를 작성합니다.

```
let shouldEnableClassification = false
let shouldEnableMultipleObjects = true
let options = ObjectDetectorOptions()
options.shouldEnableClassification = shouldEnableClassification
options.shouldEnableMultipleObjects = shouldEnableMultipleObjects
```

이제 이미지, 옵션, 이미지의 크기를 인자로 메서드를 호출합니다.

```
detectObjectsOnDevice(
    in: visionImage,
    width: imageWidth,
    height: imageHeight,
    options: options)
}
```

이 메서드에서는 ML Kit를 호출하여 현재 프레임의 객체를 찾고, 바운딩 박스를 계산한 뒤,

추적 ID로 박스를 표시합니다.

```
let detector = ObjectDetector.objectDetector(options: options)
        var objects: [Object]
        do {
            objects = try detector.results(in: image)
        } catch let error {
            print("다음 에러로 인한 실패: \(error.localizedDescription)")
            return
        }
```

탐지가 되고 나면, 바운딩 박스 정보는 object.frame에 있습니다. 이것을 프리뷰에 맞춰 그리려면 정규화 과정이 필요합니다. 단순하게 프레임 크기로 값을 나누는 정규화입니다.

```
for object in objects {
    let normalizedRect = CGRect(
            x: object.frame.origin.x / width,
            y: object.frame.origin.y / height,
            width: object.frame.size.width / width,
            height: object.frame.size.height / height
    )
```

프리뷰 레이어는 정규화된 사각형을 레이어의 **좌표계**와 일치하도록 변환하는 기능을 제공합니다. 따라서 우리는 그냥 정규화된 사각형 정보를 다음과 같이 프리뷰 레이어에 넣어주면 됩니다.

```
let standardizedRect = strongSelf.previewLayer.layerRectConverted(
    fromMetadataOutputRect: normalizedRect
).standardized

    UIUtilities.addRectangle(
        standardizedRect,
        to: strongSelf.annotationOverlayView,
        color: UIColor.green
)
```

UIUtilities는 유틸리티성 기능이 모여있는 보조 클래스입니다. 이 책이 제공하는 깃허브 저장소에서 확인할 수 있습니다. 아이폰에서 실행하면 [그림 6-8]과 같은 결과를 확인할 수 있습니다.

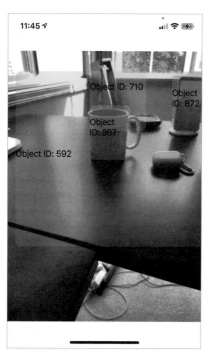

그림 6-8 영상에서 객체 탐지와 추적 결과

이 장에서는 스위프트로 iOS에서 ML Kit를 이용하여 기본적인 컴퓨터 비전 애플리케이션을 만들어볼 수 있었습니다. 이후 11장에서는 ML Kit에 기본 모델들 대신 커스텀 모델을 어떻게 이용하는지 살펴보겠습니다.

6.3 마치며

이번 장에서는 이미지 레이블링과 객체 탐지를 포함하여 ML Kit와 함께 컴퓨터 비전 알고리즘을 사용하는 방법을 살펴보았습니다. 그리고 ML Kit와 함께 제공되는 기본 모델들을 확장과 응용하기 위해서는 어떻게 사용할 수 있는지도 살펴보았습니다. 객체 탐지에서 나온 바운딩 박스로 부분 영역을 분류할 수 있습니다. 그리고 실시간 영상에서 어떻게 객체 탐지를 할 수 있는지, 바운딩 박스를 얻기 위해 샘플을 어떻게 얻는지 보았습니다. 이를 통해 우리는 이미지에 대한 분류나 객체 탐지 목적의 애플리케이션을 만들 수 있게 되었습니다.

iOS에서 ML Kit로
텍스트 처리 애플리케이션 만들기

6장에서는 iOS에서 ML Kit로 이미지 분류와 객체 탐지 같은 컴퓨터 비전 태스크를 처리하는 방법을 살펴보았습니다. 이번 장에서는 머신러닝에서 두 번째로 큰 분야나 다름없는 **자연어 처리**natural language processing**(NLP)**를 소개합니다. ML Kit에서 제공하는 **개체명 추출**(텍스트 입력으로부터 이메일이나 날짜 인식), **손글씨 인식**(손글씨를 텍스트로 바꾸기), **스마트 답변 생성**을 위한 대화 분석과 같은 보편적인 자연어 처리 태스크들을 살펴보겠습니다. 여러분만의 커스텀 자연어 처리 모델(**텍스트 분류기** 같은)로 애플리케이션을 만드는 방법은 9장에서 다뤄 보겠습니다.

7.1 개체명 추출

우리가 텍스트에서 필요한 정보를 추출[1]한다고 가정해 보겠습니다. 여러분은 텍스트 안에 주소 정보가 담겨 있을 때, 자동으로 그 텍스트 부분에 지도 주소 링크를 달아주거나 이메일 주소를 감지해서 그 텍스트를 누르면 해당 이메일 주소로 메일 애플리케이션을 실행시켜주는 것을 본 적이 있을 것입니다. 이런 개념을 **개체명 추출**entity extraction이라고 합니다. 이 절에서는 이 개체명 추출에서 쉽게 사용할 수 있는 턴키 솔루션을 살펴보도록 하겠습니다. 이 기능을 규칙 기반으

---

1 옮긴이_ 여기서 말하는 '추출'은 입력 텍스트에 대해 필요한 정보(이메일, 전화번호, 사람 이름, 등)가 어느 위치에 있는지 찾는 것을 말합니다.

로 프로그래밍한다면 아주 많은 코드를 작성해야 합니다. 하지만 머신러닝을 활용하면 비교적 쉽게 해결할 수 있습니다.

[그림 7-1]을 살펴보겠습니다. 제 친구 니조니에게 몇 가지 정보가 담긴 메시지를 보냈습니다. 해당 메시지를 사람이 읽으면 어렵지 않게 필요한 정보를 추출하고 가공할 수 있습니다. 우리는 보통 'tomorrow at 5PM'와 같은 단어를 보면 이 단어가 날짜와 시간이라고 추론할 수 있습니다. 하지만 이것을 코드로 작성한다면 수많은 if...then문이 필요할 것입니다!

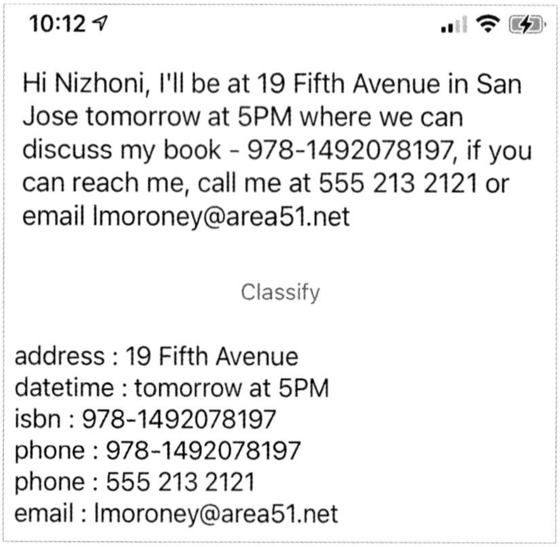

그림 7-1 iOS에서 개체명 추출 실행하기

그림의 메시지 하단을 보면 모델이 찾은 개체명 목록을 확인할 수 있습니다. 'tomorrow at 5PM'이 날짜(datetime) 종류로 추출되었고 전화번호나 이메일 주소도 잘 추출되었습니다. 하지만 여기서 978-1492078196가 ISBN(책의 고유 식별번호)과 전화번호로도 추출된 것을 보면 알 수 있듯, 같은 단어가 여러 종류로 추출될 수도 있습니다. 이 경우는 비슷한 번호 구성 때문에 두 가지 개체로 탐지된 것입니다.

이제 이 애플리케이션을 직접 만들어 보겠습니다.

1단계 새 프로젝트 생성 및 ML Kit pods 추가하기

Xcode로 새 애플리케이션을 위한 프로젝트를 생성합니다. 다음으로 Xcode를 닫고 .xcproject가 있는 폴더에서 Podfile을 생성합니다.

Podfile을 다음과 같이 GoogleMLKit/EntityExtraction pod을 넣어 수정합니다.

```
platform :ios, '10.0'
# 스위프트를 사용하지 않고, 동적 프레임워크의 사용을 원치 않을 때는 다음 줄을
# 주석 처리합니다
usc_frameworks!
target 'MLKitEntityExample' do
        pod 'GoogleMLKit/EntityExtraction'
end
```

target 다음으로 오는 이름은 여러분이 만든 프로젝트 이름과 같아야 합니다. 필자의 경우 MLKitEntityExample을 사용했습니다.

다 끝나면 터미널에서 pod install을 실행합니다. 이 명령어는 CocoaPods이 ML Kit 의존성을 사용할 수 있도록 .xcworkspace를 생성합니다. 이 파일을 열어서 다음 단계로 넘어가겠습니다.

2단계 스토리보드를 만들고 액션과 아웃렛 추가하기

[그림 7-1]에서 볼 수 있듯, 애플리케이션의 UI는 굉장히 간단합니다. [그림 7-1]처럼 **텍스트뷰 하나**, **버튼** 하나, **레이블** 하나를 추가합니다. 텍스트뷰는 스토리보드 상에 올리고 나면 'properties inspector'에서 'editable box'를 체크해서 사용자가 터치하여 수정할 수 있도록 만듭니다.

다 끝나면 스토리보드가 [그림 7-2]처럼 만들어집니다.

그림 7-2 스토리보드 편집기에서 사용자 인터페이스 만들기

다음으로 텍스트뷰와 레이블 아웃렛을 생성합니다. 각각을 `txtInput`과 `txtOutput` 이름으로 만들고, 버튼의 액션은 `doExtraction` 이름으로 만듭니다. 아웃렛과 액션 작업에 익숙하지 않다면 3장이나 6장으로 가서 예제들을 참고하세요.

다 끝나면 `ViewController` 클래스는 다음처럼 됩니다.

```
@IBOutlet weak var txtInput: UITextView!
@IBOutlet weak var txtOutput: UILabel!
@IBAction func doExtraction(_ sender: Any) {
}
```

3단계 뷰컨트롤러에서 텍스트뷰 입력받기

사용자가 텍스트뷰를 탭하고 키보드 입력을 하면 텍스트뷰에 원하는 글자를 입력할 수 있습니다. 하지만 별다른 처리를 하지 않으면 가상 키보드가 나타나서 사용자가 텍스트 수정을 끝내도 가상 키보드가 사라지지 않습니다. 사용자가 키보드를 내릴 수 있도록 `ViewController`가 `UITextViewDelegate`를 따르도록 다음과 같은 변경이 필요합니다.

```
class ViewController: UIViewController, UITextViewDelegate {
```

이제 키보드의 [다음 문장]을 눌렀을 때 키보드가 사라지는 기능을 추가할 수 있습니다.

```
func textView(_ textView: UITextView,
              shouldChangeTextIn range: NSRange,
              replacementText text: String) -> Bool {

    if (text == "\n") {
        textView.resignFirstResponder()
        return false
    }
    return true
}
```

마지막으로 viewDidLoad 함수에 다음 코드를 추가하여 텍스트뷰 이벤트를 txtInput이 ViewController에 **위임**^{delegate}한다고 알려줍니다.

```
txtInput.delegate = self
```

이제 사용자가 텍스트를 입력할 수 있게 만들었습니다. 다음으로는 이 텍스트에서 개체를 추출하는 방법을 살펴보겠습니다.

4단계 모델 초기화하기

ML Kit의 개체명 추출 모델은 여러 가지 언어를 지원합니다. 우리는 먼저 EntityExtractor Options로 어떤 언어를 사용할지 정의해주겠습니다. 이번에는 영어를 선택해 개체명 추출을 사용해 보죠.

```
var entityExtractor =
    EntityExtractor.entityExtractor(options:
        EntityExtractorOptions(
modelIdentifier:EntityExtractionModelIdentifier.english))
```

물론 영어가 아닌 다른 언어들도 지원합니다. 여기[2]에서 지원 언어 목록[3]을 확인해 보세요.

사용자가 버튼을 눌렀을 때 개체명 추출 모델이 기기상에 없을 수도 있습니다. 이때는 viewDidLoad에서 다운로드할 수 있도록 다음과 같이 코드를 작성합니다. 다음에 모델이 제대로 다운로드되었는지 확인할 수 있도록 특정 변수에 다운로드 여부를 저장합니다.

```
entityExtractor.downloadModelIfNeeded(completion: { error in
    guard error == nil else {
            self.txtOutput.text = "Error downloading model, please restart app."
            return
    }
    self.modelAvailable = true
})
```

5단계 텍스트에서 개체명 추출하기

앞에서 우리는 doExtraction이라는 이름의 버튼 액션 메서드를 만들었습니다. 이번에는 extractEntities라는 액션 메서드를 만들어 모델을 사용할 수 있을 때만 호출하도록 설정하겠습니다. 다음 코드는 3단계에서 설정했던 modelAvailable이 참이라면 필요한 메서드를 호출하도록 작성했습니다.

```
@IBAction func doExtraction(_ sender: Any) {
    if(modelAvailable){
        extractEntities()
    } else {
        txtOutput.text = "Model not yet downloaded, please try later."
    }
}
```

이제 extractEntities 메서드를 만들어 보겠습니다. 이 메서드는 txtInput의 텍스트를 strText 변수에 받아 개체명 추출을 수행하는 데 사용합니다.

---

2 https://developers.google.com/ml-kit/language/entity-extraction

3 옮긴이_ 22년 7월 기준 한글, 영어, 중국어, 일본어 등을 포함하여 15개의 언어를 지원합니다.

```
func extractEntities(){
    let strText = txtInput.text
    entityExtractor.annotateText(
        strText!,
            completion: {
            }
}
```

entityExtractor의 annotateText 메서드에 텍스트를 전달합니다. 개체명 추출이 끝나면 completion에서 콜백을 통해 결과를 받을 수 있습니다. 결과는 어노테이션의 목록 타입이고, 각 어노테이션에는 개체명 목록이 들어 있습니다.

entity 객체 안에는 해당 어노테이션의 종류 정보를 담고있는 entityType 프로퍼티가 있습니다. 이 타입에는 email, address, ISBN 같은 데이터가 들어갑니다. entity는 range 프로퍼티를 가지는데, range는 개체의 텍스트 위치와 길이 정보를 담고 있습니다. 예를 들어 이메일 주소가 20번째 글자부터 시작하고 길이가 15라면 annotation.range.location은 20이 되고 annotation.range.length는 15가 됩니다. 이 값들로 원본 텍스트를 잘라서 개체명 텍스트를 얻어오면 됩니다.

다음은 전체 코드입니다.

```
func extractEntities(){
    let strText = txtInput.text
    entityExtractor.annotateText(strText!,
        completion: {
            results, error in
            var strOutput = ""
            for annotation in results! {
                for entity in annotation.entities{
                    strOutput += entity.entityType.rawValue + " : "
                    let startLoc = annotation.range.location
                    let endLoc = startLoc + annotation.range.length - 1
                    let mySubString = strText![startLoc...endLoc]
                    strOutput += mySubString + "\n"
                }
            }
            self.txtOutput.text = strOutput
        })
}
```

스위프트에서 문자열 자르기(슬라이싱)는 생각보다 복잡합니다. 버퍼 언더플로나 오버플로를 활용한 애플리케이션 해킹이 문자열을 많이 이용하기 때문에 이를 방지하기 위한 장치로 조금 복잡한 구조가 되었습니다. 앞에서 우리는 startLoc(시작 위치)와 endLoc(끝 위치)를 계산했습니다. 이 정보로 mySubString을 만듭니다. 스위프트에서는 시작 위치와 끝 위치로 기본 슬라이싱 기능을 제공하지 않으므로 **익스텐션**extension을 따로 만들어줍니다. 하지만 다음 코드는 실제 제품 코드에서 사용하는 것은 좋지 않습니다. 더 적절한 문자열 처리 코드를 찾아 사용하길 권장합니다.

문자열 자르기 익스텐션 코드입니다.

```
extension String {
    subscript(_ i: Int) -> String {
        let idx1 = index(startIndex, offsetBy: i)
        let idx2 = index(idx1, offsetBy: 1)
        return String(self[idx1..<idx2])
    }

    subscript (r: Range<Int>) -> String {
        let start = index(startIndex, offsetBy: r.lowerBound)
        let end = index(startIndex, offsetBy: r.upperBound)
        return String(self[start ..< end])
    }

    subscript (r: CountableClosedRange<Int>) -> String {
        let startIndex =  self.index(self.startIndex,
                                     offsetBy: r.lowerBound)
        let endIndex = self.index(startIndex,
                                  offsetBy: r.upperBound - r.lowerBound)

        return String(self[startIndex...endIndex])
    }
}
```

여기까지가 iOS에서 ML Kit를 활용한 개체명 추출 방법이었습니다. 간단한 예제지만 어떻게 iOS에서 ML Kit로 개체명 추출을 쉽게 처리하는지 확인할 수 있었습니다.

7.2 손글씨 인식

손글씨 인식은 머신러닝이 아닌 전통적인 프로그램으로 작성했을 때 구현하기 어려운 부분입니다. 간단히 설명하면 사용자가 손가락이나 펜슬로 화면상에 글자를 그려 넣으면, 모델이 그 글자를 인식하는 태스크입니다. ML Kit는 이 부분을 비교적 쉽게 해결할 수 있게 도와주는데, 이번 절에서는 그 내용을 살펴보겠습니다. 예를 들어 [그림 7-3]은 손가락으로 글자를 그린 후 애플리케이션에서 'hello' 단어를 인식한 결과입니다.

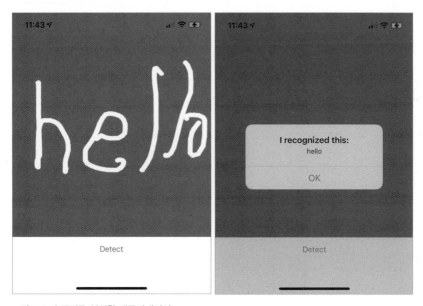

그림 7-3 손글씨를 인식한 애플리케이션

바로 이런 기능을 ML Kit를 사용하면 굉장히 쉽게 만들 수 있습니다. 그럼 바로 확인해 보겠습니다.

1단계 애플리케이션을 생성하고 ML Kit pods 추가하기

앞에서처럼 단일화면 애플리케이션 프로젝트를 생성하고, .xcproject와 같은 폴더에 Podfile 파일을 추가합니다. 그런 다음 ML Kit Digital Ink 라이브러리를 Podfile에 추가합니다.

```
platform :ios, '10.0'
# 스위프트를 사용하지 않고, 동적 프레임워크의 사용을 원치 않을 때는 다음 줄을
# 주석 처리합니다
use_frameworks!

target 'MLKitInkExample' do
        pod 'GoogleMLKit/DigitalInkRecognition'
end
```

> **NOTE** 여러분의 프로젝트 이름이 MLKitInkExample과 다르다면 **target**에 여러분이 만든 프로젝트 이름을 넣어줘야 합니다. 다음으로 터미널에서 **pod install**을 실행하고 새로 생성된 **.xcworkspace**를 엽니다.

2단계 스토리보드와 액션, 아웃렛 생성하기

실제로 글자가 그려지는 곳은 **UIImageView**입니다. 따라서 화면상에 가장 큰 영역을 차지하도록 스토리보드 위에 충분한 크기의 **UIImageView**를 만들어줍니다. 그런 다음 [그림 7-4]처럼 버튼을 넣고 버튼 레이블의 텍스트를 'Detect'로 변경합니다.

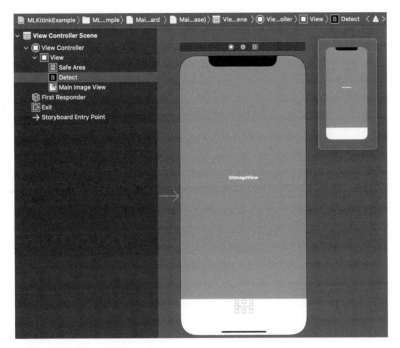

그림 7-4 스토리보드 만들기

완성되고 나면 이미지뷰(mainImageView라 정의하는)를 위한 아웃렛을 생성하고 버튼(recognizeInk라 정의하는)을 위한 액션을 생성합니다. 액션을 추가하기 위해 doRecognition()이라는 메서드도 추가합니다. 아직 메서드가 정의되어 있지 않아 Xcode에서 에러가 나겠지만 괜찮습니다. 바로 만들겠습니다.

코드는 다음과 같습니다.

```
@IBAction func recognizeInk(_ sender: Any) {
    doRecognition()
}
@IBOutlet weak var mainImageView: UIImageView!
```

3단계 Stroke, Point, Ink

손글씨를 인식하기 위해서 ML Kit를 사용하려면 입력을 우선 Ink 객체에 전달해줘야 합니다. 이 객체에는 여러 Stroke와 Point로 이루어져 있습니다. 예를 들어 Z라는 문자를 생각해 보겠습니다. 이 글자는 3개의 Stroke로 이루어집니다. 하나는 상단의 선, 다른 하나는 대각선, 그리고 하단의 선으로요. Ink는 Stroke의 집합이며, 각 획들은 사용자가 그린 선에서 만들어진 Point들로 구성됩니다.

따라서 사용자가 손가락으로 화면을 드래그할 때 그 입력을 받으려면 다음과 같은 자료구조가 필요합니다.

```
private var strokes: [Stroke] = []
private var points: [StrokePoint] = []
```

Ink 설정은 잠시 뒤에 살펴보겠습니다.

4단계 사용자 터치 입력받기

다음으로 우리는 사용자가 손가락이나 펜슬로 UIImage 위에 그려 넣을 때 사용자 터치 좌표를 계속 받아와야 합니다. 그래서 세 가지 메서드(touchesBegan, touchesMoved, touchesEnded)를 오버라이딩하여 터치 좌표를 받아오겠습니다.

touchesBegan은 사용자가 글씨를 그리기 시작하는 시점에 호출됩니다. 바로 손가락이 화면에 처음 닿을 때입니다. 이 시점에서 우리는 점 배열을 초기화하고 이 점을 시작점으로 만듭니다.

```
override func touchesBegan(_ touches: Set<UITouch>,
                          with event: UIEvent?) {
    guard let touch = touches.first else { return }
    lastPoint = touch.location(in: mainImageView)
    let t = touch.timestamp
    points = [StrokePoint.init(x: Float(lastPoint.x),
                              y: Float(lastPoint.y),
                              t: Int(t * 1000))]
}
```

모델에게는 획과 점들 순서가 중요하므로 **타임스탬프**도 필요합니다. 따라서 타임스탬프를 모아서 StrokePoint를 초기화하는 데 사용합니다.

다음 이벤트는 touchesMoved 이벤트입니다. 이 이벤트는 사용자가 손가락을 떼기 전까지 유지됩니다. 우리는 사용자가 터치하고 있는 지점의 위치를 계속 받아와야 하는데, 여기서는 새로운 배열을 만들지 않고, 새로운 점을 배열에 추가합니다. 이전 작업의 나온 타임스탬프가 여기서도 필요합니다. 다음 코드에 나오는 drawLine 함수는 현재 점에서 이전 점까지 선을 그려주고, 마지막 점을 현재 점으로 만듭니다.

다음은 해당 코드입니다.

```swift
override func touchesMoved(_ touches: Set<UITouch>,
                          with event: UIEvent?) {
    guard let touch = touches.first else { return }
    let currentPoint = touch.location(in: mainImageView)
    let t = touch.timestamp
    points.append(StrokePoint.init(x: Float(currentPoint.x),
                                   y: Float(currentPoint.y),
                                   t: Int(t * 1000)))
    drawLine(from: lastPoint, to: currentPoint)
    lastPoint = currentPoint
}
```

사용자가 화면에서 손가락을 뗀다면 touchesEnded가 호출됩니다. 여기서는 '새로운' 점을 추가하지 않으므로 손가락을 뗀 곳이 배열에서 끝점이 됩니다. 여기서 새로운 StrokePoint를 생성하고 이 Stroke에 Point 배열을 넣습니다.

완성된 Stroke는 터치가 시작될 때부터 모았던 Point로 만든 새 Stroke 객체로 초기화하여 Stroke 배열에 추가합니다.

```swift
override func touchesEnded(_ touches: Set<UITouch>,
                          with event: UIEvent?) {
    guard let touch = touches.first else { return }
    let t = touch.timestamp
    points.append(StrokePoint.init(x: Float(lastPoint.x),
                                   y: Float(lastPoint.y),
                                   t: Int(t * 1000)))
    strokes.append(Stroke.init(points: points))
```

```
        drawLine(from: lastPoint, to: lastPoint)
    }
```

선을 그리는 코드를 여기서 다 보여주지 않았습니다. 전체 코드는 이 책이 제공하는 깃허브 저
장소에서 확인할 수 있습니다.

5단계 모델 초기화하기

우리는 사용자가 UIImage에 그렸던 선들을 가져와서 Stroke 배열로 표현하는 애플리케이션
을 만들었습니다. 이제 모델 추론에서 필요한 것들이 준비되었습니다. 다음 단계에서는 애플리
케이션을 통해 손글씨를 텍스트로 변환해 보도록 하겠습니다.

물론 모델 추론을 하려면 먼저 모델 다운로드를 해야 합니다. 이번 단계에서는 모델을 다운로
드하고 객체를 초기화합니다. 그리고 우리가 만든 Stroke를 Ink로 변환하여 추론을 수행합
니다.

먼저 우리는 모델을 사용할 수 있는지부터 확인하겠습니다. DigitalInkRecognitionModelI
dentifier를 사용하여 여러분이 원하는 언어가 지원되는지 테스트해 볼 수 있습니다.

```
let languageTag = "en-US"
let identifier = DigitalInkRecognitionModelIdentifier(
                      forLanguageTag: languageTag)
```

identifier가 nil이라면 설정과 인터넷 연결에 문제가 있는지 확인해 보세요. 그리고 지원
언어인지도 확인해야 합니다. 지원 언어[4]는 ML Kit 공식 문서[5]에서 확인할 수 있습니다.

model 객체가 준비되면 이제 모델을 다운로드할 수 있습니다. 앞에서 만든 identifier로
DigitalInkRecognitionModel과 conditions 객체를 초기화합니다. 이 객체로 모델 다운
로드 방식을 설정할 수 있습니다. 이번 예제에서는 (WiFi 허용만이 아닌) 셀룰러 접근도 허용
하고, 백그라운드 다운로드를 허용하도록 하겠습니다.

---

4 옮긴이_ 영어를 포함하여 한국어도 지원됩니다.
5 https://oreil.ly/4ZoiJ

```
let model = DigitalInkRecognitionModel.init(
                modelIdentifier: identifier!)
var modelManager = ModelManager.modelManager()

modelManager.download(model,
        conditions: ModelDownloadConditions.init(
                allowsCellularAccess: true,
                allowsBackgroundDownloading: true))
```

모델을 다운로드하고 나면 인식 객체를 만들 수 있습니다. 이제부터는 우리에게 익숙한 패턴으로 따라가 보겠습니다. 옵션 객체(DigitalInkRecognizerOptions)를 선언합니다. 이 옵션은 여러분이 다운로드했던 모델을 초기화하는 데 사용합니다. 이제 DigitalInkRecognizer와 옵션 객체로 인식기(recognizer) 객체를 생성할 수 있습니다.

다음은 코드입니다.

```
let options: DigitalInkRecognizerOptions =
                DigitalInkRecognizerOptions.init(
                                model: model)

recognizer = DigitalInkRecognizer.digitalInkRecognizer(
                                options: options)
```

여기까지 잘 따라왔다면 인식기가 잘 작동할 것입니다. 한 가지 남은 것이 있는데, 필자의 코드는 DigitalInkRecognizerOptions 객체를 생성하기 전에 모델 다운로드가 완료되었다고 가정했습니다. 네트워크가 좋지 않다면 다운로드가 실패할 수 있으므로 이 코드가 여러분의 환경에서 제대로 작동할 거라고는 장담할 순 없겠네요. 모델 다운로드 성공 시에만 인식기를 초기화하는 비동기 콜백을 사용하는 게 더 좋겠지만, 이 튜토리얼의 목적상 복잡한 예외 처리는 생략하고 진행하도록 하겠습니다.

6단계 Ink 인식하기

이제 인식기가 준비되었으니 Stroke를 Ink로 변환하고 인식기에 전달해서, 추론 결과로 받은 값을 해석하면 됩니다. 코드로 살펴보겠습니다.

```
let ink = Ink.init(strokes: strokes)
```

다음으로 **recognize** 메서드에 Ink와 완료 콜백을 전달하여 추론을 실행합니다.

```
recognizer.recognize(
    ink: ink,
    completion: {
    }
)
```

완료 콜백에는 추론 결과와 에러가 담겨있을 것이므로 완료 콜백에서부터 후처리를 할 수 있도록 만들어줘야 합니다. 여기서 result의 타입은 `DigitalInkRecognitionResult`가 됩니다.

```
(result: DigitalInkRecognitionResult?, error: Error?) in
```

결과에는 잠재적으로 매칭된 여러 후보가 담겨있습니다. 예를 들어 [그림 7-3]으로 돌아가 보면 'h'가 'n'으로 인식된다든지, 'lo'가 'b'로 인식될 수 있습니다. 인식 엔진은 여러 후보를 우선순위로 정렬해 결과를 반환해줍니다. 따라서 결과에는 'nello', 'helb', 'nelb' 등이 담겨있을 수 있습니다. 여기서는 간단히 구현하기 위해서 `results.candidates.first`를 사용하여 첫 후보만 사용하도록 하겠습니다.

```
if let result = result, let candidate = result.candidates.first {
    alertTitle = "I recognized this:"
    alertText = candidate.text
} else {
    alertTitle = "I hit an error:"
    alertText = error!.localizedDescription
}
```

alertTitle과 **alertText**는 경고창 내용을 구성하는 데 사용합니다. [그림 7-3]의 오른편에서처럼 경고창을 만들 것입니다. 여기서 중요한 프로퍼티는 **candidate.text**입니다. 이 프로퍼티에 추론된 텍스트가 담겨있습니다. 우리는 여기서 첫 번째 후보를 가져왔으므로 ML Kit가 판단하기에 가장 높은 확률로 매칭된 결과입니다.

그런 다음 경고창을 띄우고, 이미지를 지우고, **Stroke**와 **Point**들을 비워서 다시 추론할 수 있게 준비해 둡니다.

```
let alert = UIAlertController(title: alertTitle,
              message: alertText,
              preferredStyle: UIAlertController.Style.alert)

alert.addAction(
    UIAlertAction(
        title: "OK", style: UIAlertAction.Style.default, handler: nil))
self.present(alert, animated: true, completion: nil)
self.mainImageView.image = nil
self.strokes = []
self.points = []
```

이제 끝입니다. 여러분이 직접 사용해 보고 테스트해 보세요! 다른 언어에서도 잘 작동하는지도 살펴보면 더 좋겠습니다!

7.3 스마트 답변하기

또 다른 재밌는 턴키 솔루션은 스마트 답변 모델입니다. 링크드인[6]같은 곳에서 다른 사람과 채팅하고 있을 때 자동으로 적절한 답변을 생성해 제안하는 그 기능입니다. 안드로이드 사용자라면 [그림 7-5]와 같이 여러 메시지 애플리케이션에서 스마트 답변 기능을 본 적이 있을 겁니다. 예를 들면 필자가 메시지로 아침 식사 초대를 받으면 스마트 답변이 몇 가지 답변을 제안합니다(또한 받은 메시지 내용에서 개체명 추출로 'tomorrow at 9:30AM' 날짜 정보를 얻어내서 캘린더 생성 링크로 바꿔줄 수도 있습니다).

혹은 "Sure"이나 "What time?", "Yes"와 같은 스마트 답변 옵션들도 있습니다. 이 옵션들은 대화(질문)의 문맥으로부터 생성된 것들입니다. 이전 채팅에서 말한 것처럼 필자가 평소에 말하는 어투로 제안되었습니다. 실제로 필자는 초대받았을 때 "sure"이라는 표현을 많이 사용했습니다.

6 옮긴이_ 글로벌 비지니스 전문 SNS(https://www.linkedin.com)

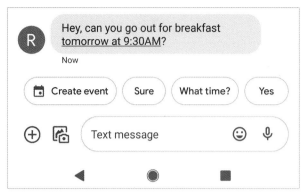

그림 7-5 안드로이드 인스턴스 메시지에서 스마트 답변

1단계 애플리케이션 프로젝트를 생성하고 ML Kit 불러오기

앞에서처럼 Xcode에서 단일 화면 애플리케이션 프로젝트를 생성합니다. 그리고 다음처럼 Podfile을 만들어 .xcproject와 같은 폴더에 둡니다.

```
platform :ios, '10.0'
target 'MLKitSmartReplyExample' do
        pod 'GoogleMLKit/SmartReply'
End
```

여기서는 필자의 프로젝트의 이름이 MLKitSmartReplyExample인데, 여러분의 프로젝트 이름이 target 이름과 같아야 합니다. pod install을 실행하고 나면 자동으로 생성된 .xcworkspace를 엽니다.

2단계 스토리보드, 아웃렛, 액션 생성하기

먼저 레이블 두 개와 버튼 하나를 만들겠습니다. 최상단의 레이블은 본인과 친구의 대화 내용을 담습니다. 이 레이블은 사용자가 버튼을 눌렀을 때, 스마트 답변 모델이 답변을 생성하는 데 사용됩니다. 답변은 두 번째 레이블에 표시되게 만들 것입니다. 스토리보드를 생성하면 [그림 7-6]처럼 생길 것입니다.

다음으로 위쪽 레이블과 아래쪽 레이블을 위한 conversationLabel과 txtSuggestions 아웃렛을 만듭니다. 버튼을 위해 generateReply 이름의 액션도 만들어서 그 안에 getSmartReply() 함수 호출을 넣습니다. 이전과 마찬가지로 Xcode 에러는 아직 신경 쓰지 마세요. 바로 메서드를 작성하도록 하겠습니다.

그림 7-6 Smart Reply 뷰 만들기

코드는 다음과 같습니다.

```
@IBOutlet weak var conversationLabel: UILabel!
@IBOutlet weak var txtSuggestions: UILabel!
@IBAction func generateReply(_ sender: Any) {
    getSmartReply()
}
```

3단계 대화 만들기

빠르게 확인해 보기 위해 모델에 넣을 대화를 준비합니다. 간단한 대화를 하나 만들어 보겠습니다. 대화 항목을 만들고 이것을 TextMessage 배열에 추가하는 initializeConversation() 메서드를 만들었습니다.

```
var conversation: [TextMessage] = []
```

그러면 initializeConversation은 배열을 채우기 시작합니다. TextMessage 타입은 콘텐츠나 시간 기록, 누가 보냈는지, 그리고 제일 중요한 정보인 로컬 사용자('나'와 같은 정보)인지 리모트 사용자인지(다른 사람과 같은) 정보를 담는 메시지 단위입니다. 대화를 만들기 위해 '내'가 보냈는지 친구(상대방)가 보냈는지에 따라 addConversationItem을 오버로드하여 헬퍼 함수를 작성했습니다. 다음은 전체 함수 내용입니다.

```
private func initializeConversation(){
    let friendName = "Nizhoni"
    addConversationItem(item: "Hi, good morning!")
    addConversationItem(item: "Oh, hey -- how are you?",
                        fromUser: friendName)
    addConversationItem(item: "Just got up, thinking of
                                heading out for breakfast")
    addConversationItem(item: "Want to meet up?",
                        fromUser: friendName)
    addConversationItem(item: "Sure, what do you fancy?")
    addConversationItem(item: "Just coffee, or do you want to
                                eat?",
                        fromUser: friendName)
    conversationLabel.text = outputText
}
```

몇몇 addConversationItem 호출에는 fromUser: 파라미터를 가진다는 점에 주의하세요. 이 인자가 없으면 '내'가 보낸 메시지이고, 인자가 있으면 '리모트(상대방)' 사용자로부터 받은 메시지입니다. addConversationItem은 구현체를 오버로드합니다.

먼저 내가 보낸 대화 항목(메시지 내용)을 추가합니다. TextMessage는 'Me'라는 userID로 생성됩니다. 다른 것이 함수에 전달되지 않습니다. isLocalUser 프로퍼티는 true로 설정됩니다. 코드는 다음과 같습니다.

```
private func addConversationItem(item: String){
    outputText += "Me : \(item)\n"
    let message = TextMessage(text: item,
                    timestamp:Date().timeIntervalSince1970,
                    userID: "Me",
```

```
                    isLocalUser: true)

    conversation.append(message)
}
```

다음은 `fromUser:` 프로퍼티가 있을 때를 위한 오버로드입니다. 이 경우는 `TextMessage`가 프로퍼티로 전달될 `userID`로 만들어지고, `isLocalUser`가 `false`로 설정됩니다.

```
private func addConversationItem(item: String,
                                fromUser: String){
    outputText += "\(fromUser) : \(item)\n"
    let message = TextMessage(text: item,
                    timestamp:Date().timeIntervalSince1970,
                    userID: fromUser,
                    isLocalUser: false)

    conversation.append(message)
}
```

두 경우 모두 메시지 내용과 사용자로 `conversationLabel`을 갱신하고, 대화가 메시지 내용으로 갱신됩니다. 그리하여 [그림 7-7]처럼 결과가 나옵니다.

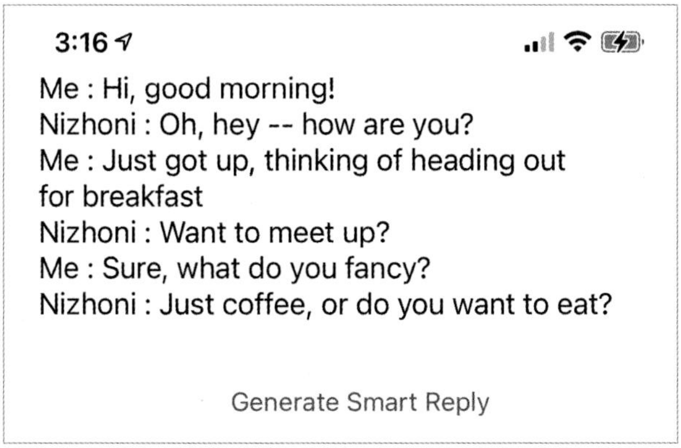

3:16

Me : Hi, good morning!
Nizhoni : Oh, hey -- how are you?
Me : Just got up, thinking of heading out for breakfast
Nizhoni : Want to meet up?
Me : Sure, what do you fancy?
Nizhoni : Just coffee, or do you want to eat?

Generate Smart Reply

그림 7-7 대화 시뮬레이팅하기

4단계 스마트 답변 받기

이제 대화를 TextMessage의 배열로 저장해 두었으니 SmartReply.smartReply()를 호출하고, suggestReplies 메서드를 사용합니다. suggestReplies는 대화에 대한 스마트 답변 집합을 전달해줍니다. 앞에서 버튼 액션에서 getSmartReply()를 호출하도록 만들어놨습니다. 이제 이 함수를 만들어 스마트 답변 모델을 호출하도록 합니다.

```
private func getSmartReply(){
    SmartReply.smartReply().suggestReplies(for: conversation)
    { result, error in
        guard error == nil, let result = result else { return }
```

다른 에러가 발생하지 않았다면 result 변수에 제안된 답변들이 담겨있을 것입니다. result는 suggestion 타입의 리스트 형태로 되어 있고 여기에는 suggestion.text 프로퍼티를 담고 있습니다. 이 프로퍼티에는 제안된 내용물이 들어 있습니다. 제안된 모든 답변 리스트를 한 텍스트에 담으려면 다음처럼 만들면 됩니다.

```
var strSuggestedReplies = "Suggested Replies:"
if (result.status == .notSupportedLanguage) {
    // 대화 언어가 지원되지 않는 언어라면 결과에 아무 제안도 받지 않습니다
    // 이런 케이스에서는 뭔가 예외 처리를 해줘야 할 것입니다
} else if (result.status == .success) {
    // 스마트 답변을 성공적으로 제안했습니다
    for suggestion in result.suggestions {
        strSuggestedReplies = strSuggestedReplies +
                              suggestion.text + "\n"
    }
}
self.txtSuggestions.text = strSuggestedReplies
```

여기서 ressult status 프로퍼티가 .success(성공)이라면 result.suggestions를 돌면서 제안된 답변 목록을 만들 수 있습니다. 이제 애플리케이션을 실행해 보면 [그림 7-8]처럼 제안된 답변 목록을 확인할 수 있을 것입니다.

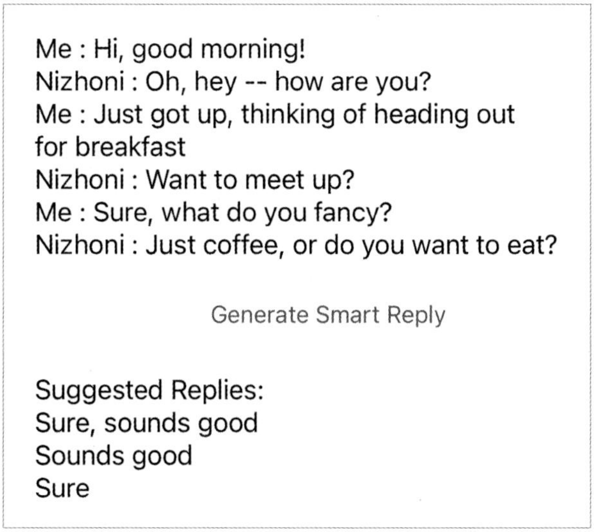

```
Me : Hi, good morning!
Nizhoni : Oh, hey -- how are you?
Me : Just got up, thinking of heading out
for breakfast
Nizhoni : Want to meet up?
Me : Sure, what do you fancy?
Nizhoni : Just coffee, or do you want to eat?


              Generate Smart Reply


Suggested Replies:
Sure, sounds good
Sounds good
Sure
```

그림 7-8 제안된 답변 보여주기

이게 만약 실제 애플리케이션이라면 [그림 7-5]의 안드로이드 **SMS 애플리케이션**처럼 UI를 만들었을 때, 애플리케이션이 여러 답변을 제안하고 그 답변 중 하나를 사용자가 선택하여 자동으로 답변을 보낼 수 있게 됩니다!

여기까지가 스마트 답변 모델의 간단한 예제였습니다.

7.4 마치며

이번 장에서는 iOS 애플리케이션에서 자연어 처리 기능을 위한 몇 가지 시나리오를 살펴보았습니다. ML Kit의 턴키 솔루션을 어떻게 사용할 수 있는지와 문자열에서 이메일, 날짜 시간과 같은 일반적인 개체를 쉽고 빠르게 찾을 수 있는 개체명 추출, 사용자가 화면에 그린 글자를 텍스트로 변환하는 손글씨 인식까지 배울 수 있었습니다. 마지막에는 스마트 답변 API도 살펴보았습니다. 여기 모든 모델은 뒤에서 TFLite를 사용합니다(눈치가 빠른 분들은 디버거에서 이미 보셨을 수도 있을 것 같습니다). 8장에서는 이런 머신러닝 모델을 어떻게 모바일로 가져와 사용할 수 있는지에 대한 전반적인 내용을 다뤄 보겠습니다.

## CHAPTER 8

TFLite 더 깊게 이해하기

1장과 2장에서 소개한 것처럼 텐서플로는 머신러닝 모델을 설계하고 학습시키며 테스트할 수 있도록 도와주는 모든 머신러닝의 기초가 되는 프레임워크입니다.

모바일 애플리케이션 사용자 경험에 영향을 주는 요소들은 모델의 용량이나 배터리 소모량 같은 물리적인 요소도 포함하지만, 일반적으로 텐서플로 모델을 설계할 때는 이런 부분들을 고려하지 않습니다. 그래서 이런 문제를 해결하기 위해 **TFLite**가 탄생했습니다. 이 장에서 우리의 첫 번째 목표는 기존 텐서플로 모델을 더 작으면서도 견고한 형식으로 만들어 모바일 환경에 최적화해 보고 모델 추론이 다양한 모바일 플랫폼의 효율적인 런타임으로 수행될 수 있도록 만들겠습니다. 또한, 텐서플로로 학습된 모델을 TFLite로 변환하며 더 자세히 살펴보고, 그 과정에서 최적화 도구 사용법도 함께 살펴보겠습니다.

그럼 이제부터 TFLite의 필요성을 알아보죠. 필요성을 먼저 알아본 후 본격적인 세부 내용에 들어가겠습니다.

8.1 TFLite가 무엇인가요?

TFLite 탄생에는 여러 이유가 있습니다. iOS나 안드로이드로 구동되는 모바일 기기의 숫자는 이미 기존의 데스크톱이나 노트북을 넘어섰고, 또 임베디드 시스템 기기의 숫자는 모바일 기기 수를 뛰어넘었습니다. 따라서 머신러닝 모델을 모바일 및 임베디드 기기에서 실행해야 하는 필요성은 계속 커지고 있습니다.

우선 스마트폰과 애플리케이션 사용자 경험에 초점을 맞춰보겠습니다. 만약 모바일에서 머신러닝 모델을 구동할 방법이 없어서 해당 모델을 서버에 탑재했다면, 모바일 기기가 호출할 수 있는 형태의 인터페이스로 머신러닝 모델을 래핑해야 할 것입니다. 예를 들어 이미지 분류기의 경우, 모바일 기기에서 서버로 이미지를 보내면 서버는 이 이미지로 추론하여 결과를 돌려줍니다. 그런데 여기서 통신 지연시간이 발생하게 됩니다. 이런 지연시간 때문에 서비스를 만드는 입장에서는 사용자가 항상 수 메가바이트 이미지를 빠르게 전송할 수 있는 환경에 있다고 가정할 수 없습니다.

그리고 물론 **사생활 보호**의 이유도 있습니다. 서비스의 여러 시나리오에서 아주 개인적인 데이터를 사용할 수 있으며 기능을 위해 해당 데이터를 서버에 업로드해야만 한다면, 사용자들이 자신의 개인정보가 침해된다고 판단해 애플리케이션을 아예 사용하지 않기로 결정할 수도 있습니다. 하지만 애플리케이션에서 온디바이스 모델을 사용한다면 데이터 전송으로 인한 지연이나 통신 의존성이 없으며, 개인정보 업로드가 없어 사용자 사생활 보호도 가능합니다. 따라서 모바일 애플리케이션에서 **온디바이스 머신러닝**의 필요성은 매우 높습니다.

이제 TFLite로 넘어가 보겠습니다. 앞에서 말했듯, 텐서플로는 텐서플로 모델을 소형화된 모바일용 모델로 쉽게 변환할 수 있도록 설계되었습니다. 또한 모바일 플랫폼에서 런타임 추론이 가능하도록 만들어졌습니다.

여기서 특별히 흥미로운 점은 완전히 새로운 제품이나 기능을 만들 수 있게 해준다는 것입니다. 새로운 플랫폼이 생겼을 때, 뒤따라오는 혁신적인 제품들을 생각해 보세요. 예를 들어 기기에 GPS 센서나 카메라가 탑재되거나, 스마트폰이 처음 나왔을 때를 생각해 보세요. 이전에는 종이 지도로 다른 언어의 나라에서 길을 찾을 때 얼마나 어려웠는지 생각해 보세요. 만약 노트북을 사용했다면, 어찌어찌 인터넷을 연결할 수 있어도 실제로 길 찾기에서 사용하기에는 쉽지 않았을 것입니다. 지금은 스마트폰으로 여러분의 위치와 목적지 위치를 찍으면 가장 빠른 길을 알려주면서 단계별로 어떻게 가야 하는지까지 알려주는 애플리케이션이 있습니다. 심지어 **증강현실 인터페이스**로 걷는 중에 실시간으로 길을 알려주는 가이드도 받을 수 있습니다. 이처럼 모바일 기기를 위한 **머신러닝 모델**들이 등장하면서 완전히 새로운 플랫폼에서 완전히 새로운 기능을 만들 수 있기를 기대하고 있습니다. 이런 기능들은 머신러닝 없이도 구현될 수 있겠지만 그러면 구현 난이도가 크게 올라가게 됩니다. 예를 들어 [그림 8-1]을 보면 필자가 읽을 수 없는 중국어가 있습니다. 필자가 식당에 갔는데 특정 재료에 알러지가 있다면, 온디바이스 ML 번역 모델을 사용하는 구글 번역기와 이미지 속 글자를 인식할 수 있는 텍스트 모델로 내 눈앞의 글자를 즉각 번역을 할 수 있습니다.

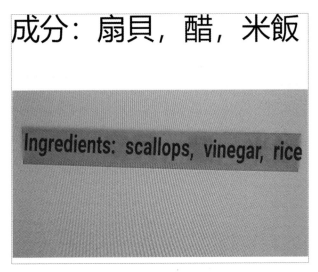

그림 8-1 카메라 이미지의 실시간 중국어 번역이 된 모습

이런 기능들은 머신러닝 없이는 굉장히 구현하기 어렵습니다. 어떻게든 어떤 언어를 인식하도록 코드로 짰더라 하더라도 번역 서버 통신 없이는 번역 결과를 받지 못합니다. 하지만 머신러닝이 이를 한층 더 쉽게 만듭니다.

8.2 TFLite 시작하기

실습을 통해 TFLite를 이해하는 게 좋겠습니다. 텐서플로 모델을 받아서 TFLite 포맷으로 변환하는 변환기부터 살펴보고 그 변환된 모델로 간단한 안드로이드 애플리케이션을 만들어 보겠습니다.

1장에서 우리는 머신러닝 버전의 'Hello World' 코드를 살펴봤습니다. x와 y 사이의 관계를 y = 2x − 1로 예측하는 모델을 만들기 위해 간단한 선형 회귀 모델을 사용했었습니다. 1장의 코드를 이번엔 텐서플로로 구현해 보겠습니다.

다음 코드는 텐서플로 모델을 학습시키는 파이썬 코드입니다.

```python
import tensorflow as tf
import numpy as np
from tensorflow.keras import Sequential
from tensorflow.keras.layers import Dense

layer_0 = Dense(units=1, input_shape=[1])
model = Sequential([layer_0])
model.compile(optimizer='sgd', loss='mean_squared_error')

xs = np.array([-1.0, 0.0, 1.0, 2.0, 3.0, 4.0], dtype=float)
ys = np.array([-3.0, -1.0, 1.0, 3.0, 5.0, 7.0], dtype=float)

model.fit(xs, ys, epochs=500)

print(model.predict([10.0]))
print("학습된 것: {}".format(layer_0.get_weights()))
```

500 에폭 학습을 진행한 뒤에는 다음과 같은 결과가 출력됩니다.

```
[[18.984955]]
Here is what I learned: [array([[1.9978193]], dtype=float32),
                         array([-0.99323905], dtype=float32)]
```

x가 10일 때는 18.984955로 예측합니다. 이 값은 y = 2x −1 식에서 정답인 19와 아주 가까운 값입니다. 이렇게 되는 이유는, 학습된 뉴런의 가중치가 1.9978193으로, 편향은 −0.99323905로 학습되었기 때문입니다. 아주 작은 양의 데이터로 학습시켜서 우리는 1.9978193x − 099323905 관계식을 얻었습니다. 이 식은 y = 2x −1에 꽤 가깝습니다.

그렇다면 이런 학습 환경이 아닌 안드로이드 환경에서도 이 작업이 가능할까요? 당연히 가능합니다. 먼저 우리의 모델을 저장하는 것부터 시작해 보겠습니다.

1단계 모델 저장하기

텐서플로는 여러 가지 모델 저장 방법을 제공합니다만, 텐서플로 생태계에서 가장 일반적인 방법은 **SavedModel 포맷**으로 저장하는 방법입니다. 모델을 **프로즌**[frozen]하도록 .pb(**protobuf 포맷**)으로 저장합니다. 저장된 폴더 안에는 모델의 **에셋**[assets]과 **변수**[variable]들이 포함되어 있습니다. 이 방법 덕분에 모델의 학습된 가중치, 편향값들이 모델 아키텍처에서 분리된다는 이점을 가지게 됩니다. 이로써 모델 자체가 굉장히 큰 상황에서 우리가 학습된 가중치와 편향만 변경해야 할 때, 모델의 에셋을 완전히 다시 배포할 필요 없이 모델을 업데이트할 수 있습니다.

SavedModel 포맷으로 저장하려면 출력 폴더를 지정하고 다음과 같이 `tf.saved_model. save()`를 호출합니다.

```
export_dir = 'saved_model/1'
tf.saved_model.save(model, export_dir)
```

[그림 8-2]처럼 저장된 결과물 안의 폴더 구조를 확인할 수 있습니다.

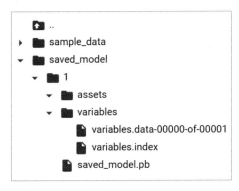

그림 8-2 모델 저장 후 폴더 구조

이 모델은 간단한 모델이라서 변수 파일이 한 개의 **샤드**[shard]로 되어 있습니다. 큰 모델은 여러 개로 쪼개질 수 있기 때문에 `variables.data-00000-of-00001`과 같은 **네이밍 컨벤션**을 가집니다. 이 모델은 에셋을 사용하지는 않아서 `assets` 폴더는 비어 있습니다.

2단계 **모델 변환하기**

SavedModel 모델을 TFLite 모델로 변환하기 위해서는 변환기 객체를 생성하여 convert 메서드를 호출하면 됩니다. convert 메서드를 호출하고 나면 메모리상에 **TFLite 포맷**의 모델이 만들어지게 되며 write_bytes 메서드를 통해 파일 시스템에 저장할 수 있습니다.

다음은 변환 및 저장 코드입니다.

```
converter = tf.lite.TFLiteConverter.from_saved_model(export_dir)
tflite_model = converter.convert()

import pathlib
tflite_model_file = pathlib.Path('model.tflite')
tflite_model_file.write_bytes(tflite_model)
```

wirte_bytes 메서드는 저장된 TFLite 크기를 반환합니다. 다른 버전의 변환기에서 변환된 모델 크기가 바뀔 수도 있지만 이 책을 집필할 당시에 model.tflite는 896바이트 크기였습니다. 학습된 모델의 아키텍처나 학습된 가중치값들이 전부 **캡슐화**가 됩니다.

> **NOTE** 모델 변환 시 앞에서 보여드린 Python API 사용을 권장하지만, 명령줄 인터프리터도 제공하고 있습니다. 홈페이지[1]에서 더 자세한 내용을 확인해 보세요.

3단계 **독립 실행형 인터프리터로 모델 테스트하기**

iOS와 안드로이드에서 모델을 돌려보기 전에 우리는 TFLite의 독립 실행형 인터프리터로 모델이 잘 작동하는지 확인해 보겠습니다. 이 인터프리터는 파이썬 환경에서 실행되므로 파이썬을 실행할 수 있는 임베디드 시스템에서도 사용할 수 있습니다. 리눅스 기반의 라즈베리파이 같은 환경에서도요!

인터프리터에 변환된 모델을 불러오고, 입력 텐서 할당 후 입력을 텐서에 넣어 추론하면, 모델이 추론한 텐서로부터 값을 읽어옵니다. 이 부분이 프로그래머 관점에서 텐서플로와 다른

---

1 https://www.tensorflow.org/lite/convert

TFLite 사용법입니다. 텐서플로는 그냥 model.predict(something)를 호출하고 결과를 받으면 됐지만 TFLite는 의존성이 많이 없기 때문에 저수준으로 입출력 텐서를 다뤄야 합니다. 그러므로 우리 실행환경에 적합하게 입력 데이터를 포맷팅하고 출력을 적절하게 파싱해줘야 합니다.

먼저 모델을 불러오고 텐서를 할당하는 부분입니다.

```
interpreter = tf.lite.Interpreter(model_content=tflite_model)
interpreter.allocate_tensors()
```

다음으로 모델로부터 입출력의 세부 정보를 가져올 수 있습니다. 이 정보에는 모델이 받을 데이터 포맷이나, 사용자가 받게 될 데이터 포맷을 확인할 수 있습니다.

```
input_details = interpreter.get_input_details()
output_details = interpreter.get_output_details()
print(input_details)
```

여러 가지 정보가 출력되네요! 하나씩 확인해 보겠습니다.

먼저 입력 파라미터를 살펴보겠습니다. shape이 array 타입의 [1, 1] 셰입입니다. 클래스도 확인해 보면 numpy.float32 타입입니다. 이런 설정들은 입력 데이터의 셰입과 포맷이 명시되어 있습니다.

```
[{'name': 'serving_default_dense_input:0', 'index': 0,
  'shape': array([1, 1], dtype=int32),
  'shape_signature': array([1, 1], dtype=int32),
  'dtype': <class 'numpy.float32'>,
  'quantization': (0.0, 0),
  'quantization_parameters': {'scales': array([],
                              dtype=float32),
                              'zero_points': array([], dtype=int32),
                              'quantized_dimension': 0},
  'sparsity_parameters': {}}]
```

그럼 x = 10.0에 대한 y 예측값을 받아오는 예제 코드를 확인해 보겠습니다.

```
to_predict = np.array([[10.0]], dtype=np.float32)
print(to_predict)
```

10.0의 이중 대괄호 표현이 조금 복잡해 보일 수 있습니다. 여기서 입력을 array[1,1] 타입으로 만들어줘야 하는데, array[1] 타입으로 10.0을 표현하면 [10.0]가 되겠지만, array[1,1] 타입은 [[10.0]]으로 표현됩니다. 또한 앞에서는 셰입이 dtype=int32로 정의되어 있지만 지금은 numpy.float32를 사용하는 점도 헷갈리지 않게 주의해주세요. dtype 파라미터는 넘피 객체에 담기는 데이터의 타입을 정의합니다.

print(output_details)로 출력 데이터의 세부 내용도 확인할 수 있습니다.

입력과 비슷합니다. 여기서 우리가 신경 써야 하는 부분은 셰입입니다. 셰입이 array 타입으로 된 [1,1]이며, 입력이 [[x]] 이었으니 결과도 [[y]]가 됩니다.

```
[{'name': 'StatefulPartitionedCall:0',
  'index': 3,
  'shape': array([1, 1], dtype=int32),
  'shape_signature': array([1, 1], dtype=int32),
  'dtype': <class 'numpy.float32'>,
  'quantization': (0.0, 0),
  'quantization_parameters': {'scales': array([], dtype=float32),
                              'zero_points': array([], dtype=int32),
                              'quantized_dimension': 0},
  'sparsity_parameters': {}}]
```

인터프리터를 세팅하기 위해 입력 텐서에 값을 넣어서 입력값을 알려줍니다.

```
interpreter.set_tensor(input_details[0]['index'], to_predict)
interpreter.invoke()
```

입력 텐서는 input_details 배열의 첫 번째 요소에서 'index' 키값으로 설정할 수 있습니다. 이 모델은 한 개의 입력값만 가지는 간단한 모델이라 input_details[0]입니다. 그리고 'index' 키값으로 인덱스값을 받아옵니다. input detail의 0번째 항목은 1개의 인덱스만 가집니다. 0번째 인덱스를 지정하면 앞에서 정의된 대로 셰입이 [1,1]이라고 예상할 수 있습니다. 두 번째 인자로 to_predict를 넣습니다. 그리고 invoke 메서드로 인터프리터를 호출합니다.

다음으로 get_tensor를 호출하여 예측 결과를 읽을 수 있게 됩니다.

```
tflite_results = interpreter.get_tensor(output_details[0]['index'])
print(tflite_results)
```

여기서도 출력 텐서는 하나만 있으므로 output_details[0]의 'index' 키값으로 출력 인덱스를 인자로 넣어줍니다.

다음은 전체 코드이고, 코드를 실행해 보겠습니다.

```
to_predict = np.array([[10.0]], dtype=np.float32)
print(to_predict)
interpreter.set_tensor(input_details[0]['index'], to_predict)
interpreter.invoke()
tflite_results = interpreter.get_tensor(output_details[0]['index'])
print(tflite_results)
```

결과는 다음과 같습니다.

```
[[10.]]
[[18.975412]]
```

10이 입력이고 18.97이 예측된 값입니다. 이 값은 x가 10일 때 2x − 1의 결과물인 19에 근사하는 값입니다.

1장에서 보았던 결과는 18.984이지만 변환 후에는 18.975가 나온 이유에는 두 가지 주요 원인이 있을 수 있습니다. 첫째, 뉴런들이 각기 다른 임의의 값으로 초기화되어 시작합니다. 따라서 최종값이 조금씩 다릅니다. 그리고 TFLite 모델을 만드는 과정에서는 모델을 압축하는 최적화 과정에서 일부 정보가 유실될 수 있으므로, 이후에 좀 더 복잡한 모델을 만들 때도 이 현상이 나타날 수 있음을 기억하세요. 모바일용으로 변환된 모델의 정확도를 직접 측정해서 확인하는 것이 중요합니다.

여기까지 우리는 **실행 독립형 인터프리터**로 모델을 테스트해 보고, 예상한 대로 모델이 작동하는 것을 확인했습니다. 다음으로는 간단한 안드로이드 애플리케이션에서 우리 모델을 실행해 보도록 하겠습니다.

8.3 TFLite를 사용하는 안드로이드 애플리케이션 만들기

안드로이드 스튜디오의 'Empty Activity' 템플릿으로 애플리케이션 프로젝트를 만듭니다. 이 부분이 익숙하지 않다면 3장을 한번 확인해 보세요.

안드로이드 프로젝트에 **TFLite 런타임**을 추가할 수 있도록 build.gradle 파일을 수정합니다.

```
implementation 'org.tensorflow:tensorflow-lite:2.4.0'
```

여기서는 2.4.0 버전을 사용했습니다. 최신 버전을 사용하려면 Bintray 홈페이지[2]에서 최신 버전을 확인해 보세요.

다음처럼 android{} 절에서 추가적인 세팅도 필요합니다.

```
android{
...
    aaptOptions {
        noCompress "tflite"
    }
...
}
```

> **NOTE** 이번 단계에서는 컴파일러가 우리의 .tflite 파일을 압축하지 못하게 했습니다. 안드로이드 스튜디오는 에셋들을 작게 만들기 위해 컴파일하여 구글 플레이 스토어에서 다운로드하는 시간을 줄입니다. 하지만 .tflite가 압축되면 TFLite 인터프리터가 파일을 인식하지 못할 것입니다. 압축되지 않도록 하려면 aaptOptions의 noCompress를 .tflite로 지정해줘야 합니다. 다른 확장자도 압축을 막으려면 다른 확장자로 바꾸면 됩니다(어떤 사람들은 .lite를 사용하기도 합니다).

이제 프로젝트를 빌드해 보겠습니다. **TFLite 라이브러리**가 다운로드되고 링크됩니다.

---

2 https://jfrog.com/distribution/?bintrayRD=1

다음으로 간단한 UI를 만들기 위해 `activity` 파일(`layout` 폴더에 있습니다)을 수정하겠습니다. 텍스트를 입력받을 수 있는 **에딧텍스트** 한 개와 **추론**을 실행시킬 **버튼** 한 개를 만들었습니다.

```xml
<?xml version="1.0" encoding="utf-8"?>
<LinearLayout xmlns:tools="http://schemas.android.com/tools"
    android:orientation="vertical"
    xmlns:android="http://schemas.android.com/apk/res/android"
    android:layout_height="match_parent"
    android:layout_width="match_parent">

    <LinearLayout
        android:layout_width="match_parent"
        android:layout_height="wrap_content">

        <TextView
            android:id="@+id/lblEnter"
            android:layout_width="wrap_content"
            android:layout_height="wrap_content"
            android:text="Enter X:   "
            android:textSize="18sp"></TextView>

        <EditText
            android:id="@+id/txtValue"
            android:layout_width="180dp"
            android:layout_height="wrap_content"
            android:inputType="number"
            android:text="1"></EditText>

        <Button
            android:id="@+id/convertButton"
            android:layout_width="wrap_content"
            android:layout_height="wrap_content"
            android:text="Convert">

        </Button>
    </LinearLayout>
</LinearLayout>
```

코딩을 하기 전에 먼저 TFLite 파일을 불러와야 합니다. 다음 절에서 불러오는 방법을 살펴보겠습니다.

8.4 TFLite 파일 불러오기

먼저 프로젝트에서 assets 폴더를 생성합니다. 프로젝트 탐색기에서 app/src/main 폴더로 이동하고 main 폴더에서 마우스 오른 클릭을 한 뒤, 새 폴더(New Directory)를 선택합니다. 폴더 이름은 assets으로 만들겠습니다. 그리고 모델을 학습시킬 때 생긴 .tflite 파일을 이 폴더에 넣습니다. 이 파일이 없다면 이 책의 깃허브 저장소[3]에서 다운받아 사용해도 됩니다.

파일이 올바른 폴더에 위치하지 않는다는 경고가 나타나서 Model Binding이 비활성되어도 괜찮습니다. 일단 무시하세요. Model Binding은 몇 가지 시나리오를 정해놓고 좀 더 살펴볼 예정입니다. 이것은 이번 예제에서 직접 수행했던 몇 단계를 하지 않고도 .tflite 모델을 쉽게 불러올 수 있게 해줍니다. 이번에는 안드로이드 스튜디오에서 TFLite 파일을 어떻게 사용하는지 좀 더 자세히 보는 시간을 가져보겠습니다.

안드로이드 스튜디오에 에셋을 넣고 나면, 프로젝트 탐색기는 다음 [그림 8-3]처럼 됩니다.

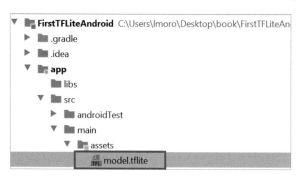

그림 8-3 tflite 파일을 assets 폴더에 추가

이제 준비가 됐으니 코딩해 보겠습니다.

---

3 옮긴이_ https://github.com/tucan9389/ondevice-ml-book/blob/main/BookSource/Chapter08/Android/FirstTFLite Android/app/src/main/assets/model.tflite

8.5 모델 추론을 위해 코틀린 코드 작성하기

코틀린Kotlin을 사용하지만 소스코드는 java 폴더 안에 있습니다. 이 폴더를 열어 보면 여러분의 패키지 이름으로된 폴더를 확인할 수 있습니다. 그 안에 **MainActivity.kt 파일**을 열어야 합니다. 코드 편집기에서 더블클릭하여 파일을 엽니다.

먼저 assets 폴더로부터 TFLite 모델을 불러오는 **헬퍼 함수**가 필요합니다.

```
private fun loadModelFile(assetManager: AssetManager,
                          modelPath: String): ByteBuffer {
    val fileDescriptor = assetManager.openFd(modelPath)
    val inputStream = FileInputStream(fileDescriptor.fileDescriptor)
    val fileChannel = inputStream.channel
    val startOffset = fileDescriptor.startOffset
    val declaredLength = fileDescriptor.declaredLength
    return fileChannel.map(FileChannel.MapMode.READ_ONLY,
startOffset, declaredLength)
}
```

.tflite 파일은 **이진 블롭**binary blob인데, 인터프리터가 내부 신경망 모델을 만드는 데 사용할 가중치와 편향 정보가 들어 있습니다. 안드로이드에서는 ByteBuffer입니다.

```
private lateinit var tflite : Interpreter
private lateinit var tflitemodel : ByteBuffer
```

따라서 이 경우, 이런 모든 작업을 수행하는 인터프리터 객체를 **tflite**라 부르고, ByteBuffer로 인터프리터에 집어넣을 모델을 **tflitemodel**이라 부르겠습니다.

onCreate 메서드는 액티비티가 생성되면 호출되는 메서드인데, 이 메서드에서 인터프리터를 객체화하고 **model.tflite**를 불러오는 코드를 추가합니다.

```
try{
    tflitemodel = loadModelFile(this.assets, "model.tflite")
    tflite = Interpreter(tflitemodel)
} catch(ex: Exception){
    ex.printStackTrace()
}
```

그리고 onCreate 안에 두 가지 컨트롤 관련 코드를 추가합니다. 이 컨트롤은 어떤 값을 입력할 수 있는 에딧텍스트와 추론을 실행시킬 버튼으로 애플리케이션 사용자와 상호작용할 수 있게 만들어줍니다.

```
var convertButton: Button = findViewById<Button>(R.id.convertButton)
convertButton.setOnClickListener{
    doInference()
}
txtValue = findViewById<EditText>(R.id.txtValue)
```

함수 내에서 참고할 수 있도록 tflite, tflitemodel과 함께 클래스 수준에서 에딧텍스트를 선언합니다.

```
private lateinit var txtValue : EditText
```

마지막으로 추론 부분을 구현합니다. doInference 함수를 만듭니다.

```
private fun doInference(){
}
```

이 함수로 입력 데이터를 가져와서 TFLite가 추론할 수 있도록 그 데이터를 보낸 뒤, 결과를 출력합니다.

> **NOTE** 여기서 추론에 사용되는 모델은 굉장히 단순하고 가벼운 모델입니다. 하지만 복잡한 모델은 처리시간이 길어서 UI 스레드를 멈추게 할 수도 있으므로 애플리케이션을 만들 때는 이 점을 항상 염두에 두면서 코드를 작성해야 합니다.

숫자를 입력받는 에딧텍스트는 문자열 타입을 부동소수점으로 변환하여 사용합니다.

```
var userVal: Float = txtValue.text.toString().toFloat()
```

1장과 2장을 떠올려보면, 모델에 데이터를 넣을 땐 입력에 주로 Numpy 배열 포맷을 사용했습니다. **넘파이**는 파이썬 전용이기 때문에 안드로이드에서는 사용할 수 없으므로 여기서는 FloatArray를 사용하면 됩니다. 값 하나만 넣어주더라도 배열을 필요로 하고, 텐서와 비슷한 배열로 구성됩니다.

```
var inputVal: FloatArray = floatArrayOf(userVal)
```

모델은 인터프리트에 사용될 바이트 스트림을 반환합니다. 모델의 출력 소수값을 받으면 크기가 4바이트입니다. 그래서 결과를 받기 위해 4바이트 **ByteBuffer**를 설정합니다. 바이트를 정렬하는 여러 가지 방법이 있지만 지금은 기본 정렬로 설정하겠습니다.

```
var outputVal: ByteBuffer = ByteBuffer.allocateDirect(4)
outputVal.order(ByteOrder.nativeOrder())
```

추론을 실행하려면 인터프리터의 **run** 메서드를 호출하여 입력값과 출력값을 전달합니다. 입력값으로부터 읽어서 출력값에 기록하게 됩니다.

```
tflite.run(inputVal, outputVal)
```

결과물은 **ByteBuffer**에 담깁니다. 버퍼의 마지막을 가리키는 포인터입니다. 다시 읽어오려면 버퍼의 시작점을 가리키도록 리셋시켜줘야 합니다.

```
outputVal.rewind()
```

이제 부동소수점으로 **ByteBuffer** 내용물을 읽어올 수 있습니다.

```
var inference:Float = outputVal.getFloat()
```

사용자에게 결과를 보여주려면 **AlertDialog**를 사용하면 됩니다.

```
val builder = AlertDialog.Builder(this)
with(builder)
{
    setTitle("TFLite Interpreter")
```

```
    setMessage("Your Value is:$inference")
    setNeutralButton("OK", DialogInterface.OnClickListener {
          dialog, id -> dialog.cancel()
    })
    show()
}
```

이제 애플리케이션을 직접 실행해 보세요! [그림 8-4]처럼 결과를 확인할 수 있을 것입니다. 10이라는 값을 입력하면 모델이 18.984955 추론값을 주고, 이를 경고박스에 출력합니다. 앞에서 이야기한 것처럼 출력값은 조금 다를 수 있습니다. 모델을 학습시키면 신경망은 임의의 숫자로 초기화되어 다른 시작점에서 수렴될 수 있으므로 값이 약간 다를 수 있습니다.

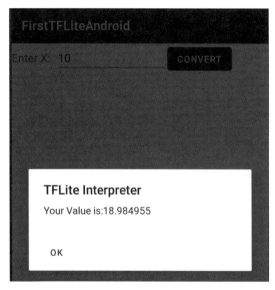

그림 8-4 추론 실행하기

8.6 심화 내용

여태까지 우리가 해 본 것은 아주 간단한 예제입니다. 모델이 입력값 하나를 받아서 출력값 하나를 전달합니다. 이 값들은 모두 **부동소수점** 타입이며, 4바이트 크기입니다. 따라서 각각 바이트 버퍼를 4바이트 생성하고 여기에 값이 들어가게 됩니다. 더 복잡한 데이터를 사용한다면 모델이 예상하는 포맷으로 데이터를 받아야 하는데, 이쪽에서 더 많은 엔지니어링적인 처리가 필요합니다. 이미지 하나로 된 예제를 보겠습니다. 9장에서 모델메이커를 살펴볼 것입니다. **모델메이커**는 이미지 분류와 같은 일반적인 태스크를 위해 안드로이드와 iOS에서 복잡한 TFLite 사용을 추상화 시켜주는 도구입니다. 하지만 일반적인 태스크를 작업할 때도 모델 안팎에서 어떻게 데이터를 관리하는지 살펴보면 좋은 연습이 됩니다.

예를 들어 [그림 8-5]처럼 395 × 500 픽셀의 강아지 이미지가 주어졌다고 생각해 보겠습니다. 이 이미지를 모델이 강아지냐 고양이냐를 구별하는 데 사용할 것입니다. 모델이 어떻게 만들어졌는지 자세히 설명하진 않겠지만, 노트북과 샘플 애플리케이션이 있는 깃허브 저장소가 있습니다. 학습용 코드는 `Chapter8_Lab2.ipynb`[4]에서 확인할 수 있고, 애플리케이션은 'cats_vs_dogs'를 확인하면 됩니다.

그림 8-5 인터프리터를 위한 강아지 이미지

---

4 https://github.com/lmoroney/odmlbook/blob/main/BookSource/Chapter08/Python/Chapter8_Lab2.ipynb

먼저 이미지를 224 × 224로 만듭니다. 이 크기는 모델이 학습될 때 사용됐던 크기입니다. 안드로이드의 **Bitmap** 라이브러리를 통해 크기를 조정할 수 있습니다.

```
val scaledBitmap = Bitmap.createScaledBitmap(bitmap, 224, 224, false)
```

> **NOTE** 여기서는 애플리케이션에서 리소스로 불러온 로우 이미지가 비트맵에 담기게 됩니다. 전체 애플리케이션 프로젝트는 이 책이 제공하는 깃허브 저장소에서 확인할 수 있습니다.

이제 알맞은 크기가 되었으니 안드로이드에서 이미지 구조와 모델이 기대하는 구조를 맞추는 작업이 필요합니다. 앞 장에서 학습시킬 때 이미지를 정규화된 텐서값으로 만들어 넣어줬습니다. 예를 들어 이미지가 (224, 224, 3)라고 한다면 224 × 224가 이미지 크기가 되고, 3은 색 깊이가 됩니다. 모든 값을 0에서 1의 사잇값으로 정규화합니다.

정리하자면, 이미지는 0에서 1 사이의 224 × 224 × 3 부동소수점의 값들로 표현됩니다. 4바이트를 부동소수점으로 만드는 **ByteArray**에 담아두기 위해 다음 코드를 사용하겠습니다.

```
val byteBuffer = ByteBuffer.allocateDirect(4 * 224 * 224 * 3)
byteBuffer.order(ByteOrder.nativeOrder())
```

반면, 안드로이드 이미지는 **ARGB값**의 32비트 정수로 각 픽셀들을 담고 있습니다. 특정 픽셀에 대해 `0x0010FF10` 같은 값처럼 표현합니다. 처음 두 값은 투명도를 나타내는데 지금은 무시해도 괜찮습니다. 나머지 6개의 값은 RGB를 나타냅니다(`0x10`은 빨강을, `0xFF`는 초록을, `0x10`은 파랑을 나타냅니다). 여기서는 R, G, B 채널값을 255로 나눠서 정규화를 했습니다. 빨강은 0.06275, 초록은 1.00000, 파랑은 0.06275가 됩니다.

값을 변환하려면 먼저 비트맵을 224 × 224 크기의 정수 배열을 만들어 픽셀값들을 넣어줍니다. `getPixels` API를 사용하여 값을 채워 넣을 수 있습니다.

```
val intValues = IntArray(224 * 224)

scaledbitmap.getPixels(intValues, 0, 224, 0, 0, 224, 224)
```

안드로이드 개발자 문서[5]에서 더 자세한 getPixels API의 파라미터 설명을 확인할 수 있습니다.

이제 배열을 돌면서 픽셀을 읽고, 정규화된 부동소수값으로 변환합니다. 특정 채널값을 가져오려면 비트 시프팅을 사용하면 됩니다. 앞에서 보았던 0x0010FF10값을 생각해 보겠습니다. 16 비트만큼 오른쪽으로 시프트를 한다면 0x0010이 됩니다(FF10은 버립니다). 그리고 0xFF로 'and' 연산을 하면 마지막 두 자리만 남긴 0x10값이 됩니다. 비슷하게 8비트만큼 오른쪽 시프트를 하면 0x0010FF가 되고, 0xFF로 'and'를 수행합니다. 일반적으로 **마스킹**이라 부르는 이 작업은 픽셀을 구성하는 비트들을 빠르고 쉽게 뽑아줄 수 있습니다. 정수에 **shr 연산**을 수행하여 할 수 있으며, input.shr(16)는 '16만큼 오른쪽으로 시프트해라'는 의미입니다.

```
var pixel = 0
for (i in 0 until INPUT_SIZE) {
    for (j in 0 until INPUT_SIZE) {
        val input = intValues[pixel++]
        byteBuffer.putFloat((((input.shr(16)  and 0xFF) / 255))
        byteBuffer.putFloat((((input.shr(8) and 0xFF) / 255))
        byteBuffer.putFloat((((input and 0xFF)) / 255))
    }
}
```

이전처럼 결과를 담을 배열을 선언해 둬야 합니다. 꼭 ByteArray 일 필요는 없습니다. 사실 결과가 부동소수점이라는 것을 알고 있다면 FloatArray로 선언해도 괜찮습니다. 여기서는 강아지와 고양이를 구별하는 모델이므로 두 개의 레이블을 가집니다. 모델 아키텍처는 출력 레이어에 두 개의 뉴런으로 정의되어 있고, 각각 고양이인지 강아지인지의 정보를 담고 있습니다. 결과를 읽어와서 출력 텐서를 다음처럼 정의할 수 있습니다.

```
val result = Array(1) { FloatArray(2) }
```

두 값으로 구성된 배열을 담은 이중 배열이라는 점을 유념하세요. 파이썬에서 결괏값이 [[1.0 0.0]]였습니다. 여기서도 비슷합니다. Array(1)는 배열을 담고 있는데, 이 배열은 FloatArray(2)의 값이 [1.0 0.0]이 됩니다. 조금 헷갈릴 수 있는데, 텐서플로 애플리케이션

---

[5] https://developer.android.com/reference/android/graphics/Bitmap#getPixels

을 만들다 보면 익숙해질 것입니다! 이전처럼 인터프리터를 실행하기 위해 `interpreter.run`을 사용합니다.

```
interpreter.run(byteBuffer, result)
```

이제 결과가 배열에 담겨있습니다. 배열에는 두 값이 담길 것이고, 각 값은 이미지가 강아지냐 고양이냐에 대한 확률값이 됩니다. [그림 8-6]처럼 **안드로이드 디버거**를 통해 확인해 보면 고양이에 대해서는 0.01 확률이고, 강아지에 대해서는 0.99 확률임을 확인할 수 있습니다.

```
▶  ≡ this = {Classifier@9590}
▶  ≡ bitmap = {Bitmap@9591} "" ... View Bitmap
▶  ⓟ scaledBitmap = {Bitmap@9592} "" ... View Bitmap
▶  ≡ byteBuffer = {DirectByteBuffer@9593} "java.nio.DirectByteBuffer[pos=602112 lim=602112 cap=602112]"
▼  ⓟ result = {float[1][]@9594}
   ▼  ≡ 0 = {float[2]@9599}
         01  0 = 0.012712446
         01  1 = 0.9872875
```

그림 8-6 디버거를 통해 출력값 확인하기

모델을 만드는 것과는 별개로 안드로이드 모바일 애플리케이션을 만들 때 이 부분이 가장 복잡한 부분입니다. 파이썬에서 값을 표현하는 방법이(특히 넘파이로 표현하는 방식이) 안드로이드에서 값을 표현하는 방법과 많이 다릅니다. 그래서 보통 신경망에서 기대하는 입력 데이터 포맷으로 맞추는 변환기를 만들고, 결과를 파싱할 수 있도록 신경망 출력 스킴을 이해하는 작업이 필요합니다.

8.7 TFLite를 사용하는 iOS 애플리케이션 만들기

이전에는 안드로이드에서 간단한 y = 2x − 1 모델을 사용하는 애플리케이션을 만들어 보고 살펴보았습니다. 다음으로 iOS에서 어떻게 하는지 살펴보겠습니다. 개발 도구로 Xcode를 사용해야 하므로 아직 Xcode가 설치되어 있지 않으면 맥의 App Store에서 설치해주세요. Xcode는 iOS 애플리케이션 개발에 필요한 모든 것들을 제공하고, 아이폰과 아이패드 시뮬레이터도 포함하고 있어 실제 기기 없이 iOS 애플리케이션을 만들어 실행해 볼 수 있습니다.

1단계 기본 iOS 애플리케이션 생성하기

Xcode를 열어서 [File] → [New Project]를 선택합니다. Xcode는 어떤 템플릿을 선택할지
물어볼 텐데, 가장 간단한 템플릿인 'Single View App'을 선택하고 다음을 클릭합니다(그림
8-7).

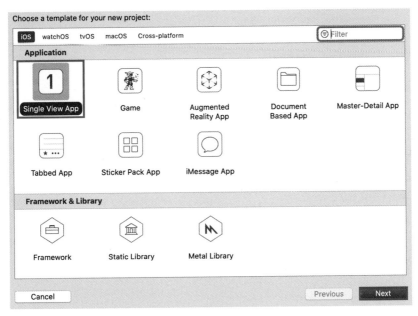

그림 8-7 Xcode에서 새로운 iOS 애플리케이션 프로젝트 생성하기

다음으로 Xcode는 새로운 프로젝트의 이름과 같은 추가 옵션을 물어볼 것입니다. 필자는 프
로젝트 이름을 firstlite라고 정하겠습니다. 'Language'는 [Swift]로 'User Interface'는
[Storyboard]로 선택하세요.

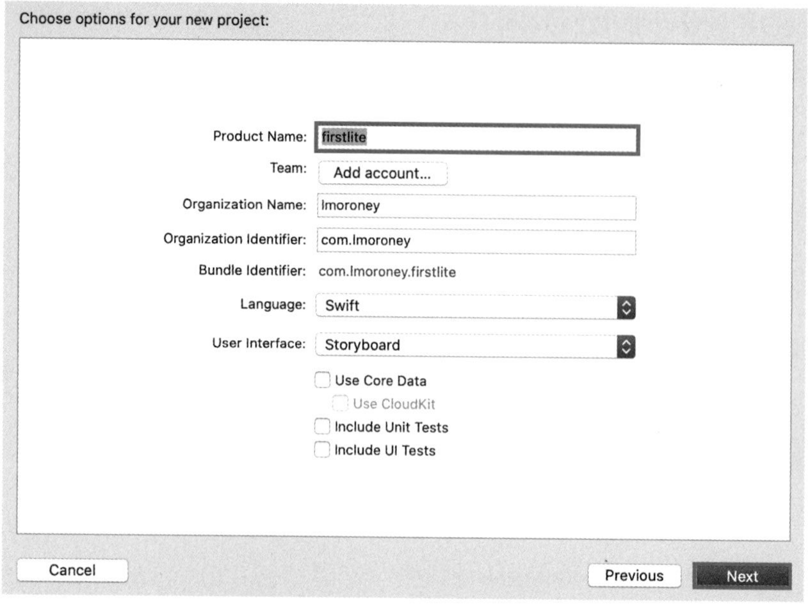

그림 8-8 새 프로젝트를 위해 옵션 선택하기

기본 iOS 애플리케이션 프로젝트 생성을 위해 [Next]를 선택하면 아이폰, 아이패드 시뮬레이터에서 실행해 볼 수 있습니다. 다음으로 프로젝트에 **TFLite 라이브러리**를 추가하겠습니다.

2단계 프로젝트에 TFLite 라이브러리 추가하기

iOS 프로젝트에 외부 라이브러리 의존성을 추가하기 위해 **CocoaPods**[6]을 사용할 수 있습니다. 이것은 애플리케이션에 쉽게 여러 라이브러리를 추가할 수 있게 해주는 의존성 관리 도구입니다. 먼저 Podfile 이름의 명세 파일을 생성합니다. 이 파일에는 프로젝트에 대한 내용과 사용할 의존성들에 대한 내용을 담습니다. 간단한 텍스트 파일의 이름을 Podfile로 해서 만드는데, Xcode가 만들었던 firstlite.xcodeproj와 같은 폴더에 Podfile을 넣습니다. Podfile의 내용은 다음과 같이 구성합니다.

---

6 https://cocoapods.org/

```
# 프로젝트에 전역 플랫폼을 정의하기 위해 아래 라인의 코멘트를 제거하였습니다
platform :ios, '12.0'

target 'firstlite' do
    # ImageClassification을 위한 Pod
    pod 'TensorFlowLiteSwift'
end
```

여기서 중요한 부분은 pod 'TensorFlowLiteSwift'입니다. TensorFlowLiteSwift 라이브러리를 추가한다는 의미입니다.

다음으로 터미널 애플리케이션으로 가서 **Podfile**이 들어 있는 폴더로 이동한 다음 명령을 실행하겠습니다.

```
> pod install
```

의존성들이 다운로드되어 프로젝트에 추가되는데, 이 의존성들은 **Pods**이라 부르는 새로운 폴더에 들어가게 됩니다. [그림 8-9]처럼 **.xcworkspace**도 추가되었을 것입니다. 이후에는 **.xcodeproj**가 아니라 **.xcworkspace**로 프로젝트를 열겠습니다.

그림 8-9 pod install 명령을 실행한 뒤에 파일 구조

이제 기본적인 iOS 애플리케이션 프로젝트가 만들어졌고, TFLite를 위한 의존성을 추가했습니다. 다음은 사용자 인터페이스를 만들어 보겠습니다.

3단계 **사용자 인터페이스 만들기**

Xcode 스토리보드 편집기는 사용자 인터페이스를 만들 수 있게 해주는 시각적 도구입니다. 워크스페이스를 열고 나서 왼쪽에 소스 파일 목록을 확인할 수 있습니다. `Main.storyboard`를 선택해서 **컨트롤 팔레트**를 사용하여 아이폰 화면의 뷰 위에 컴포넌트를 **드래그 앤 드롭**합니다.

컨트롤 팔레트가 안 보인다면 화면 오른쪽 상단에 [+]를 클릭하면 됩니다([그림 8–10]의 표시된 부분). 이것을 이용하여 레이블을 추가하거나, 텍스트를 'Enter a Number.'로 변경할 수 있습니다. 다음으로 다른 레이블을 추가하여 텍스트를 'Result goes here.'로 만듭니다. 버튼을 추가하고 텍스트를 'Go'로 변경합니다. 마지막으로 텍스트필드를 추가합니다. 그리고 [그림 8–10]처럼 비슷하게 화면에 배치하면 됩니다. 예쁘지 않아도 괜찮습니다.

그림 8-10 스토리보드에 컨트롤 추가하기

이제 컴포넌트가 배치되었습니다. 다음으로 코드에서 참조할 수 있도록 만들어 보겠습니다. 스토리보드 용어로 **아웃렛**(콘텐츠를 읽거나 설정할 때 사용)이나 **액션**(컨트롤에 사용자 이벤트가 발생했을 때 코드를 실행할 때 사용)을 사용합니다.

가장 쉽게 연결하는 방법은 Xcode의 분할 화면을 사용하는 방법입니다. 스토리보드를 한쪽에 놓고, `ViewController.swift` 코드를 다른 쪽에 놓습니다. 스플릿 화면 컨트롤을 선택해서 화면 분할을 할 수 있습니다(그림 8–11).

그림 8-11 화면 분할하기

Xcode 화면을 구성하고 나면 드래그 앤 드롭을 이용해 **아웃렛**과 **액션**을 만들 수 있습니다. 우리는 사용자가 텍스트필드에 숫자를 타이핑하고, [Go] 버튼을 누를 수 있게 만들 것입니다.

이 말은 두 컴포넌트에 대해 필요한 내용을 읽어오거나 쓸 수 있어야 한다는 말입니다. 텍스트필드의 내용물을 읽어 사용자가 타이핑한 정보를 가져오고, 결과를 'Results goes here' 레이블에서 보여줄 것입니다. 따라서 우리는 두 개의 아웃렛이 필요합니다. 아웃렛을 생성하려면 [Ctrl]를 누른 채로 스토리보드의 컨트롤을 드래그해서 ViewController.swift 파일에 드롭합니다. 드롭할 때는 클래스 정의 안에 해줘야 합니다. 그러면 [그림 8–12]와 같이 선언을 위한 팝업이 나타납니다.

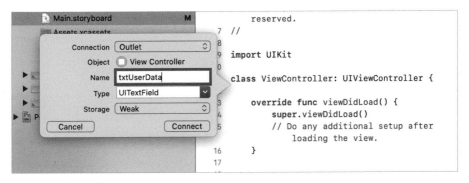

그림 8-12 아웃렛 만들기

'Connection'을 'Outlet'으로 설정하세요. 'Name'은 'txtUserData'라고 넣고 레이블은 txtResult라고 하겠습니다.

다음으로 버튼을 `ViewController.swift`에 드래그 앤 드롭하겠습니다. 이번에는 'Connection'을 'Action'으로 설정하고 'Event'는 'Touch Up Inside'로 설정하겠습니다. [그림 8-13]처럼 버튼 'Name'은 'btnGo'으로 정의합니다.

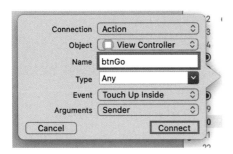

그림 8-13 액션 만들기

이제 `ViewController.swift`는 다음처럼 생기게 됩니다. `IBOutlet`와 `IBAction` 코드가 이전 코드와 달라진 부분입니다.

```
import UIKit
class ViewController: UIViewController {
    @IBOutlet weak var txtUserData: UITextField!
    @IBOutlet weak var txtResult: UILabel!
    @IBAction func btnGo(_ sender: Any) {
    }
    override func viewDidLoad() {
        super.viewDidLoad()
        // 뷰가 로딩되고 나서 추가적으로 설정하는 곳
    }
}
```

다음으로 추론을 실행하는 코드를 만들겠습니다. 비슷한 `ViewController` 로직처럼 같은 스위프트 파일에 두지 않고 분리해서 두겠습니다.

4단계 **모델 추론 클래스 만들고 초기화하기**

UI와 별도로 모델 추론 부분을 만들기 위해서 ModelParser 클래스의 스위프트 파일을 하나 만들겠습니다. 모델로 데이터를 넣고, 추론을 실행하여, 결과를 파싱하는 것까지 담당합니다. Xcode에서 [File] → [New File]을 선택하고 템플릿 타입으로 'Swift File'을 선택합니다(그림 8-14).

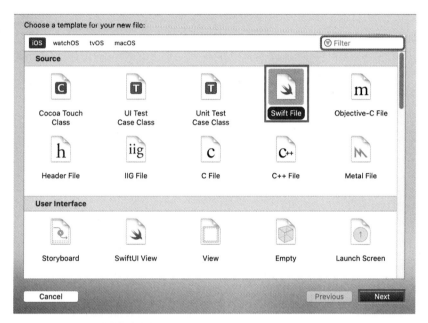

그림 8-14 스위프트 파일 추가하기

ModelParser라고 이름을 입력하고, 타깃으로 firstlite 프로젝트가 체크되어 있는지 확인하세요(그림 8-15).

그림 8-15 프로젝트에 `ModelParser.swift` 파일 추가하기

`ModelParser.swift`를 만들어서 추론용 로직을 구현하겠습니다. 먼저 소스 파일 최상단에 TFLite를 불러옵니다.

```
import Foundation
import TensorFlowLite
```

이 클래스 모델 파일에 `model.tflite`의 참조를 전달합니다(곧 이 파일을 추가할 예정입니다).

```
typealias FileInfo = (name: String, extension: String)
enum ModelFile {
    static let modelInfo: FileInfo = (name: "model", extension: "tflite")
}
```

이러한 **typealiase**와 **enum**은 코드를 더 간결하게 만들어줍니다. 다음으로 인터프리터에 모델을 불러오게 만들어야 하므로 클래스에 `private` 접근제어자로 인터프리터를 선언합니다.

```
private var interpreter: Interpreter
```

스위프트는 객체의 변수들은 **init 생성자**로 초기화할 수 있습니다. 다음 생성자는 두 개의 입력 파라미터를 받도록 정의되었습니다. 처음 `modelFileInfo`는 우리가 정의했던 `FileInfo`

타입입니다. 두 번째 threadCount는 인터프리터를 초기화하는 데 사용하는 스레드 개수입니다. 이것을 1로 설정하겠습니다. 이 생성자로 모델 파일(model.tflite)에 대한 참조를 만들 수 있습니다.

```
init?(modelFileInfo: FileInfo, threadCount: Int = 1) {
    let modelFilename = modelFileInfo.name

    guard let modelPath = Bundle.main.path
    (
        forResource: modelFilename,
        ofType: modelFileInfo.extension
    )
    else {
        print("모델 파일 불러오는데 실패")
        return nil
    }
```

애플리케이션과 에셋을 패키지로 컴파일하면 iOS 용어로 '**번들**^{bundle}'이라 부릅니다. 모델은 번들 안에 들어 있어야 하며, 모델 파일에 대한 경로를 가지고 있어야 불러올 수 있습니다.

```
do
{
    interpreter = try Interpreter(modelPath: modelPath)
}
catch let error
{
    print("인터프리터 생성에 실패")
    return nil
}
```

5단계 추론하기

ModelParser 클래스로 추론을 수행할 수 있습니다. 사용자는 텍스트필드에 글자를 입력하면, 이것을 **부동소수점**으로 변환합니다. 이때 부동소수점을 인자로 받아서 모델에 전달하고, 추론을 실행하고, 결과를 파싱하여, 값을 반환하는 메서드가 필요합니다.

runModel 이름의 메서드를 하나 만들겠습니다. **에러 핸들링**을 위해서 do{로 시작하겠습니다.

```
func runModel(withInput input: Float) -> Float? {
    do{
```

다음으로 인터프리터에 텐서를 **할당**allocate해야 합니다. 여기서 모델을 초기화하고, 추론에 필요한 것들을 준비합니다.

```
try interpreter.allocateTensors()
```

다음으로 입력 텐서를 생성합니다. 스위프트는 Tensor 데이터 타입이 없으므로 UnsafeMutableBufferPointer로 직접 메모리에 데이터를 입력해야 합니다. 이 내용은 애플 공식 문서[7]를 참고해주세요.

타입을 Float으로 지정하고, data라 부르는 주소에서 시작하여 값을 쓸 수 있습니다. 이 방법으로 효율적으로 버퍼에 부동소수점 바이트를 복사할 수 있습니다.

```
var data: Float = input
let buffer: UnsafeMutableBufferPointer<Float> =
        UnsafeMutableBufferPointer(start: &data, count: 1)
```

버퍼에 데이터가 있을 때, 인터프리터의 input 0에 복사해 넣을 수 있습니다. 하나의 입력 텐서만 가지므로 버퍼로 지정하면 됩니다.

```
try interpreter.copy(Data(buffer: buffer), toInputAt: 0)
```

추론을 실행하려면 인터프리터를 **인보크**(실행)invoke합니다.

```
try interpreter.invoke()
```

출력 텐서는 하나만 있으므로 0번째 출력을 가져오면 결과를 얻을 수 있습니다.

```
let outputTensor = try interpreter.output(at: 0)
```

---

7 https://developer.apple.com/documentation/swift/unsafemutablebufferpointer

값을 입력으로 넣을 때랑 비슷하게 **저수준 메모리 접근 방식**으로 **언세이프 데이터**^{unsafe data}로 참조합니다. 일반적인 데이터 타입을 사용하면 메모리상의 위치가 운영체제에 의해 엄격하게 관리되기 때문에 오버플로나 다른 데이터를 덮어쓰지 않습니다. 이렇게 하면 메모리에 직접 데이터를 쓰게 되고, 메모리 경계를 직접 관리해야 하는 위험이 있습니다(이 때문에 **언세이프**라는 용어를 사용합니다).

Float32 배열에 넣으면, 다음처럼 읽어올 수 있습니다.

```
let results: [Float32] =
                [Float32](unsafeData: outputTensor.data) ?? []
```

위 코드는 출력 텐서의 값을 Float32 배열로 복사해 넣겠다는 의미이고, ?? 기호는 만약 Float32 배열 생성에 실패한다면 nil이 반환되는데, 이때 nil을 사용하지 말고 빈 Float32 배열([])을 사용하도록 하는 스위프트 문법입니다. 이 코드가 작동하려면 Array의 **익스텐션**을 구현해야 합니다. 곧 전체 코드를 보여드리겠습니다.

결과를 배열에 받게 되면 첫 번째 값이 결괏값이 됩니다. 만약 첫 번째 값을 가져올 수 없다면 (배열이 빈 배열이라면) nil을 반환합니다.

```
    guard let result = results.first else {
      return nil
    }
    return result
}
```

메서드가 do{로 시작했으므로 에러가 발생하면 **캐치**^{catch}하는 부분을 구현합니다. 여기서는 에러를 받아서 출력하고 nil을 반환합니다.

```
    catch {
        print(error)
        return nil
    }
  }
}
```

마지막으로 ModelParser.swift에 Array 익스텐션을 추가합니다. **언세이프 데이터**를 받아서 배열에 담는 기능이 구현되어 있습니다.

```swift
extension Array {
    init?(unsafeData: Data) {
        guard unsafeData.count % MemoryLayout<Element>.stride == 0
            else { return nil }
        #if swift(>=5.0)
        self = unsafeData.withUnsafeBytes {
          .init($0.bindMemory(to: Element.self))
        }
        #else
        self = unsafeData.withUnsafeBytes {
          .init(UnsafeBufferPointer<Element>(
            start: $0,
            count: unsafeData.count / MemoryLayout<Element>.stride
          ))
        }
        #endif  // swift(>=5.0)
    }
}
```

TFLite 모델을 사용할 때 직접 부동소수점으로 파싱할 때 유용하게 사용할 수 있는 헬퍼 기능입니다. 모델을 파싱하는 클래스 구현이 끝났습니다. 다음으로 애플리케이션에 모델을 추가하도록 하겠습니다.

6단계 애플리케이션에 모델 추가하기

애플리케이션 프로젝트에 모델을 추가할 models 폴더를 만듭니다. Xcode에서 firstlite 폴더를 마우스 오른 클릭 하고, [New Group]을 선택합니다(그림 8-16). 그룹의 이름을 models라고 하겠습니다.

이 장의 앞부분에서 y = 2x − 1 데이터를 학습시켰던 모델을 가져옵니다. 모델이 없다면 이 책이 제공하는 깃허브 저장소[8]에서 가져오세요.

----

8 옮긴이_ https://github.com/tucan9389/odmlbook/blob/main/BookSource/Chapter08/ios/firstlite/firstlite/models/
   model.tflite

Xcode 프로젝트의 models 그룹에 model.tflite를 드래그 앤 드롭하여 추가합니다. 'Copy items if needed'를 선택하고 타깃으로 'firstlite'를 선택하세요(그림 8-17).

그림 8-16 애플리케이션에 새 그룹 추가하기

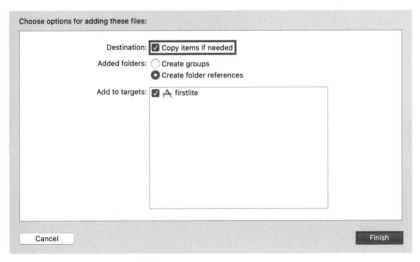

그림 8-17 애플리케이션에 모델 추가하기

프로젝트에 모델을 추가하고 나면 이제 런타임에서 추론할 수 있는 준비가 되었습니다. 마지막으로 사용자 인터페이스 로직을 완성하면 모든 준비가 끝납니다.

앞에서 우리는 스토리보드를 통해 UI를 구성했고, `ViewController.swift`를 수정하여 UI 로직을 구현했습니다. 대부분의 추론 작업이 `ModelParser` 클래스에 위임되었으므로 UI 로직 자체는 굉장히 가벼워질 수 있습니다.

`ModelParser` 클래스의 인스턴스를 선언하여 `private` 접근제어자를 추가합니다.

```
private var modelParser: ModelParser? =
    ModelParser(modelFileInfo: ModelFile.modelInfo)
```

앞에서 우리는 버튼에 `btnGo`라 부르는 액션을 생성했습니다. 이 메서드는 사용자가 버튼을 터치하면 호출됩니다. 사용자 액션이 호출될 때 `doInference` 메서드가 호출되도록 변경하겠습니다.

```
@IBAction func btnGo(_ sender: Any) {
    doInference()
}
```

다음으로 **doInference** 메서드를 구현합니다.

```
private func doInference() {
```

사용자가 데이터를 입력할 텍스트필드의 이름은 **txtUserData**입니다. 입력된 값을 읽어옵니다. 만약 빈 문자라면 결괏값을 0.00으로 보여주겠습니다.

```
guard let text = txtUserData.text, text.count > 0 else {
    txtResult.text = "0.00"
    return
}
```

입력된 값을 잘 읽어왔다면 부동소수점 타입으로 변환합니다. 변환에 실패하면 **얼리 리턴**으로 메서드를 종료합니다.

```
guard let value = Float(text) else {
    return
}
```

코드가 이 지점까지 도달했다면 입력값을 전달하여 모델을 실행할 수 있습니다. ModelParser
가 나머지 작업을 하게 되고, 결괏값 혹은 nil 중 하나를 반환합니다. 결과가 nil이라면 얼리
리턴으로 메서드를 빠져나옵니다.

```
guard let result = self.modelParser?.runModel(withInput: value) else {
    return
}
```

마지막으로, 이 지점까지 도달했다면 이제 결괏값을 가지고 있습니다. 결괏값(float)을 문자열
로 변환하여 txtResult 레이블에 불러옵니다.

```
txtResult.text = String(format: "%.2f", result)
```

이제 끝입니다! 모델을 불러오고, 추론하는 복잡한 과정은 ModelParser 클래스가 수행하므로
ViewController는 가볍게 유지할 수 있습니다. 다음 코드는 전체 코드입니다.

```
import UIKit

class ViewController: UIViewController {
    private var modelParser: ModelParser? =
        ModelParser(modelFileInfo: ModelFile.modelInfo)
    @IBOutlet weak var txtUserData: UITextField!

    @IBOutlet weak var txtResult: UILabel!
    @IBAction func btnGo(_ sender: Any) {
        doInference()
    }
    override func viewDidLoad() {
        super.viewDidLoad()
       // 뷰가 로딩되고 나서 추가적으로 설정하는 곳
    }
    private func doInference() {
```

```swift
        guard let text = txtUserData.text, text.count > 0 else {
            txtResult.text = "0.00"
            return
        }
        guard let value = Float(text) else {
            return
        }
        guard let result = self.modelParser?.runModel(withInput: value) else {
            return
        }
        txtResult.text = String(format: "%.2f", result)
    }

}
```

이제 애플리케이션에 필요한 모든 것을 구현했습니다. [그림 8-18]처럼 시뮬레이터 **텍스트필드**에 직접 숫자를 입력하고 **버튼**을 눌러 결과가 잘 나타나는지 확인해 보세요.

간단한 애플리케이션에 비해 긴 여정이었지만, TFLite 작동 방식을 이해하는 데 좋은 예제가 되었을 것입니다. 이번 과정을 통해 우리가 배운 것은 다음과 같습니다.

- pods을 이용하여 TFLite 의존성 추가하기
- 애플리케이션 프로젝트에 TFLite 모델 추가하기
- 인터프리터에 모델 로드하기
- 입력 텐서에 접근하고 메모리에 직접 기록하기
- 출력 텐서를 통해 메모리값을 읽어오고 부동소수점 배열 같은 고수준 자료구조에 결과 복사하기
- 스토리보드와 뷰컨트롤러로 사용자 인터페이스와 연동하기

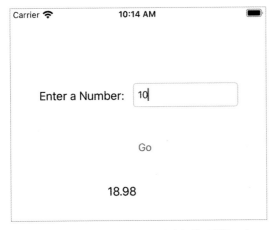

그림 8-18 아이폰 시뮬레이터로 애플리케이션을 실행한 모습

다음 절에서는 간단한 시나리오를 넘어 조금 더 복잡한 데이터를 다뤄 보도록 하겠습니다.

8.8 'Hello World'를 넘어: 이미지 처리하기

앞의 예제를 통해 아주 간단한 인터페이스와 TFLite로 애플리케이션을 만들어 보았습니다. 간단한 애플리케이션이라도 **저수준 비트와 바이트**를 다뤄야 하기 때문에 데이터를 모델에 넣고 모델 출력을 파싱하는 과정이 다소 덜 직관적일 수 있습니다. 여기서 좋은 소식은 이미지 처리 같은 다소 복잡한 태스크에 대해서는 오히려 비교적 쉬운 방법을 제공하고 있다는 점입니다.

강아지와 고양이를 구별하는 모델을 생각해 보겠습니다. 이번 절에서는 학습된 모델로 iOS 애플리케이션을 만들 텐데, 주어진 이미지가 강아지인지 고양이인지 추론하여 판단할 수 있는 애플리케이션을 만들어 보겠습니다. 애플리케이션의 전체 코드는 이 책이 제공하는 깃허브 저장소[9]에서 확인할 수 있으며, 학습과 TFLite 변환 내용의 **코랩** 노트북[10]을 참고하세요.

---

9 옮긴이_ https://github.com/tucan9389/ondevice-ml-book/tree/main/BookSource/Chapter08/ios/cats_vs_dogs

10 옮긴이_ https://github.com/tucan9389/ondevice-ml-book/blob/main/BookSource/Chapter08/Python/Chapter8_Lab2. ipynb

먼저 이미지 텐서는 너비, 높이, 색 깊이의 세 가지 차원으로 구성됩니다. 예를 들어 강아지인지 고양이인지 판단하는 모델로 **MobileNet** 아키텍처를 사용할 때는 $224 \times 224 \times 3$ 차원을 사용합니다. 각 이미지가 224×224 픽셀에 색 깊이로 3개의 채널을 가지게 됩니다. 각 픽셀은 정규화 이후에 0에서 1의 사잇값이 됩니다. 이 값들은 빨강, 초록, 파랑 채널별로 픽셀의 강도를 나타냅니다.

iOS에서 이미지는 보통 `UIImage` 클래스를 사용합니다. 이 클래스에는 `pixelBuffer` 프로퍼티로 이미지의 픽셀 버퍼를 얻을 수 있습니다.

`CoreImage` 라이브러리에 `CVPixelBufferGetPixelFormatType` API를 사용하면 픽셀 버퍼 타입을 얻을 수 있습니다.

```
let sourcePixelFormat = CVPixelBufferGetPixelFormatType(pixelBuffer)
```

결과는 일반적으로 알파(투명도), 빨강, 초록, 파랑 채널이 있는 32비트 이미지입니다. 그러나 이 채널들의 순서는 매번 다를 수 있습니다. 이미지를 다른 포맷으로 저장하면 다음 코드가 작동하지 않게 되므로 우리가 원하는 포맷 중 하나인지 확인해야 합니다.

```
assert(sourcePixelFormat == kCVPixelFormatType_32ARGB ||
    sourcePixelFormat == kCVPixelFormatType_32BGRA ||
    sourcePixelFormat == kCVPixelFormatType_32RGBA)
```

원하는 포맷이 정사각형인 224×224이므로, 가장 좋은 방법은 `centerThumbnail` 프로퍼티를 사용해서 중앙에서부터 가장 큰 정사각형으로 이미지를 자르고 224×224 크기로 축소하는 것입니다.

```
let scaledSize = CGSize(width: 224, height: 224)
guard let thumbnailPixelBuffer =
        pixelBuffer.centerThumbnail(ofSize: scaledSize)
        else {
            return nil
        }
```

그러면 224×224 크기의 이미지를 얻을 수 있습니다. 그런 다음 알파 채널을 제거합니다.

모델이 $224 \times 224 \times 3$으로 학습되었으므로 마지막 3은 RGB채널을 의미하며 알파 채널은 필요 없습니다.

이제 **픽셀 버퍼**를 가졌으니 여기서 **RGB 데이터**를 추출해야 합니다. 헬퍼 메서드로 필요 없는 알파 채널을 찾고 잘라내 버릴 수 있습니다.

```swift
private func rgbDataFromBuffer(_ buffer: CVPixelBuffer,

                              byteCount: Int) -> Data? {

    CVPixelBufferLockBaseAddress(buffer, .readOnly)
    defer { CVPixelBufferUnlockBaseAddress(buffer, .readOnly) }
    guard let mutableRawPointer =
        CVPixelBufferGetBaseAddress(buffer)
        else {
            return nil
        }

    let count = CVPixelBufferGetDataSize(buffer)
    let bufferData = Data(bytesNoCopy: mutableRawPointer,
                        count: count, deallocator: .none)

    var rgbBytes = [Float](repeating: 0, count: byteCount)
    var index = 0

    for component in bufferData.enumerated() {
        let offset = component.offset
        let isAlphaComponent =
            (offset % alphaComponent.baseOffset) ==
        alphaComponent.moduloRemainder

        guard !isAlphaComponent else { continue }

        rgbBytes[index] = Float(component.element) / 255.0
        index += 1
    }

    return rgbBytes.withUnsafeBufferPointer(Data.init)

}
```

다음 코드는 Data 타입의 익스텐션으로 구현했으며, 배열이 들어왔을 때 로우 바이트로 복사합니다.

```
extension Data {
    init<T>(copyingBufferOf array: [T]) {
        self = array.withUnsafeBufferPointer(Data.init)
    }
}
```

이제 rgbDataFromBuffer로 만들었던 **썸네일 픽셀 버퍼**를 전달할 수 있습니다.

```
guard let rgbData = rgbDataFromBuffer(
        thumbnailPixelBuffer,
        byteCount: 224 * 224 * 3
        ) else {
            print("이미지버퍼를 RGB 데이터로 변환하는데 실패")
            return nil
        }
```

여기서는 모델에 맞는 RGB 데이터를 가지고 있으며, 직접 입력 텐서에 복사하면 됩니다.

```
try interpreter.allocateTensors()
try interpreter.copy(rgbData, toInputAt: 0)
```

인터프리터를 인보크(실행)하고 출력 텐서를 읽어옵니다.

```
try interpreter.invoke()
outputTensor = try interpreter.output(at: 0)
```

여기서 두 값으로 구성된 부동소수점 배열을 가지게 되는데, 첫 번째 값은 이 이미지가 고양이 일 확률을, 두 번째 값은 강아지일 확률을 나타냅니다. 앞에서 봤던 것과 같습니다. 이전에 만들었던 배열 익스텐션을 사용하겠습니다.

```
let results = [Float32](unsafeData: outputTensor.data) ?? []
```

이번에는 조금 더 복잡한 예제라 했더라도 동일한 디자인 패턴을 가집니다. 모델 구조를 이해하고, 로우 입력과 출력 포맷을 이해해야 합니다. 그리고 모델에 맞는 입력 데이터 구조를 만들어야 합니다. 버퍼에 쓰는 로우 바이트로 처리하거나, 배열을 사용하여 시뮬레이션해야 합니다. 그런 다음 모델에서 나오는 바이트 로우 스트림을 읽고 자료구조로 만들어야 합니다. 출력 관점에서 보면 이번 장에서 봤던 부동소수점 배열을 사용하는 것과 거의 비슷한 패턴입니다. 우리가 구현했던 헬퍼 코드로 대부분의 과정을 수행할 수 있습니다.

11장에서 이 예제에 대한 더 자세한 내용을 확인해 보겠습니다.

8.9 모델 최적화 살펴보기

TFLite는 **양자화**quantization 같은 데이터 표현뿐만 아니라 처리에서도 모델 최적화할 수 있는 도구를 제공합니다. 이번 절에서 살펴보겠습니다.

8.9.1 양자화

모델이 기본으로 float32로 사용하지만 실제로 사용하는 범위는 float32의 전체 범위보다 훨씬 작은 범위라는 점에서 양자화 기법이 사용됩니다. 하나의 예시로 [그림 8–19]를 살펴보겠습니다.

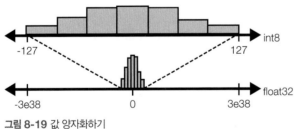

그림 8-19 값 양자화하기

이 경우는 아래쪽 다이어그램이 특정 뉴런이 값을 가질 수 있는 분포의 히스토그램을 나타냅니다. 이 값들은 정규화되어 있어서 0 주변에 분포해있지만, 뉴런의 최솟값은 float32의 최솟값보다 훨씬 크고, 뉴런의 최댓값이 float32의 최댓값보다 훨씬 작습니다. 만약 이 '빈 공간' 대신에 히스토그램의 훨씬 작은 범위로 변환할 수 있으면 어떨까요? −127부터 +127의 범위로 실제 뉴런값들을 매핑시켜서 말입니다. 이렇게 할 수 있으면 훨씬 작은 크기로 값을 표현할 수 있게 될 수 있지만, 정확도가 떨어질 위험이 있습니다. 이런 방법의 연구에서는 정확도가 다소 떨어지긴 하지만 그 차이는 아주 작으며, 모델 크기를 줄이는 점과 추론 시간까지 줄여주는 이점이 위험을 감수할 만큼 크다고 말합니다.

float32의 4바이트 대신 1바이트 (256값)으로 값의 범위를 만들 수 있습니다. 보통 신경망은 10만(100k) 개에서 100만(1m) 개의 파라미터를 가지는데, 파라미터의 저장 공간을 1/4로 만들어도 상당한 시간 절약이 가능합니다.

> **NOTE** 또한, float32 대신 int8에서 최적화 가능한 하드웨어를 사용하여, 하드웨어 관점에서 추가적인 추론 시간 이점을 얻을 수 있습니다.

이 과정을 **양자화**라 부르며, TFLite도 양자화를 지원합니다. 어떻게 작동하는지 살펴보겠습니다.

양자화에는 여러 가지 방법이 있습니다. 훈련 중 양자화(모델이 학습하는 동안에도 양자화를 고려하는 방식), 프루닝(모델을 단순하게 하기 위해 필요 없는 연결을 끊는 방식), 훈련 후 양자화(이번 절에서 다룰 방식)가 있습니다.

이번 장의 소스코드는 Chapter8_Lab2.ipynb 이름의 노트북[11]에 강아지와 고양이를 구별하는 신경망 학습 코드가 있습니다. 이 노트북을 실행해서 함께 진행하기를 강력히 권장합니다. **코랩**[12]을 사용해서 접근할 수 있으며, **파이썬 환경**이나 **주피터 노트북 환경**에서도 실행할 수 있습니다.

양자화 과정을 거치면 모델의 요약이 다음과 같이 출력되는 것을 확인할 수 있습니다.

```
Layer (type)                    Output Shape                    Param #
keras_layer (KerasLayer)        (None, 1280)                    2257984
---------------------------------------------------------------------------
```

---

[11] 옮긴이_ https://github.com/tucan9389/ondevice-ml-book/blob/main/BookSource/Chapter08/Python/Chapter8_Lab2.ipynb

[12] https://colab.research.google.com/

```
dense (Dense)                        (None, 2)                        2562
=================================================================================
Total params: 2,260,546
Trainable params: 2,562
Non-trainable params: 2,257,984
```

로그를 보면 파라미터 수가 2백만 개가 넘습니다. 2백만 개의 파라미터는 float32 기준 8MB가 될 텐데, 양자화로 각 파라미터마다 3바이트를 줄일 경우 6MB를 줄일 수 있습니다!

이제 모델을 어떻게 양자화하는지 살펴보겠습니다. 이미 앞에서 저장했던 모델로 변환기 사용법을 살펴보았기 때문에 굉장히 쉽습니다.

```
converter = tf.lite.TFLiteConverter.from_saved_model(CATS_VS_DOGS_SAVED_MODEL)
```

변환하기 전에 변환기에 최적화 파라미터를 설정해줄 수 있습니다. 원래는 세 가지 타입의 최적화 방법이 있었지만, 다른 타입들은 사용이 중지되었고(deprecated) 현재는 default 양자화만 사용할 수 있습니다.

호환성을 위해 메서드 시그니처는 유지되지만, 현재는 한 옵션(Default)만 사용할 수 있습니다.

```
converter.optimizations = [tf.lite.Optimize.DEFAULT]
```

최적화하지 않은 강아지 고양이 판별 모델은 8.8MB이지만, 최적화를 적용하면 2.6MB로 크기가 줄어 용량을 절약할 수 있습니다!

최적화가 모델 성능에 어떤 영향을 미치는지도 궁금할 것입니다. 다음으로는 모델 크기에 따른 정확도 검증해 보겠습니다.

노트북에 여러분이 직접 실행해 볼 수 있는 코드가 있습니다. 필자가 측정해 보았을 때는 최적화되지 않은 모델이 코랩에서 초당 37회 추론이 가능한 반면, 작아진 모델은 초당 16회 추론이 가능했습니다. 코랩은 부동소수점에 최적화돼 있기 때문입니다. GPU 없이는 속도가 절반으로 줄긴 하지만, 이미지 분류 관점에서는 여전히 유의미한 속도이며, 이번 이미지 분류 문제에서 이 정도의 성능이 필요하진 않습니다.

더 중요한 점은 정확도입니다. 필자가 100장의 이미지로 테스트해 보았을 때, 최적화되지 않은 모델이 99장 맞췄고, 최적화된 모델이 94장 맞췄습니다. 여기서 우리는 정확도를 희생하고 크기를 줄일지 말지를 결정해야 합니다. 독자 여러분의 모델로 직접 실험하며 결정해 보세요. 이절에서 필자가 사용한 양자화는 기본 양자화임을 유념하세요. 정확도에 영향이 적게 미치면서모델 크기를 줄이는 다른 방법들도 있으니 모두 살펴보는 것이 좋습니다. 다음으로는 **대표 데이터**representative data 사용으로 넘어가겠습니다.

8.9.2 대표 데이터 사용하기

앞의 예제에서 float32를 int8로 줄이고, '빈 공간'을 제거함으로써 양자화하는 방법을 보여드렸습니다. 하지만 이 알고리즘은 데이터가 일관되게 0 주변에 퍼져 있음을 가정했습니다. 하지만 이 가정은 여러분의 테스트셋이나 실제 데이터가 이렇게 분포하지 않기 때문에 실제론 정확도 손실이 일어날 것입니다. 우리는 이전에 작은 테스트셋에서 0.99 정확도가 0.94로 떨어지는 것도 확인했습니다.

지금 소개하는 최적화 방법은 최적화 과정에서 데이터셋에서의 대표적인 데이터를 제공하여, 대표적인 데이터 타입에 맞게 신경망의 최적화하므로 모델은 보다 더 정확하게 예측할 수 있습니다. 이 최적화에서 데이터셋으로부터 추가 정보만 가지고 모든 값을 float32에서 int8로 변환하지 않기 때문에 크기가 조금 더 클 순 있습니다. 앞에 소개했던 최적화 방법과 여기서 정확도와 크기의 **트레이드오프**를 찾아볼 수 있을 것입니다.

꽤 간단하게 해 볼 수 있습니다. 대표 데이터로 데이터의 부분셋을 만듭니다.

```python
def representative_data_gen():
    for input_value, _ in test_batches.take(100):
        yield [input_value]
```

그런 다음 변환기에 대표 데이터셋을 지정합니다.

```python
converter.representative_dataset = representative_data_gen
```

마지막으로 ops를 지정합니다. 우리는 일반적으로 빌트인 **INT8**를 사용합니다.

```python
converter.target_spec.supported_ops = [tf.lite.OpsSet.TFLITE_BUILTINS_INT8]
```

집필하는 시점 기준으로 지원 ops 선택의 전체 셋은 실험적인 단계입니다. 세부적인 내용은 텐서플로 공식 홈페이지[13]에서 확인해 보세요.

이 과정에서 변환을 하고 나면 앞에서 했던 최적화 방법에 비해 모델의 크기가 약간 증가했을 것입니다(2.9MB이지만, 8.9MB에 비하면 여전히 작은 크기입니다). 반면 추론 속도는 가파르게 줄었을 것입니다(1초당 1번). 하지만 모델 정확도가 0.98로 개선되어 최적화 후에도 기존 모델과 비슷한 정확도를 보입니다.

모델 최적화 관련 더 많은 기법과 다양한 결과들은 다음 링크[14]에서 확인해 보세요.

직접 실험해 보세요. **코랩 환경**이 많이 바뀔 수 있어서 필자의 결과와 다소 다를 수 있습니다. 특히 여러분이 다른 모델을 사용했다면 더욱 그렇습니다. 더 적절한 결과를 도출하기 위해 더 많이 해 보고 결과를 확인해서 추론 속도와 정확도가 어떻게 되는지 살펴보기를 강력히 추천합니다.

8.10 마치며

이번 장에서는 TFLite를 소개하고, 파이썬으로 학습된 모델을 안드로이드나 iOS로 가져오는 방법을 살펴보았습니다. 이런 모델을 사용하여 안드로이드/코틀린 혹은 iOS/스위프트 애플리케이션을 만들기 전에 모바일 환경을 고려해 크기를 줄이고 최적화해주는 변환 스크립트와 툴체인을 보았습니다. 단순한 모델을 넘어, 모바일 환경의 표현에서 텐서플로 모델에서의 텐서 기반 표현으로 데이터를 변환할 때 애플리케이션 개발자가 고려해야 하는 것들도 살펴보았습니다. 마지막으로 직접 모델을 최적화하고 크기를 줄이는 방법을 살펴보았습니다. 이후 9장에서는 'Hello World'보다 좀 더 복잡하고 최신의 모델을 만들어 보고, 10장, 11장에서는 안드로이드와 iOS에서 사용하는 방법을 다루겠습니다.

---

13 https://www.tensorflow.org/api_docs/python/tf/lite/OpsSet
14 https:// www.tensorflow.org/lite/performance/model_optimization

## CHAPTER 9

커스텀 모델 만들기

지금까지는 이미지 레이블링, 객체 탐지, 개체명 추출 등에 즉시 사용할 수 있는 모델의 활용법을 배웠습니다. 다양한 응용 주제였지만, 아직 여러분만의 모델을 만들고 사용하는 법을 배우지는 못했습니다. 이 장에서는 모델을 직접 만드는 세 가지 경우를 다룹니다. 그리고 10장과 11장에서는 여기서 만든 모델을 안드로이드와 iOS에서 사용하는 법을 다룹니다.

밑바닥에서부터 모델을 만드는 것은 쉽지 않으며 시간이 많이 소요되는 일입니다. 흔히 순수 텐서플로를 사용하여 개발되어야 하는 영역이며, 필자가 쓴 『개발자를 위한 머신러닝&딥러닝』(한빛미디어, 2022)을 포함해 여러 머신러닝 책이 다루는 주제이기도 합니다. 하지만 완전히 밑바닥에서부터 모델을 만들 계획이 아니거나, 또 특히 모바일 애플리케이션에 집중하는 경우라면, 유용한 도구를 활용할 수 있습니다. 이 장에서 우리는 그중 세 가지 도구의 사용법을 살펴봅니다.

- **모델메이커**Model Maker가 지원하는 시나리오에 꼭 들어맞는 애플리케이션을 개발한다면, TFLite 모델메이커를 좋은 해결책으로 활용할 수 있습니다. 포괄적으로 모든 종류의 모델을 만들 수 있는 도구는 아니지만 이미지 분류, 객체 탐지 등 일반적으로 많이 쓰이는 모델의 개발을 지원합니다. 거의 코딩 없이도 신경망을 개발할 수 있기 때문에, 최소한의 코드로 시작하고 싶을 때 선택하기 좋은 도구입니다.
- 클라우드 솔루션인 **AutoML** 도구로 모델을 생성하는 방법입니다. 특히 작성, 유지/보수할 코드양을 최소화하는 데 유용합니다. 일반적으로 많이 쓰이는 모델만을 지원하며, 이보다 더 개인적인 커스텀 모델을 만들고 싶다면 직접 코딩을 해야 한다는 점은 TFLite 모델메이커와 유사합니다.
- **텐서플로**와 **전이 학습**으로 모델을 생성합니다. 밑바닥에서부터 모델을 쌓아 올리는 것은 아니지만, 이미

존재하는 모델의 일부는 재활용하고 다른 일부는 목적에 맞게 변형하는 방식으로 모델을 만들 수 있습니다. 어느 정도 실제 신경망을 직접 코딩해야 할 수 있습니다. 딥러닝 모델을 만드는 분야에 뛰어들고 싶다면, 매우 좋은 시작점이 될 수 있습니다. 복잡한 부분은 이미 대부분 구현되어 있는 것을 그대로 활용하고 나만의 아이디어를 얹는 방식이기 때문에, 유연하게 새로운 타입의 모델을 만들어낼 수 있습니다.

전이 학습을 사용하지만, iOS에서만 쓸 수 있는 **Create ML**이라는 또 다른 도구도 있습니다. 이 방법은 이후 13장에서 살펴봅니다. 또한 모델 그 자체도 보지만, 모델의 결과를 해석하는 데 필요한 매핑 테이블(혹은 단어장)^{dictionary} 등 모델에 대한 메타데이터도 파악해야만 하는 언어 모델을 다루는 방법도 함께 살펴봅니다. 다만 당장은 순조로운 시작을 위해 비교적 간단한 TFLite 모델메이커를 살펴보겠습니다.

9.1 TFLite 모델메이커로 모델 만들기

TFLite 모델메이커는 이미지 분류를 위해 만들어진 도구이며, 단 네 줄의 코드만으로 기본 모델을 만들 수 있습니다. 그리고 안드로이드 스튜디오가 모델메이커로 만든 모델을 직접 지원하기 때문에, 우리가 직접 **assets** 폴더를 만드는 등의 부가적인 작업이 줄어듭니다. 또한 즉시 사용할 수 있는 코드도 함께 생성해주죠. 주로 안드로이드의 데이터를, 모델이 원하는 텐서 형식으로 변환하는 게 어려운데, TFLite 모델메이커는 자동으로 코드가 생성되기에 이 작업을 비교적 쉽게 다룰 수 있습니다. 모델메이커로 만든 모델이 얼마나 쉽게 활용될 수 있는지는 10장에서 다룹니다. 한편 이 책을 쓴 시점의 Xcode는 이와 유사한 기능을 제공하지 않았습니다. 따라서 모델메이커로 만든 모델을 iOS 애플리케이션에서 사용하려면 모델로의 입/출력 데이터를 다루는 코드를 직접 작성해야만 합니다. 이것은 11장에서 몇 가지 예제 코드를 통해 확인하겠습니다.

모델메이커로 모델을 만들기란 꽤 간단합니다. 이 작업은 파이썬으로 진행되며, 여기서 진행되는 내용을 기록한 주피터 노트북 파일은 이 책이 제공하는 깃허브 저장소에서 확인할 수 있습니다.

먼저 `tflite-model-maker` 패키지를 설치합니다.

```
!pip install -q tflite-model-maker
```

설치를 완료하면 텐서플로, 넘파이, TFLite 모델메이커가 제공하는 다양한 모듈을 사용할 수 있습니다.

```
import numpy as np
import tensorflow as tf
from tflite_model_maker import configs
from tflite_model_maker import ExportFormat
from tflite_model_maker import image_classifier
from tflite_model_maker import ImageClassifierDataLoader
from tflite_model_maker import model_spec
```

모델을 학습시키려면 우선 데이터가 필요합니다. 폴더에 저장된 이미지 목록이 될 수도 있고, **텐서플로 데이터셋**TensorFlow Datasets **(TFDS)** 형식이 될 수도 있습니다. 여기서 살펴볼 예제는 다섯 종류의 꽃 이미지를 데이터로 사용합니다. 해당 데이터를 다운로드한 뒤 압축을 해제하면, 각 꽃 종류마다 하위 폴더가 생성됩니다.

다음은 이를 수행하는 코드입니다. 여기서 **url**은 꽃 이미지의 압축파일 주소를 가리킵니다. 그리고 압축파일을 다운로드하고 압축을 해제하는 데는 **tf.keras.utils** 라이브러리가 쓰였습니다.

```
image_path = tf.keras.utils.get_file('flower_photos.tgz',
                                      url, extract=True)

image_path = os.path.join(os.path.dirname(image_path), 'flower_photos')
```

다운로드된 내역은 다음 코드로 살펴볼 수 있습니다.

```
os.listdir(image_path)
```

그러면 해당 경로 내 포함된 내용물 목록이 다음처럼 출력됩니다.

```
['roses', 'daisy', 'dandelion', 'LICENSE.txt', 'sunflowers', 'tulips']
```

모델메이커는 각 하위 폴더 이름을 레이블로 삼아 분류 모델을 학습시킵니다. 이미지 분류에서는 학습용 데이터에 레이블이 매겨져 있어야 하고(각 이미지가 데이지, 장미, 해바라기 중 무엇인지), 신경망은 각 이미지를 레이블에 대응시켜 특징을 구분하는 능력을 학습하게 됩니다. 레이블이 매겨진 이미지들 사이의 다른 점을 '파악하는 능력'을 학습해 나가는 것이죠. 이렇게 학습된 모델은 "이런 특징을 보면, 그것은 해바라기예요. 그리고 저러한 특징을 보면, 그것은 민들레예요"라고 말할 수 있는 능력을 얻게 되는 것과 유사합니다.

한편 모든 데이터를 모델 학습에만 사용해서는 안 됩니다. 별도로 일부 데이터를 빼놓고, 모델이 학습 때 보지 못한 꽃 이미지들까지도 정규화해서 이해할 수 있는지, 특정 상황에만 **과적합**된 것은 아닌지를 확인해 봐야 합니다. 약간은 추상적으로 들릴 수도 있겠네요. 좀 더 구체적인 예를 들어 보죠. 아직 본 적 없는 장미 이미지를 인식하는 모델을 만들고 싶다면, 모델을 학습시킨 당시의 이미지들만으로는 힘들 것입니다. 이 상황을 성공적으로 이끄는 간단한 기법은 데이터의 일부로 모델을 학습시키는 것입니다(예: 90%). 그러면 나머지 10%는 모델이 학습되던 당시에는 본 적이 없는 데이터가 되겠죠. 즉, 그 10%의 데이터가 모델이 미래에 분류해야 할 실제 데이터를 대표할 수 있도록 구성하는 것으로, 모델이 얼마나 더 일반적이고 효과적인지를 잘 측정할 수 있는 수단을 만들어 두는 것입니다.

데이터를 분할하려면 폴더에서 모델메이커의 데이터 로더를 생성해야 합니다. 모든 이미지는 image_path 경로에 들어 있기 때문에, ImageClassifierDataLoader 클래스의 from_folder 메서드로 쉽게 데이터셋을 만들고, 그다음 split 메서드로 데이터를 분할할 수 있습니다. 전체 이미지 중 90%를 train_data, 나머지 10%를 test_data에 담고 싶은 경우, 다음과 같이 코드를 작성합니다.

```
data = ImageClassifierDataLoader.from_folder(image_path)
train_data, test_data = data.split(0.9)
```

그러면 다음과 같은 출력을 얻습니다. 여기서 **3,670**은 학습에 사용되는 것이 아니라, 데이터셋을 구성하는 전체 이미지 수입니다. 그리고 레이블 수(num_label)는 분류할 레이블 종류의 개수를 의미하죠. 즉, 여기서는 다섯 종류의 꽃에 따라 이미지에 레이블을 부여했기 때문에 5가 출력되었습니다.

```
INFO:tensorflow:Load image with size: 3670, num_label: 5,
labels: daisy, dandelion, roses, sunflowers, tulip
```

이제 모델 학습을 위해 남은 일은 **image_classifier**가 제공하는 **create** 메서드를 호출하는 것입니다.

```
model = image_classifier.create(train_data)
```

매우 간단해 보이죠. 왜냐하면 모델의 구조를 정의하고, 이미 존재하는 모델로 전이 학습을 설정하고, 손실함수$^{\text{loss function}}$와 옵티마이저를 지정하고, 학습을 수행하는 모든 과정이 **image_classifier** 개체 내에 포장되어 있기 때문입니다. TFLite 모델메이커는 오픈소스여서, 궁금한 부분은 직접 코드를 읽고 내부적으로 일어나는 일을 파악해 보는 것도 가능합니다.

create 메서드가 호출되면 여러 가지 정보가 출력됩니다. 처음이라면, 꽤 생소한 내용들일 것입니다. 따라서 출력된 내용을 잠시 살펴보고, 각 정보의 의미를 이해해 보겠습니다. 다음은 출력된 전체 정보입니다.

```
Model: "sequential_1"
_____
Layer (type)                    Output Shape              Param #
=================================================================
hub_keras_layer_v1v2_1 (HubK    (None, 1280)              3413024
_____
dropout_1 (Dropout)             (None, 1280)              0
_____
dense_1 (Dense)                 (None, 5)                 6405
=================================================================
Total params: 3,419,429
Trainable params: 6,405
Non-trainable params: 3,413,024
_____
None
Epoch 1/5
103/103 [==============] - 18s 151ms/step - loss: 1.1293 - accuracy: 0.6060
Epoch 2/5
103/103 [==============] - 15s 150ms/step - loss: 0.6623 - accuracy: 0.8878
Epoch 3/5
103/103 [==============] - 15s 150ms/step - loss: 0.6200 - accuracy: 0.9149
Epoch 4/5
103/103 [==============] - 15s 149ms/step - loss: 0.6011 - accuracy: 0.9219
Epoch 5/5
103/103 [==============] - 15s 149ms/step - loss: 0.5884 - accuracy: 0.9369
```

가장 먼저 출력된 정보는 모델의 구조로, 이를 통해 모델이 구성된 방식을 파악할 수 있습니다. 여기서는 세 레이어로 모델이 구성되어 있습니다. hub_keras_layer_v1v2_1이라는 이름의 첫 번째 레이어는 약간 이해가 어려울 수 있는데, 이 내용은 잠시 후 자세히 다룹니다. 두 번째 와 세 번째는 각각 dropout_1과 dense_1이라는 이름을 가진 레이어입니다. 여기서 중요한 내용은 최종 레이어의 세입, (None, 5)입니다. 이를 해석해 보면, 첫 번째 차원의 크기는 무엇이든 될 수 있으나(None), 두 번째 차원의 크기는 5여야 한다는 것을 명시해 둔 것입니다. 숫자 5를 어디서 보지 않았나요? 그렇습니다. 다섯 종류의 꽃, 데이터셋에 포함된 분류할 대상의 수와 일치합니다. 따라서 이 최종 레이어의 출력으로 다섯 가지 요소를 결과로 얻을 수 있다고 해석할 수 있습니다. 한편 최종 레이어의 모양의 첫 번째 차원은 **배치 추론**batch inference과 연관되어 있습니다. 20장의 이미지를 모델에 입력하면, 그 결과의 출력 모양은 20 × 5가 되며, 20장의 각 이미지별 추론 결과를 얻게 되는 셈입니다.

그런데 왜 출력으로 값이 다섯 개나 필요할까요? 단일값으로는 안 되는 것일까요? 2장의 고양이와 강아지의 예시인 [그림 2-5]를 통해 우리는, n개의 범주를 분류하는 신경망의 출력은 n개의 뉴런으로 구성되며, 각 뉴런은 각 범주에 대한 확률을 표현한다는 사실을 알 수 있었습니다. 따라서 지금 다루는 예제에서도 다섯 범주에 대한 확률을 각자 표현한 뉴런이 하나씩, 총 다섯 개가 있습니다(1번 뉴런 – 데이지, 2번 뉴런 – 민들레, …). 그리고 뉴런은 단순히 **알파벳 순서**로 나열됩니다.[1]

다른 레이어는 어떨까요? 먼저 hub_keras-layer_v1v2_1이라는 첫 번째 레이어를 살펴보죠. 약간은 이상한 이름입니다! 하지만 이름의 첫 번째 단어가 단서입니다. 모델을 학습시키는 일반적인 공식은 이미 존재하는 학습된 모델을 사용하되, 그중 일부를 특정 작업에 들어맞도록 조정하는 것입니다. 이미 존재하는 클래스의 일부 메서드를 오버라이딩하는 것과 유사하다고도 볼 수 있습니다. 수백만 장으로 학습된 수많은 모델이 이미 있으며, 이런 모델은 이미지의 특징을 매우 잘 추출하는 능력을 갖추고 있습니다. 따라서 모델을 밑바닥에서부터 새로 만들기보다, 이미 학습된 모델의 특징을 우리만의 특정 상황에 맞도록 조정하는 것이 바람직하겠죠. 바로 이러한 과정을 전이 학습이라고 부릅니다. 이미 학습된 수많은 모델 또는 재사용될 수 있는 모델의 일부분(학습된 특징)은 **텐서플로 허브**에서 얻을 수 있습니다. 재사용 가능한 클래스

---

1 옮긴이_ 학습 당시 입력되는 텐서에 값을 어떻게 채워 넣느냐에 따라 달라집니다. 일반적으로 알파벳 순서대로 채워넣기 때문에, 알파벳 순서로 해석됩니다.

라이브러리를 공유하는 것과 유사합니다. 다만 코드 대신 이미 뭔가를 할 줄 아는 신경망을 공유한다는 것이 다른 점이죠. 그리고 hub_keras-layer_v1v2_1 레이어가 바로 텐서플로 허브에서 가져온 학습된 모델을 의미합니다. 출력 형식을 보면 1,280개의 뉴런으로 구성된 것을 알 수 있는데, 이는 입력된 이미지에서 해당 레이어가 '추출'하는 특징 수가 1,280개라는 것을 의미합니다.

그다음 이어지는 레이어는 dropout으로, 신경망이 빠르게 학습되도록 만드는 데 일반적으로 사용되는 장치입니다. 간단히 설명하자면, '불특정 다수의 뉴런을 무시하라'는 의미죠. 꽃 데이터셋처럼 다섯 가지 범주로 구성된 단순한 문제에서는 1,280개나 되는 특징을 포착할 필요가 없습니다. 따라서 이 중 일부를 임의로 무시하는 편이 더 안정적인 결과를 도출할 수 있습니다! 이 설명이 이해하기 어려울지도 모릅니다. 하지만 모델이 만들어지는 방식을 좀 더 깊이 들여다본다면, 충분히 이해할 수 있을 겁니다(필자가 쓴 『개발자를 위한 머신러닝&딥러닝』(한빛미디어, 2022) 책이 좋은 시작점이 될 수 있습니다).

그 이후로 이어지는 나머지 부분은 1, 2장을 읽었다면 이해가 될 것입니다. 학습은 총 다섯 번의 에포크 동안 수행되었고, 각 에포크마다 모든 이미지의 범주를 반복적으로 추측합니다. 이렇게 추측한 결과의 좋고 나쁨을 토대로 신경망은 최적화될 수 있으며, 다음번 추측에 더 나은 신경망을 얻을 수 있습니다. 다섯 번의 에포크란 이 과정을 총 다섯 번 반복적으로 수행한다는 의미죠. 그런데 왜 횟수를 작게 설정했을까요? 그 이유는 앞에서 설명한 전이 학습을 사용하기 때문입니다. 이미 잘 학습된 신경망을 사용하기 때문에, 유용한 패턴을 추출하는 작업이 완전히 처음부터 이루어질 필요는 없겠죠. 단지 우리가 가진 꽃 데이터에 대한 **미세 조정**만 해주면 되기 때문에 에포크 횟수를 적게 설정하였습니다.

다섯 번째 에포크의 마지막에 도달했을 때 얻은 정확도는 0.9369입니다. 즉, 학습용 데이터셋에 포함된 서로 다른 꽃 종류를 약 94%의 정확도로 구분하는 모델을 얻었습니다. 정확도 전에 출력되는 [===]와 103/103 숫자는 모델이 데이터를 배치 단위로 소비한 것을 의미합니다. 한 번에 한 장의 이미지만으로 모델을 학습시키기보다 **배치 단위**의 이미지를 학습시키는 편이 훨씬 더 효율적입니다. 전체 데이터셋이 총 3,670장의 이미지로 구성되어 있으며, 이 중 90%를 학습에 사용했다는 것을 기억하시나요? 약 3,303장의 이미지가 사용됐다는 것이죠. 그리고 모델메이커는 기본적으로 배치당 32장의 이미지를 할당하기 때문에, 32장으로 구성된 103개의 배치를 얻게 됩니다. 그런데 이 두 값을 곱해 보면 이미지의 개수가 3,296장이라는 것을 알 수 있습니다. 따라서 에포크 당 7장의 이미지는 사용되지 않습니다. 하지만 배치를 구성하는 이미지를 임의로 뒤섞는다면, 에포크별 각 배치는 서로 다른 이미지를 가지기 때문에 그 7장 또한 결국에는 모두 사용됩니다. 배치 단위 학습은 기본적으로 학습을 더 빠르게 만들기 때문에, 모델메이커는 이를 기본적으로 활용합니다.

데이터 중 10%를 **테스트 데이터셋**으로 따로 빼놨던 것을 기억하나요? 다음은 해당 데이터셋으로 모델의 성능을 평가하는 방법입니다.

```
loss, accuracy = model.evaluate(test_data)
```

그리고 위 코드는 다음과 같은 결과를 출력하죠.

```
12/12 [==========================] - 5s 123ms/step - loss: 0.5813 - accuracy: 0.9292
```

여기서 출력된 정확도는 테스트용 데이터셋에 대한 것입니다. 즉, 학습 때 본 적이 없는 이미지로 신경망의 성능을 평가한 것으로 약 93%의 정확도를 얻었습니다. 이 정도면 학습용 데이터에 과적합되지 않은 꽤 좋은 신경망을 얻었다고 볼 수 있습니다! 한편 이 결과는 매우 개략적으로 모델 구축을 바라본 것입니다. 모델 구축에 대한 내용을 더 상세히 들여다볼수록, 더 상세한 평가 지표를 알고 싶어진다면 이미지의 각 범주별 모델의 정확도를 측정하는 '오차행렬confusion matrix'을 통해 특정 범주에 대해서만 편향된 좋은 결과는 아닌지를 판단해 볼 수 있습니다. 다만 이 책에서는 이 내용을 더 깊게 다루지는 않으므로, 더 자세한 내용은 필자가 쓴 『개발자를 위한 머신러닝&딥러닝』(한빛미디어, 2022) 같은 다른 책을 통해 익혀보기를 바랍니다.

이제 우리가 해야 할 일은 학습된 모델을 저장하는 것입니다. 현재 텐서플로 모델은 파이썬 환경에서 실행될 수 있지만, 우리는 모바일 기기에서 사용할 수 있는 TFLite 모델이 필요합니다. 다행스럽게도 모델메이커는 이를 위한 export 메서드를 제공하죠.

```
model.export(export_dir='/mm_flowers/')
```

그러면 모델은 **TFLite** 형식으로 변환됩니다. 8장에서 본 것과 유사하지만, 레이블 정보 및 메타데이터를 함께 저장한다는 점이 다릅니다. 이 방식은 모델뿐만 아니라, 레이블 등 모델에 대한 추가 정보도 함께 안드로이드 스튜디오로 쉽게 이식할 수 있는 한 줄짜리 해결책을 제시합니다(10장). 한 가지 아쉬운 점은 이 방식은 안드로이드에서만 쓸 수 있다는 것입니다. 따라서 iOS 개발자는 직접 레이블 정보를 다뤄야 하는 번거로움이 있습니다(11장).

코랩을 사용한다면, 파일 탐색기에서 `model.tflite` 파일의 존재를 확인할 수 있을 것입니다. 만약 코랩과 같은 주피터 노트북 환경을 사용하지 않은 독자라면, 해당 파일은 파이썬 코드를 실행한 경로에 저장되어 있을 것입니다. 이 파일은 안드로이드와 iOS 애플리케이션을 만드는 10장과 11장에서 활용될 예정입니다.

그 전에 모델을 만드는 또 다른 방법들을 살펴보겠습니다. 먼저 살펴볼 것은 클라우드 AutoML입니다. 이름으로 알 수 있듯이, 자동으로 머신러닝 모델을 생성해주는 흥미로운 방식이죠. 코드를 전혀 작성하지 않아도 되지만, 데이터에 적합한 모델 구조를 탐색해야 해서 꽤 시간이 걸립니다. 오랜 시간이 걸리긴 하지만, 결과적으로 꽤 정확한 최적의 모델을 얻을 수 있는 방식입니다. 또한 TFLite를 포함한 다양한 형식으로 모델을 저장하는 기능도 제공합니다.

9.2 클라우드 AutoML로 모델 만들기

AutoML은 머신러닝에 대한 전문성과 코딩 능력이 얕더라도, 커스텀 머신러닝 모델을 보다 쉽게 만들 수 있게 도와주는 클라우드 기반의 도구입니다. 현재 AutoML은 다음과 같이 다양한 시나리오에서 활용할 수 있습니다.

- **AutoML 비전**은 이미지 분류, 객체 탐지용 모델 제작을 지원합니다. 만든 모델은 즉시 클라우드로 배포하여 추론에 쓰이거나, 파일로 저장하여 기기 내 탑재됩니다.
- **AutoML 비디오 인텔리전스**는 영상 속 객체를 탐지하고 추적하는 모델 제작을 지원합니다.
- **AutoML 자연어**는 텍스트의 구조와 감정을 이해하는 모델 제작을 지원합니다.
- **AutoML 번역**은 언어 간 텍스트를 번역하는 모델 제작을 지원합니다.
- **AutoML 테이블**은 정형 데이터를 이해하는 모델 제작을 지원합니다.

이렇게 얻은 모델의 대부분은 서버에서 구동될 수 있도록 설계되어 있습니다. 단, **AutoML 비전 엣지**[2]는 특정 기기에서 실행할 수 있는 이미지 분류 모델을 학습시키는 기능을 제공합니다.

---

2 옮긴이_ https://cloud.google.com/vision/automl/docs?hl=ko

그리고 우리가 살펴볼 방법도 AutoML 비전 엣지입니다.

9.2.1 AutoML 비전 엣지 사용하기

AutoML 비전 엣지는 구글 클라우드 플랫폼^{Google Cloud Platform}(GCP)을 사용합니다. 따라서 이후
내용에서는 과금이 활성화된 구글 클라우드 프로젝트가 필요합니다. 이 책이 프로젝트 생성 방
법을 다루지 않지만, GCP 홈페이지가 상세한 설명서[3]를 제공하고 있습니다. 이제 AutoML 비
전 엣지를 사용하는 절차를 설명하겠습니다. 주의를 기울여 각 단계를 잘 따라오기를 바랍니다.

1단계 API 활성화하기

프로젝트를 만들었다면 구글 클라우드 콘솔[4]에 접속합니다. 좌측 상단의 메뉴 아이콘을 클릭한
뒤, [API 및 서비스] 항목을 선택합니다(그림 9-1).

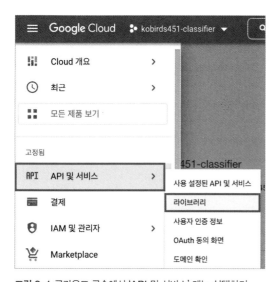

그림 9-1 클라우드 콘솔에서 'API 및 서비스' 메뉴 선택하기

---

3 옮긴이_ https://cloud.google.com/vision/automl/docs/label-images-edge-model
4 옮긴이_ https://console.cloud.google.com

그다음, 클라우드 API 라이브러리 화면으로 넘어가기 위해 [라이브러리] 항목을 선택합니다. 그러면 상단에는 검색 창, 하단에는 여러 타일로 덮인 화면이 나타납니다. 여기서 **AutoML**을 검색하고, 검색 결과 중 [Cloud AutoML API]를 선택합니다.

그러면 'Cloud AutoML API' 페이지가 나타나는데, 여기서 모델과 가격 등의 상세 정보를 확인할 수 있습니다. 이 API를 사용하기 위해 [사용] 버튼을 눌러 활성화합니다.

2단계 gcloud 명령줄 도구 설치하기

작업 환경에 따라 다양한 방법으로, gcloud 명령줄 도구를 포함한 클라우드 SDK를 설치할 수 있습니다. 필자가 실습한 환경은 macOS지만, 리눅스에서도 같은 방식으로 설치할 수 있습니다. 이 도구의 자세한 설치 가이드는 구글 클라우드 문서[5]를 참고하기를 바랍니다.

간단히는 '대화형' 방식으로, 여러분의 환경에 따른 옵션을 다음과 같이 선택하며 설치할 수 있습니다.

```
curl https://sdk.cloud.google.com | bash
```

그러면 폴더 선택을 요청하는 프롬프트가 나타납니다. 일반적으로 홈 폴더를 선택하는 것이 보통이며, yes 입력 시 홈 폴더를 기본으로 선택합니다. 그다음 명령줄 도구를 PATH 환경 변수에 등록 여부를 물어보는 프롬프트가 나타납니다. 여기서 yes를 입력하면 터미널내 위치와 상관없이 명령줄 도구를 어디서든 사용할 수 있습니다. 한편 설치를 완료하면, 터미널/셸을 재시작해줘야 합니다.

이후 다음 명령어를 실행합니다.

```
gcloud init
```

이제 프로젝트에 로그인하는 절차가 진행됩니다. 링크가 생성되고 웹 브라우저로 해당 링크에 접속하면 구글 계정으로 로그인할 수 있는 창이 활성화됩니다. 로그인이 끝나면 API에 권한을 부여하는 단계로 넘어가는데, 여기서 API 사용에 필요한 권한을 취득할 수 있습니다.

---

5   옮긴이_ https://cloud.google.com/sdk

또한 컴퓨트 엔진Compute Engine 자원이 구동될 지역region도 선택해줘야 합니다. 현재 비전 API는 us-central-1 지역에서만 지원[6]되므로, 해당 지역을 선택해줘야만 합니다. 추후 지원되는 지역이 더 넓어질 것이므로, 주기적으로 공식 문서를 확인하여 여러분이 사는 지역에도 비전 API가 지원되는지 알아보세요.

GCP 프로젝트가 여러 개인 경우, 그중 하나를 선택해야 합니다. 여기까지 절차가 마무리되면, AutoML과 명령줄 도구를 사용할 준비가 끝났습니다!

3단계 서비스 계정 설정하기

클라우드는 다양한 타입의 인증을 지원합니다. 하지만 AutoML 엣지는 **서비스 계정 방식의 인증**만을 지원하죠. 따라서 서비스 계정을 만들고, 해당 계정의 키key 파일을 얻어야만 합니다. 그러려면 클라우드 콘솔 메뉴 중 [IAM 및 관리자] 항목에서 [서비스 계정]으로 이동해야 합니다 (그림 9-1).

여기서 화면 상단의 [서비스 계정 만들기] 버튼을 클릭하면, 서비스 계정 생성에 필요한 상세 정보를 입력하는 화면으로 이동합니다.

첫 번째 단계에서는 서비스 계정명을 기입하고, 두 번째 단계에서는 프로젝트에 대한 서비스 계정의 접근 권한을 부여합니다. 이때 **AutoML Editor**의 역할role이 추가되어야 합니다. 드롭다운 UI를 통해 해당 역할을 검색한 뒤 선택합니다(그림 9-2).

---

6 옮긴이_ 현재는 europe-west4 지역도 지원됩니다. 시간에 따라 지원 지역이 확대되므로, 자세한 내용은 https://cloud.google.com/vertex-ai/docs/general/locations를 확인해 보기를 바랍니다.

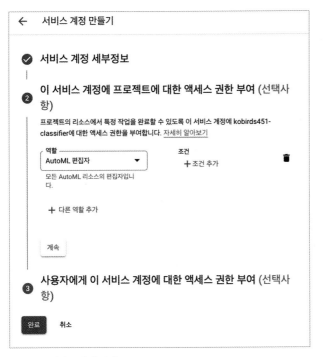

그림 9-2 서비스 계정 상세

세 번째 단계에서는 서비스 계정 사용자와 관리자[admin]를 기입합니다. 이메일 주소를 사용해도 좋습니다. 이번이 처음이라면 두 곳 모두 이메일 주소를 기입해줍니다.

세 번째 단계까지 마무리하면 서비스 계정이 생성되고, 서비스 계정 목록을 표시하는 화면으로 되돌아갑니다. 이 절차를 처음으로 진행해 봤다면, 서비스 계정이 하나밖에 없을 겁니다. 어쨌든 여기서 방금 생성한 서비스 계정을 선택하면, 해당 서비스 계정의 상세 페이지로 이동합니다.

상세 페이지의 하단의 [키 추가] 버튼을 클릭하면, 여러 타입의 키 중 하나를 선택하라는 팝업 창이 뜹니다. 여기서 [JSON]을 선택하면, 키가 담긴 JSON 파일이 여러분의 컴퓨터에 다운로드 됩니다.

터미널로 돌아와 다운로드한 JSON 파일의 위치를 환경 변수로 등록합니다.

```
export GOOGLE_APPLICATION_CREDENTIALS=[[JSON 파일 경로]]
```

그리고 사용할 GCP 프로젝트 ID도 환경 변수로 등록합니다.

```
export PROJECT_ID=[[GCP 프로젝트 ID]]
```

4단계 클라우드 스토리지 버킷을 설정한 뒤 학습용 데이터를 저장하기

AutoML로 모델을 학습시키려면, 데이터도 클라우드 서비스가 접근할 수 있는 곳에 저장되어 있어야만 합니다. 따라서 데이터를 클라우드 스토리지 버킷^bucket에 저장해 두면 좋습니다. gsutil의 mb[7] 명령어는 버킷을 만드는 기능을 제공합니다. 다만 버킷을 생성할 프로젝트를 함께 알려줘야 합니다. 우리는 앞에서 프로젝트 식별자를 PROJECT_ID라는 환경 변수로 등록한 바가 있습니다.

다음 명령어는 PROJECT_ID에 -vcm 문자열을 붙인 이름의 버킷을 만듭니다.

```
gsutil mb -p ${PROJECT_ID}
          -c regional -l us-central1
          gs://${PROJECT_ID}-vcm/
```

그리고 해당 버킷명을 환경 변수로 등록합니다.

```
export BUCKET=${PROJECT_ID}-vcm
```

이 장에서 사용된 꽃 이미지 데이터셋은 cloud-ml-data/img/flower_photos 이름의 버킷에 공개되어 있습니다. 따라서 다음 명령어로 해당 데이터셋을 방금 만든 버킷으로 복사할 수 있습니다.

```
gsutil -m cp
        -R gs://cloud-samples-data/ai-platform/flowers
        gs://${BUCKET}/img/
```

만약 동일한 서비스 계정에 여러 역할이 부여되어 있고 많은 클라우드 서비스를 사용한다면, 권한 충돌이 발생할 수 있습니다. 이 경우 클라우드 스토리지 버킷에 데이터를 쓸 수 없는 경

---

7 옮긴이_ 버킷 생성을 뜻하는 make bucket의 줄임말입니다.

우가 보고된 적이 있습니다. 만약 여러분이 이 상황에 놓였다면 `storage.admin`, `storage.objectAdmin`, `storage.objectCreator` 세 역할을 반드시 서비스 계정에 부여하기를 바랍니다. 그래야 문제를 해결할 수 있습니다.

앞에서 사용한 모델메이커 또는 케라스에는 폴더명으로 이미지 레이블을 관리하는 도구가 내장되어 있었습니다. 하지만 AutoML은 이런 기능을 제공하지 않습니다. 따라서 공개 데이터셋은 각 이미지가 저장된 버킷 위치 및 레이블 정보가 함께 기록된 CSV 파일을 제공합니다. 단, 버킷 위치는 공개 버킷 위치를 가리키기 때문에, 이를 복사해 온 여러분의 버킷 위치로 바꿔주는 작업이 필요합니다. 다음은 공개 버킷에서 `all_data.csv` 파일을 다운로드한 뒤, 버킷명을 수정하고, 로컬에 파일로 저장하는 방법입니다.

```
gsutil cat gs://${BUCKET}/img/flower_photos/all_data.csv
| sed "s:cloud-ml-data:${BUCKET}:" > all_data.csv
```

그다음 수정된 `all_data.csv` 파일을 여러분의 버킷에 업로드합니다.

```
gsutil cp all_data.csv gs://${BUCKET}/csv/
```

5단계 이미지 목록을 데이터셋으로 만든 뒤 모델을 학습시키기

이제 여러분의 스토리지 버킷에는 수많은 이미지가 담겨있을 겁니다. 그렇다면 이제는 이미지들을 모델이 학습할 수 있는 데이터셋으로 변환하는 작업이 필요합니다. 그러기 위해 AutoML 비전 대시보드에 접속합니다.[8]

[그림 9-3]과 같이 AutoML Vision, Vision API, Vision 제품 검색이라는 세 카드가 나열된 대시보드 페이지가 열립니다. 여기서 AutoML Vision의 [시작하기]를 선택합니다.

---

8 옮긴이_ https://console.cloud.google.com/vision/dashboard

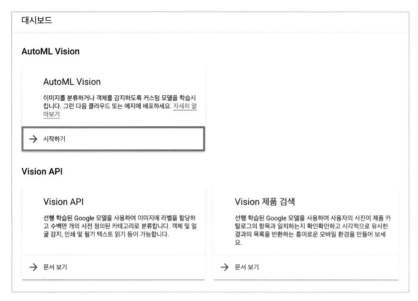

대시보드

AutoML Vision

AutoML Vision

이미지를 분류하거나 객체를 감지하도록 커스텀 모델을 학습시킵니다. 그런 다음 클라우드 또는 에지에 배포하세요. 자세히 알아보기

→ 시작하기

Vision API

Vision API

선행 학습된 Google 모델을 사용하여 이미지에 라벨을 할당하고 수백만 개의 사전 정의된 카테고리로 분류합니다. 객체 및 얼굴 감지, 인쇄 및 필기 텍스트 읽기 등이 가능합니다.

→ 문서 보기

Vision 제품 검색

선행 학습된 Google 모델을 사용하여 사용자의 사진이 제품 카탈로그의 항목과 일치하는지 확인하고 시각적으로 유사한 결과의 목록을 반환하는 흥미로운 모바일 환경을 만들어 보세요.

→ 문서 보기

그림 9-3 AutoML 비전 옵션

그러면 데이터셋 목록이 표시되는 화면으로 이동하게 됩니다. GCP를 많이 사용한 적이 없다면, 이 목록은 비어 있을 겁니다. 화면 상단의 [새 데이터셋] 버튼을 클릭합니다. 그러면 신규 데이터셋을 생성하기 위한 다이얼로그가 등장하는데, 여기서 '단일 레이블 분류Single-Label Classification', '다중 레이블 분류Multi-Label Classification', '객체 탐지' 중 하나를 선택합니다. 여기서는 이 중 [단일 레이블 분류]을 선택하고 [데이터셋 만들기] 버튼을 클릭합니다(그림 9-4).

그러면 신규 데이터셋에 포함할 파일을 선택하는 창으로 이동합니다. 앞에서 데이터셋의 상세 내역을 기록한 CSV 파일을 만들어뒀으므로, 'Cloud Storage의 CSV 파일 선택'을 선택한 다음 해당 CSV 파일이 저장된 URL을 입력합니다. `gs://프로젝트ID-vcm/csv/all_data.csv`와 같은 형식의 URL이 되어야겠죠(그림 9-5).

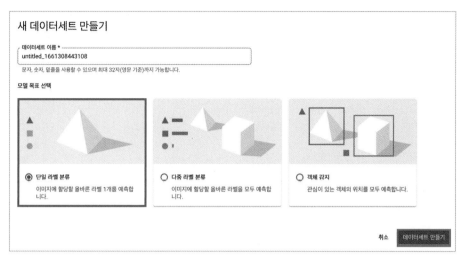

그림 9-4 신규 데이터셋 생성하기

그림 9-5 클라우드 스토리지에서 CSV 파일 불러오기

또는 [찾아보기] 버튼을 클릭해서 CSV 파일의 위치를 검색할 수도 있습니다. [계속] 버튼을 클릭합니다. 그러면 파일이 데이터셋의 일부로 편입되는 과정이 시작됩니다. 데이터셋 목록 페이지로 돌아가면 작업 상태를 확인할 수 있습니다(그림 9-6).

●	Name	Type	Total images	Labelled images	Last updated	Status	
↻	untitled_1612630731228 ICN1261940831279906816	Single-Label Classification	0	0	6 Feb 2021, 08:59:11	Running: Importing images	⋮

그림 9-6 이미지를 데이터셋에 집어넣기

이 작업이 완료되기까지 약간의 시간이 소요됩니다. 작업이 완료되고 나면, [그림 9-7]처럼 경고 상태가 표시됩니다.

●	이름	유형	이미지 합계	라벨이 지정된 이미지	최종 업데이트	상태	마이그레이션됨 ❓	
⚠	untitled_1661308443108 ICN558888907224121344	단일 라벨 분류	3,667	3,666	2022. 8. 24. 오후 2:58:50	경고: 이미지 가져오기	아니요	⋮

그림 9-7 데이터 업로드가 완료되었을 때의 화면

작업이 완료된 데이터셋을 클릭하면, 데이터셋을 상세히 살펴볼 수 있는 페이지로 이동합니다(그림 9-8).

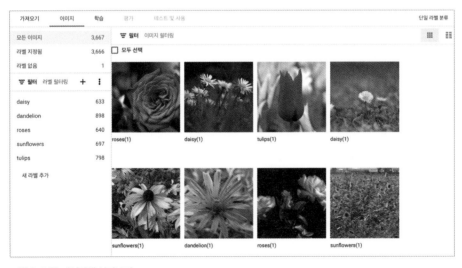

그림 9-8 꽃 데이터셋 살펴보기

이제 데이터를 성공적으로 불러왔습니다. 이때 학습 탭의 [학습 시작]를 선택하면 모델을 학습시키는 절차로 넘어갈 수 있습니다. 다이얼로그에서 모델을 정의하는 **'모델 정의' 단계에서** [그림 9-9]처럼 모델의 타입으로 'Edge'를 선택한 뒤 [계속]을 클릭합니다.

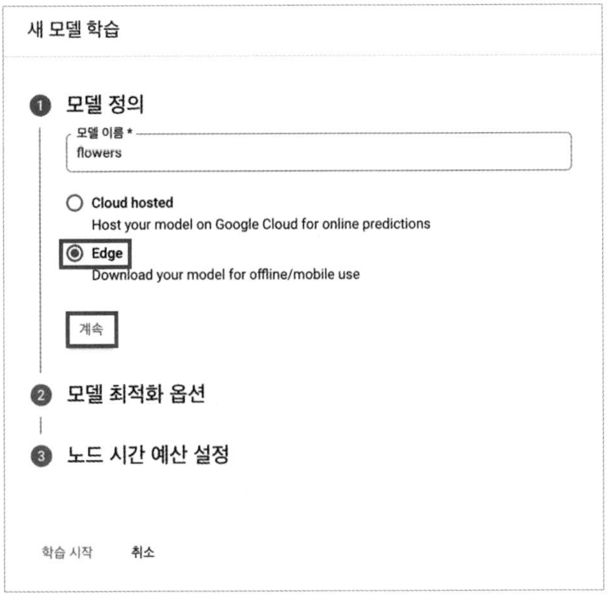

그림 9-9 모델 정의하기

두 번째 단계인 **'모델 최적화 옵션'**에서는 모델 최적화 방식을 선택합니다. 덩치가 크고 정확한 모델, 덩치가 작아 정확도는 조금 떨어지지만 추론이 좀 더 빠른 모델, 정확도는 상대적으로 많이 낮지만 추론이 매우 빠른 모델 중 하나를 선택할 수 있습니다. 그리고 세 번째 단계에서는 모델 학습에 허용될 계산 시간을 지정할 수 있습니다. 기본적으로는 **4시간**이 할당되어 있습니다. 마지막으로 [학습 시작] 버튼을 클릭합니다. 학습 완료까지 시간이 어느 정도 소요되는 편이며, 완료 시 학습 결과에 대한 상세한 내용이 담긴 이메일이 발송됩니다.

6단계 모델 다운로드하기

모델의 학습이 끝나면, 구글 클라우드 플랫폼은 여러분에게 해당 모델이 준비되었다는 이메일을 보냅니다. 이메일에 명시된 링크로 콘솔 창에 접속하면, 학습 결과에 대한 상세한 내용을 확인할 수 있습니다. 꽃 데이터셋을 학습시키는 과정에는 약 2~3시간 정도가 소요되었습니다. **신경망 구조 검색**neural architecture search **(NAS)** 알고리즘이 꽃 분류를 위한 최적의 구조를 찾는 데 든 시간이죠. 이렇게 해서 얻은 결과는 약 97% 수준의 정밀도를 가진 모델입니다(그림 9-10).

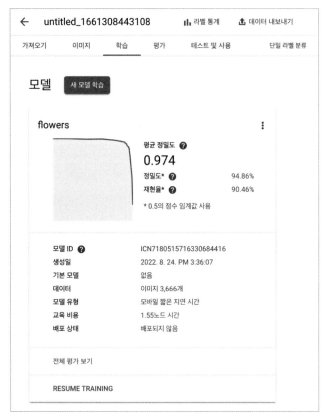

그림 9-10 학습이 완료된 후

여기까지 왔다면 '**Test & Use**' 탭이 활성화됩니다. 이 탭은 모델을 **TFLite**, **텐서플로 JS**, **Core ML** 등 다양한 형식으로 저장하는 기능을 제공합니다. 가장 적절한 형식(이 책에서는 거의 항상 TFLite 또는 Core ML)을 선택하면, 해당 형식의 모델을 다운로드할 수 있습니다(그림 9-11).

직접 코딩하는 방식 대신 모델을 학습시키는 API를 제공하는 모델메이커, 클라우드 AutoML 외 한 가지 방법을 더 살펴보겠습니다. 세 번째는 다른 사람이 만든 모델을 전이 학습에 활용하는 방식입니다. 앞에서 본 두 방법과 비교해 볼 때 약간의 코딩을 직접 해야 합니다. 하지만 더 다양한 작업을 처리할 수 있는 모델을 만드는 방법이므로 충분히 알아둘 가치가 있습니다.

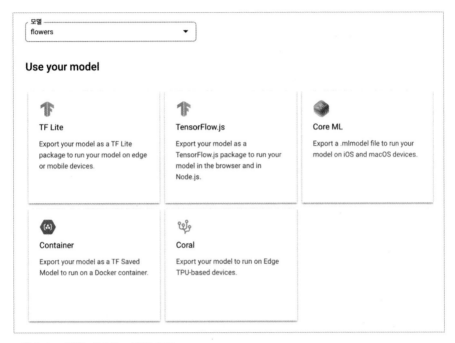

그림 9-11 모델을 내보내는 다양한 옵션

9.3 텐서플로와 전이 학습으로 모델 만들기

전이 학습 덕분에 머신러닝 모델을 개발하는 속도가 매우 빨라졌습니다. 전이 학습의 개념은 유사 문제에 대해 학습된 신경망의 일부를 여러분의 시나리오에 맞게 덮어써서 사용한다는 것이었습니다. 예를 들어 EfficientNet 모델은 1,000개 범주의 이미지로 구성된 이미지넷^{ImageNet}을 분류하기 위해 설계되었고, 수백만 장의 이미지 데이터로 학습되었습니다. 이 모델을 여러분이 직접 학습시키려면, 금전적으로나 시간적으로나 매우 많은 비용이 발생합니다. 그러나 분명 모델이 이 정도로 큰 데이터셋으로 학습된다면, 그 모델은 매우 능률적인 특징 추출기로 사용될 수 있습니다.

이것이 무엇을 의미하는 것일까요? 전형적인 컴퓨터 영상 처리용 신경망은 **합성곱 신경망**convolutional neural network**(CNN)**이라는 구조에 기초합니다. CNN은 수많은 필터로 구성되어 있으며, 각 필터는 이미지를 변형시킵니다. 학습이 계속되며 CNN은 이미지 간의 다름을 구분해내는 필터를 알아냅니다. 가령 [그림 9–12]는 고양이 대 강아지 분류기에 이미지가 입력되어, CNN이 다른 동물 간의 다름을 파악하는 데 사용된 영역을 보여주는 예시입니다. 확실히 알 수 있는 것은 CNN의 필터가 강아지와 고양이의 눈 생김새를 결정할 수 있도록 학습되었다는 사실입니다. 그리고 다른 신경망의 필터 또한 크게 다르지 않습니다. 뭔가 특별하게 어려운 건 없습니다.

그림 9-12 다른 이미지에서 활성화되는 CNN 필터의 다른 영역을 보여주는 예

어쨌든 EfficientNet 같은 모델이 이미 있고, 이 모델을 만든 사람이 학습된 **필터**(특징 벡터라고도 합니다)를 공개하기만 하면, 1,000개의 이미지 범주를 분류할 수 있는 필터를 여러분의 데이터셋을 잘 분류하기 위한 로직에 그대로 활용할 수 있습니다. 꽃 데이터셋 예제에서는 EfficientNet의 필터가 다섯 종류의 꽃 분류에 사용될 수 있겠죠. 따라서 신경망 전체를 학습시킬 필요가 없습니다. 단지 '**분류용 헤드**classification head'라는 것을 이미 존재하는 모델의 끄트머리에 추가해주면 그만입니다. 이 분류용 헤드는 n개의 뉴런으로 구성된 단일 레이어만큼이나 단순한 것으로, n은 분류하고 싶은 범주의 개수를 뜻합니다. 즉, 꽃 데이터셋 예제에서 n은 5입니다.

이를 고려한 전체 신경망은 다음처럼 단 세 줄의 코드로 정의될 수 있습니다.

```
model = tf.keras.Sequential([
     feature_extractor,
     tf.keras.layers.Dense(5, activation='softmax')
])
```

물론 이 코드를 실행하기 전, feature_extractor(특징 추출기)를 정의하고, EfficientNet처럼 이미 존재하는 필터를 어디선가 가져와야만 합니다.

여기가 바로 여러분이 텐서플로 허브와 친숙해져야 하는 부분입니다. 텐서플로 허브는 모델 그 자체 또는 특징 추출기 같은 모델의 일부를 모아둔 일종의 저장소입니다. 텐서플로 허브 홈페이지 좌측 패널의 필터링 기능을 사용하면, 다양한 타입의 모델을 찾을 수 있습니다. 가령 다양한 이미지 특징 벡터image feature vector를 검색할 수도 있습니다.

모든 모델에는 URL이 부여되어 있습니다. 예를 들어 이미지넷으로 학습되었고, 모바일에 최적화된 EfficientNet 모델에는 https://tfhub.dev/tensorflow/efficientnet/lite0/feature-vector/2과 같은 URL이 부여되어 있습니다.

파이썬 텐서플로 허브 라이브러리에 해당 URL을 제공하면, 특징 벡터를 다운로드하여 여러분이 구축할 신경망의 한 레이어로 편입시킬 수 있습니다.

```
import tensorflow_hub as hub

url = "https://tfhub.dev/tensorflow/
          efficientnet/lite0/feature-vector/2"

feature_extractor =
    hub.KerasLayer(url, input_shape=(224, 224, 3))
```

이게 전부입니다. 간단하죠. 이게 바로 EfficientNet의 학습된 특징으로 여러분만의 모델 구조를 만드는 모든 것입니다!

이 접근법을 활용하면 최신 모델을 기반으로 여러분만의 모델을 만들 수 있습니다! 모델을 파일로 내보내는 과정은 8장의 모델을 TFLite로 변환했던 기법만큼 간단합니다.

```
export_dir = 'saved_model/1'
tf.saved_model.save(model, export_dir)
```

```
converter =
    tf.lite.TFLiteConverter.from_saved_model(export_dir)

converter.optimizations = [tf.lite.Optimize.DEFAULT]

tflite_model = converter.convert()

import pathlib
tflite_model_file = pathlib.Path('model.tflite')
tflite_model_file.write_bytes(tflite_model)
```

이 모델의 실제 사용법은 10, 11장에서 살펴봅니다.

전이 학습은 매우 강력한 기법이며, 여기서는 이를 소개하는 수준으로만 다뤘습니다. 전이 학습을 좀 더 깊게 이해하고 싶다면, 오렐리앙 제롱이 쓴 『핸즈온 머신러닝(2판)』(한빛미디어, 2020) 또는 앤드류 응의 '전이 학습'에 대한 훌륭한 튜토리얼 영상을 확인해 보기를 바랍니다.

9.4 언어 모델 만들기

지금까지 모델을 만드는 다양한 방식, 모델을 모바일 애플리케이션에 배포할 수 있는 TFLite 형식으로 변환하는 방법을 살펴봤습니다. 그리고 이 모든 과정을 이미지 기반 모델로 다뤘습니다. 만약 다른 타입의 모델을 사용하고 싶다면, 모델을 효과적으로 사용하는 데 필요한 추가적인 메타데이터를 TFLite 모델과 함께 배포해야 할 수도 있습니다. 여기서는 자연어 처리(NLP) 모델을 학습시키는 내용을 자세히 다루지는 않습니다. 단지 NLP 모델을 사용하는 모바일 애플리케이션을 만들 때 신경 써야 할 내용을 포괄적으로 소개하고자 합니다. 만약 NLP 모델이 작동하는 원리, NLP 모델을 만들고 학습시키는 방법을 자세히 살펴보고 싶다면 필자가 쓴 『개발자를 위한 머신러닝&딥러닝』(한빛미디어, 2022)을 읽어 보세요.

자연어 기반의 모델을 사용하는 경우 **메타데이터**가 추가로 필요합니다. 텍스트 분류 모델은 텍스트 그 자체만으로 구축되지 않습니다. 인코딩된 텍스트가 연관되어 있죠. 단어 사전을 만들고, 이를 사용해 분류 모델을 구축하는 것이 보편적 방법입니다.

예를 들어 'Today is a sunny day(오늘은 화창한 날)'라는 문장을 모델에서 사용하고 싶다고 가정해 보죠. 이를 효율적으로 사용하는 한 가지 방법은 단어를 숫자로 대체하는 것입니다. 이 과정을 **토큰화**tokenization라고 합니다. 그리고 만약 'Today is a rainy day(오늘은 비 오는 날)'라는 다른 문장도 인코딩해야 한다면, 다음과 같은 **딕셔너리**(사전) 자료구조를 정의해 일부 토큰을 재사용할 수 있습니다.

```
{'today': 1, 'is': 2, 'a': 3, 'day': 4, 'sunny': 5, 'rainy': 6}
```

그러면 토큰화된 두 문장은 다음과 같이 표현되겠죠.

```
[1, 2, 3, 5, 4]와 [1, 2, 3, 6, 4]
```

그리고 모델은 바로 이렇게 표현된 데이터로 학습되어야 합니다.

그런데 나중에 모바일 애플리케이션에서 추론을 한다면, 모바일 애플리케이션도 이와 동일한 사전을 가지고 있어야 합니다. 그렇지 않다면 사용자의 입력을, 학습된 모델이 이해할 수 있는 일련의 숫자로 변환할 방도가 없습니다(예. 'Sunny'에 숫자 5라는 토큰이 대응된다는 사실을 전혀 모른다고 가정해 보세요).

게다가 학습시킨 모델의 용도가 감정 분석이라면, 단어에 대응된 토큰은 벡터에 매핑되고, 각 벡터의 방향은 감정을 결정하는 요소로 작용합니다.

물론 이 기법이 감정 분석에만 국한된 것은 아닙니다. 단어들의 의미를 수립하는 데 쓰일 수도 있죠. 가령 유사한 단어(예. 고양이cat과 고양이feline)는 유사한 벡터로 표현되지만, 의미는 유사하지만 다른 단어(예. 강아지dog와 개의canine)는 고양이를 뜻하는 유사한 두 단어와 다른 방향direction을 띱니다. 한편 여기서는 설명의 간소화를 위해 단어가 감정에 매핑된 경우만 살펴봅니다.

다음 두 문장을 고려해 보죠. 'I am very happy today(나는 오늘 매우 행복합니다)'의 감정은 긍정, 'I am very sad today(나는 오늘 매우 슬픕니다)'의 감정은 부정으로 레이블이 매겨졌다고 가정하겠습니다.

'I', 'am', 'today' 같은 단어는 두 문장에 모두 포함되어 있고 'happy'는 긍정으로 레이블이 매겨진 문장에서만, 'sad'는 부정으로 레이블이 매겨진 문장에서만 나타났습니다. **'임베딩**embedding' 레이어는 이 모든 단어를 벡터로 변환합니다. 벡터의 초기 방향은 문장의 감정으로 결정되지만, 모델로 새로운 문장이 입력됨에 따라 각 단어의 방향은 각기 바뀌어 나갑니다. 단 두 문장만의 간단한 예의 벡터는 [그림 9-13]과 같습니다.

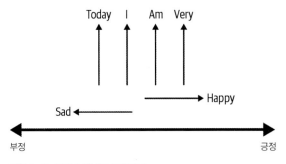

그림 9-13 단어를 벡터로 표현하기

벡터의 '방향'이 감정을 결정하는 공간이라고 고려해 보죠. 우측을 가리키는 벡터는 긍정, 좌측을 가리키는 벡터는 부정적 감정을 가집니다. 'Today', 'I', 'am', 'very' 단어는 두 문장 모두에 들어 있기 때문에, 이들의 감정은 서로 상쇄되어 어느 한 방향에 속하지 않습니다. 'happy'는 긍정으로 레이블이 매겨진 문장에서만 나타났으므로 긍정의 방향을, 'sad'는 부정의 방향을 가리킵니다.

레이블이 매겨진 수많은 문장으로 모델이 학습된다면, 임베딩은 이런 벡터 공간을 학습해 냅니다. 그리고 궁극적으로 그 벡터 공간이 문장을 분류하는 데 사용되는 핵심이 됩니다.

이 장 앞부분에서는 이미지에 대한 전이 학습을 살펴봤습니다. 이미 수백만 장의 이미지, 레이블로 학습된 모델이 얻은 특징 추출기는 이미지의 특징을 매우 잘 파악하기 때문에 다른 문제에서도 재사용될 수 있다는 내용이었습니다.

이는 단어 벡터가 사전학습된 언어 모델에서도 마찬가지입니다. 해당 벡터를 여러분만의 시나리오에 그대로 사용할 수 있으며, 그 결과 모델 학습의 복잡성이 많이 낮아지고 시간도 많이 절약할 수 있습니다.

다음 절에서는 모델메이커로 안드로이드와 iOS 애플리케이션에서 사용될 수 있는 언어 기반 모델을 만드는 방법을 살펴봅니다.

9.4.1 모델메이커로 언어 모델 만들기

언어 기반 모델은 모델메이커로 매우 쉽게 만들 수 있습니다. 단 몇 줄의 코드만으로 가능하죠. 한편 모든 코드를 담은 전체 노트북은 이 책이 제공하는 깃허브 저장소에서 확인할 수 있습니다. 책에서는 그중 일부만 집중적으로 다룹니다. 여기서 볼 예제는 트위터 게시물의 감정 정보를 담은 데이터를 활용합니다. 이 데이터를 내려받는 실제 URL은 https://storage.googleapis.com/laurencemoroney-blog.appspot.com이지만, 지면의 공간 제약상 appspot.com으로 줄여서 표기하겠습니다.

다음은 appspot.com/binary-emotion-withheaders.csv 데이터 파일을 내려받는 방법입니다.

```
# CSV 형식의 데이터 파일을 다운로드합니다
data_url= 'https://storage.googleapis.com/laurencemoroney-blog.appspot.com/
             binary-emotion-withheaders.csv'

data_file = tf.keras.utils.get_file(
                   fname='binary-emotion-withheaders.csv',
                   origin=data_url)
```

데이터 파일을 내려받은 뒤 할 일은 모델메이커로 기본 모델을 만드는 것입니다. 모델메이커는 다양한 종류의 모델을 지원하고, 점점 더 많은 모델이 추가되고 있습니다. 다만 여기서는 그중 미리 구축된 단어 벡터로부터 전이 학습을 수행할 수 있는 가장 간단한 모델을 활용합니다.

```
spec = model_spec.get('average_word_vec')
```

내려받은 CSV 파일은 TextClassifierDataLoader의 from_csv 메서드(모델메이커 제공 API)를 통해 학습용 데이터셋으로 구성될 수 있습니다. 이때 CSV 파일의 내용 중 텍스트와 레이블이 포함된 열 이름을 각각 text_column과 label_column 파라미터로 지정해야 합니다. CSV 파일을 열어 보면 긍정적 감정과 부정적 감정에 각각 0과 1의 값을 부여한 'label'이라는 열, 트위터에 게시된 실제 텍스트를 담은 'tweet' 열을 확인할 수 있습니다. 그리고 모델메이커가 텍스트를 모델이 사용할 임베딩 벡터에 매핑하려면, 모델의 스펙도 model_spec 파라미터로 지정해야 합니다. 이 스펙은 앞 단계에서 정의했는데, **평균 단어 벡터**average word vector 템플릿을 사용하기로 했었죠.

```
# DataLoader.from_csv를 사용해 CSV 파일을 불러와 학습용 데이터를 구성합니다
train_data = TextClassifierDataLoader.from_csv(
        filename=os.path.join(os.path.join(data_file)),
        text_column='tweet',
        label_column='label',
        model_spec=spec,
        delimiter=',',
        is_training=True)
```

그다음은 학습시킬 데이터, 모델의 스펙, 학습이 진행될 에포크 횟수를 지정하고 text_classifier.create 메서드를 호출하면, 원하는 모델을 쉽게 구축할 수 있습니다.

```
# 모델을 구축합니다
model = text_classifier.create(train_data, model_spec=spec, epochs=20)
```

모델이 각 단어의 임베딩을 학습할 필요 없이, 이미 존재하는 것을 그대로 사용하기 때문에 학습은 매우 빠르게 진행됩니다. GPU 옵션을 켠 코랩 환경에서는 에포크 당 약 5초 정도 걸렸고, 20번의 에포크가 완료된 후에는 약 75%의 정확도를 얻었습니다.

모델의 학습이 완료되었다면 export 메서드로 간단히 TFLite 모델을 얻을 수 있습니다.

```
# TFLite 변환 모델을 저장합니다
model.export(export_dir='/mm_sarcasm/')
```

이렇게 얻은 모델 파일은 레이블과 단어 사전 정보를 함께 담고 있습니다. 안드로이드 스튜디오는 해당 파일로 두 메타데이터를 모두 추출하는 추가 기능을 제공합니다. 자세한 방법은 다음 장에서 다룹니다. 반면 Xcode 환경은 그러한 기능이 없기 때문에, iOS 개발자는 다음 방식을 통해 두 정보를 별도로 저장해야만 합니다.

```
model.export(export_dir='/mm_sarcasm/',
            export_format=[ExportFormat.LABEL, ExportFormat.VOCAB])
```

앞처럼 export_format 파라미터를 설정하면, export 메서드는 레이블 정보를 담은 labels.txt와 단어 사전 정보를 담은 VOCAB 파일을 추가로 생성합니다.

한편 모델의 구조는 model.summary() 메서드로 살펴볼 수 있습니다. 그 결과는 다음과 같죠.

```
Layer (type)                     Output Shape           Param #
=================================================================
embedding (Embedding)            (None, 256, 16)        160048
_____
global_average_pooling1d (Gl     (None, 16)             0
_____
dense (Dense)                    (None, 16)             272
_____
dropout (Dropout)                (Nonc, 16)             0
_____
dense_1 (Dense)                  (None, 2)              34
=================================================================
Total params: 160,354
Trainable params: 160,354
Non-trainable params: 0
```

이 중 관심을 가져야 할 부분은 가장 위쪽의 **임베딩**입니다. 임베딩의 256은 모델이 설계된 문장 길이를 의미합니다. 즉, 이 모델에는 256개 단어로 구성된 문장을 입력해줘야 합니다. 따라서 모델로 텍스트를 입력할 때 각 단어를 토큰으로 변환해야 할 뿐만 아니라, 각 문장이 256개의 토큰으로 구성되도록 패딩 처리도 함께 해줘야 합니다. 가령 다섯 개의 단어로 구성된 문장이 있다면, 256개 요소의 리스트를 만든 뒤 처음 다섯 개에는 다섯 단어에 대응되는 토큰을, 나머지 251개에는 0으로 채워 넣는 식이죠.

16이라는 숫자는 단어의 감정을 표현한 차원 수를 의미합니다. 2차원으로 표현된 감정을 묘사한 [그림 9-13]을 떠올려보세요. 여기서는 좀 더 단어들의 미묘한 차이를 표현하기 위해 차원 수를 16개로 정했습니다.

9.5 마치며

이 장에서는 TFLite 모델메이커, 클라우드 AutoML 엣지, 텐서플로를 활용한 전이 학습을 포함한 모델 구축에 사용되는 다양한 도구를 살펴봤습니다. 또한 모델에서 단어가 인코딩된 방식을 이해하는 데 필요한 사전 정보 등 언어 기반 모델을 모바일 애플리케이션에서 사용할 때 알아야 할 내용도 살펴봤습니다.

이제 모델을 만드는 방법에 대한 감을 얼추 잡았을 것입니다. 이 책의 목적은 서로 다른 타입의 모델을 구축하는 방법을 다루는 것이 아닙니다. 이 부분은 필자가 쓴 또 다른 책 『개발자를 위한 머신러닝&딥러닝』(한빛미디어, 2022)을 살펴보세요. 이어지는 10장은 이 장에서 만든 모델을 실제 안드로이드에서 활용하는 방법을 다룹니다. 그리고 11장에서는 iOS에서 동일한 내용을 하는 방법을 살펴봅니다.

## CHAPTER 10

안드로이드에서
커스텀 모델 사용하기

9장에서는 TFLite 모델메이커, 클라우드 AutoML 비전 엣지, 텐서플로를 사용한 전이 학습으로 커스텀 모델을 만드는 다양한 시나리오를 살펴봤습니다. 이 장에서는 그렇게 만든 커스텀 모델을 안드로이드 애플리케이션에 탑재하는 방법을 다룹니다. 아쉽지만 이번엔 모델을 드래그 앤 드롭하는 수준으로 간단하지 않습니다. 안드로이드는 문자열, 이미지 등의 데이터를 텐서플로와는 다른 방식으로 표현하기 때문에, 서로 다른 데이터를 호환 가능한 방식으로 다뤄야 하는 것이 다소 복잡합니다. 마찬가지로, 텐서 기반의 모델 출력 또한 안드로이드가 이해할 수 있는 방식으로 파싱되어야 합니다. 이 내용을 먼저 살펴본 다음 안드로이드에서 이미지와 언어 모델을 사용하는 예제 애플리케이션을 만들어 보겠습니다.

10.1 모델을 안드로이드로 탑재하기

머신러닝 모델을 사용하는 애플리케이션을 제작할 때는 확장자가 **.tflite**인 이진 블롭^{blob} 파일을 애플리케이션에 포함시켜야 합니다. 이 이진 파일은 텐서 형식의 데이터를 입력받아 텐서 형식의 결과를 출력하는데, 여기서 첫 번째 문제에 봉착합니다. 그리고 모델이 잘 작동하려면, 관련 메타데이터도 함께 제공되어야만 합니다. 가령 9장의 꽃 분류 모델은 다섯 개의 확률값을 계산해 출력하는데, 여기서 각 확률값은 특정 꽃 종류에 대응됩니다. 즉, 모델은 꽃 종류 그 자체를 예측 결과로 출력하지 않습니다. 단순히 여러 숫자 뭉치를 결과로 내뱉을 뿐이기 때문에,

모델의 출력값들이 어느 꽃에 해당되는지 파악하는 데 사용할 메타데이터가 필요합니다. 마찬가지로 텍스트 분류용 언어 모델을 사용한다면, 모델이 학습된 단어 정보가 필요합니다. 그 방법을 지금부터 살펴보겠습니다.

안드로이드 애플리케이션에서 모델을 사용하는 과정은 [그림 10-1]처럼 묘사될 수 있습니다.

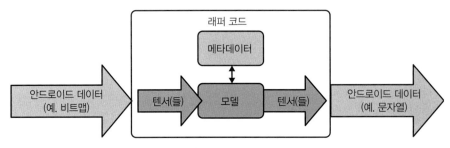

그림 10-1 안드로이드 애플리케이션에서 모델을 사용하는 구조

8장에서 y = 2x − 1 = 2X − 1 식의 숫자 간 관계를 학습시켰던 간단한 모델을 예로 들어 코드와 함께 살펴보겠습니다.

우선 모델의 입력을 살펴봅니다. 단순히 숫자를 넣고, 출력된 숫자를 취하는 것처럼 간단하지는 않습니다. 모델은 입력 데이터로 넘파이 배열 형식을 원하지만, 안드로이드에서 넘파이는 사용할 수 없습니다. 하지만 다행히 **저수준의 원시 타입형 배열**은 사용할 수 있습니다. 코틀린을 사용한다면 FloatArray가 부동소수형 배열로 파싱될 수 있습니다. 따라서 다음과 같은 코드를 활용할 수 있습니다. 모델에 입력될 값을 userVal에 할당하면 되죠.

```
var inputVal: FloatArray = floatArrayOf(userVal)
```

그다음 모델이 도출한 추론 결과는 **바이트 스트림 형식**으로 반환됩니다. 다음 코드는 네 바이트가 부동소수를 표현한다는 가정하에 이를 부동소수형의 값으로 변환하는 방법을 보여줍니다. 즉, 몇 개 바이트가 결괏값을 표현하는지 알아야 합니다. 한 가지 기억할 것은 모델의 출력 결과는 아무런 가공 처리가 안 된 점입니다. 따라서 이를 부동소수형으로 가공하는 것은 개발자의 몫입니다.

```
var outputVal: ByteBuffer = ByteBuffer.allocateDirect(4)
outputVal.order(ByteOrder.nativeOrder())
tflite.run(inputVal, outputVal)
outputVal.rewind()
var f:Float = outputVal.getFloat()
```

따라서 안드로이드에서 모델을 사용할 때는 이런 점을 고려해야만 합니다. 당연히 이보다 훨씬 더 복잡한 이미지나 문자열을 다룰 때도 이처럼 저수준의 내용을 상세히 다룰 수 있어야만 합니다. 다만 메타데이터를 생성해주는 TFLite 모델메이커를 시용하는 경우는 예외입니다. 안드로이드 스튜디오에는 이렇게 생성된 메타데이터로 모델을 애플리케이션에 탑재하는 기능을 제공하며, 이렇게 탑재된 모델을 쉽게 사용할 수 있는 래퍼 코드도 함께 제공하기 때문입니다. 이 방식을 한번 살펴보죠.

10.2 모델메이커로 얻은 모델로 이미지 분류 애플리케이션 만들기

9장에서는 TFLite 모델메이커로 다섯 종류의 꽃 이미지를 분류하는 모델을 만들었습니다. 모델메이커를 사용했기 때문에, 레이블 관련 메타데이터도 쉽게 모델에 포함할 수 있었습니다. 다음 내용을 진행하기 전에 먼저, 생성된 모델을 여러분이 사용 중인 환경(예. 코랩)에서 다운로드하기를 바랍니다.

모델을 안드로이드 애플리케이션에 탑재해 보기 위해서 안드로이드 스튜디오를 열고, 가장 단순한 단일 액티비티 애플리케이션을 선택해 신규 애플리케이션을 생성합니다.

애플리케이션 생성 후에는 java 폴더를 마우스 오른 클릭을 하여, 신규 모듈 추가를 통해 TFLite 모델을 추가합니다(코틀린에서도 여전히 폴더 이름은 java입니다). [그림 10-2]처럼 팝업 메뉴의 [New] → [Other] → [TensorFlow Lite Model]을 선택합니다.

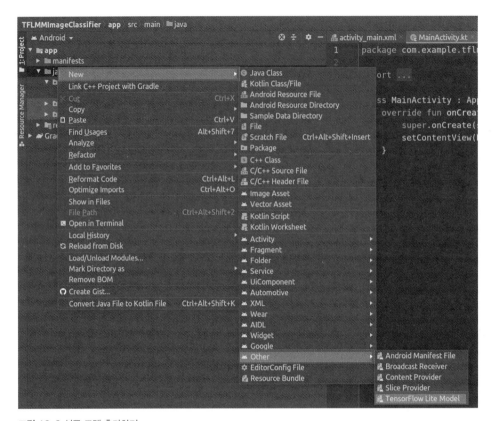

그림 10-2 신규 모델 추가하기

그러면 TFLite 모델을 탑재하기 위한 다이얼로그 창이 열립니다. 다운로드한 모델의 경로를 지정하고, 하단의 'TensorFlow Lite GPU dependency'에 대한 체크박스를 선택한 다음, 나머지 설정은 그대로 둡니다(그림 10-3).

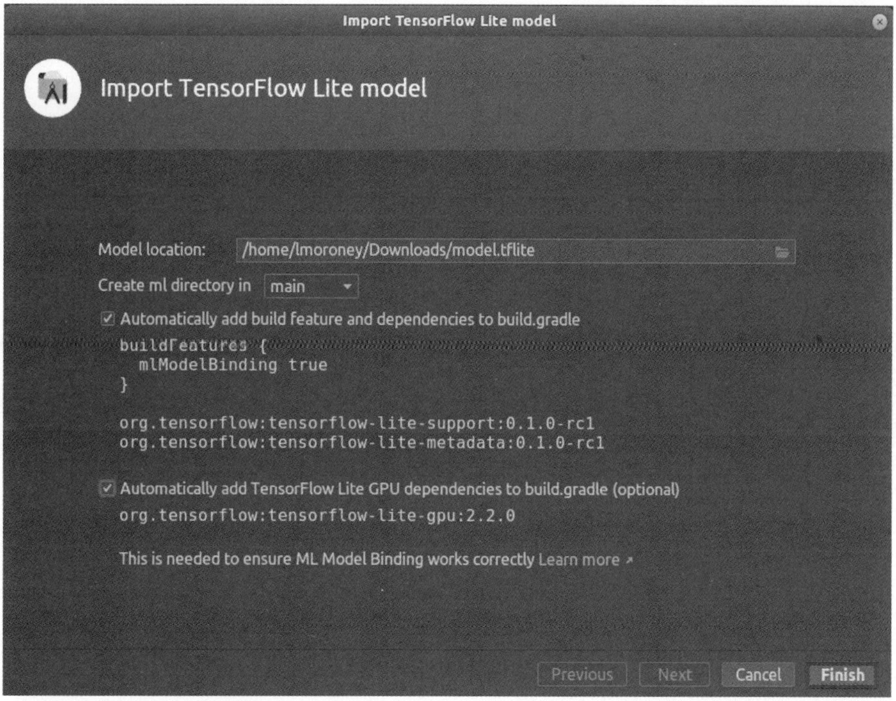

그림 10-3 TFLite 모델 불러오기

[Finish] 버튼을 클릭하면 모델이 애플리케이션에 탑재되며, Gradle 파일이 갱신된 후 동기화까지 자동으로 수행됩니다. 이 과정이 완료되면 샘플 코드가 화면에 나타나는데, 잠시 후 이 코드를 활용해 보겠습니다. 한편 이 과정은 Gradle 파일의 수정, assets 폴더의 생성, 모델 파일의 복사 등 여러 단계를 모두 한 번에 자동으로 수행하기 때문에 시간을 절약할 수 있습니다.

다음으로 할 일은 여러 장의 꽃 이미지를 출력하는 간단한 레이아웃을 만드는 것입니다. 다음은 res 폴더의 들어 있는 여섯 장의 이미지 중 하나를 배치하는 예제 코드입니다.

```xml
<?xml version="1.0" encoding="utf-8"?>
<LinearLayout
    xmlns:android="http://schemas.android.com/apk/res/android"
    android:layout_width="match_parent"
    android:layout_height="match_parent"
    android:orientation="vertical"
    android:padding="8dp"
    android:background="#50FFFFFF"
    >
```

```
<LinearLayout android:orientation="horizontal"
    android:layout_width="match_parent"
    android:layout_height="0dp"
    android:gravity="center"
    android:layout_marginBottom="4dp"
    android:layout_weight="1">

    <ImageView
        android:id="@+id/iv_1"
        android:layout_width="0dp"
        android:layout_weight="1"
        android:scaleType="centerCrop"
        android:layout_height="match_parent"
        android:src="@drawable/daisy"
        android:layout_marginEnd="4dp"
        />

    ...
</LinearLayout>

</LinearLayout>
```

이미지뷰의 식별자는 **iv_1**부터 **iv_6**을 할당했습니다. 여러 장의 이미지를 모두 포함한 코드는 이 책이 제공하는 깃허브 저장소[1]에서 확인할 수 있습니다. 이렇게 작성한 레이아웃은 [그림 10-4]처럼 **drawable** 폴더에 들어 있습니다.

그림 10-4 이미지를 drawable로 추가하기

---

1 옮긴이_ https://github.com/tucan9389/ondevice-ml-book/tree/main/BookSource/Chapter10/FlowersClassifier

그러면 이제 코드에서 **이미지뷰**들을 초기화한 뒤, 클릭에 대한 리스너를 설정할 수 있습니다. 모든 **이미지뷰**의 클릭 리스너로는 동일 메서드를 설정합니다.

```kotlin
override fun onCreate(savedInstanceState: Bundle?) {
    super.onCreate(savedInstanceState)
    setContentView(R.layout.activity_main)
    initViews()
}

private fun initViews() {
    findViewById<ImageView>(R.id.iv_1).setOnClickListener(this)
    findViewById<ImageView>(R.id.iv_2).setOnClickListener(this)
    findViewById<ImageView>(R.id.iv_3).setOnClickListener(this)
    findViewById<ImageView>(R.id.iv_4).setOnClickListener(this)
    findViewById<ImageView>(R.id.iv_5).setOnClickListener(this)
    findViewById<ImageView>(R.id.iv_6).setOnClickListener(this)
}
```

클릭 리스너를 처리하는 메서드는 앞에서 모델을 탑재했을 때 제공된 코드를 수정하여 구현합니다. 다음은 해당 메서드의 전체 구현 코드입니다. 하나씩 살펴보죠.

```kotlin
override fun onClick(view: View?) {
    val bitmap = ((view as ImageView).drawable as BitmapDrawable).bitmap
    val model = Model.newInstance(this)

    val image = TensorImage.fromBitmap(bitmap)

    val outputs = model.process(image)
    val probability = outputs.probabilityAsCategoryList
    val bestMatch = probability.maxByOrNull { it -> it.score }
    val label = bestMatch?.label

    model.close()

    runOnUiThread { Toast.makeText(this, label, Toast.LENGTH_SHORT).show() }
```

onClick 메서드는 view 파라미터를 입력 받는데, 이는 사용자가 클릭한 **이미지뷰**의 참조체입니다. 그리고 비트맵^{Bitmap} 형식의 bitmap 변수에 선택된 뷰의 내용(이미지)을 담습니다.

```
val bitmap = ((view as ImageView).drawable as BitmapDrawable).bitmap
```

비트맵을 텐서로 변환하는 과정은 TensorImage 클래스의 API에 캡슐화되어 있습니다. 따라서 다음처럼 fromBitmap 메서드를 호출하기만 하면 쉽게 해결됩니다.

```
val image = TensorImage.fromBitmap(bitmap)
```

이렇게 이미지를 텐서 형식으로 변환했습니다. 그러면 모델 인스턴스를 만들고, 변환된 이미지를 해당 모델로 입력하면 추론도 수행할 수 있습니다.

```
val model = Model.newInstance(this)
val outputs = model.process(image)
```

모델의 출력은 입력된 이미지에 대해 각 꽃의 종류별 확률로, 다섯 개의 값을 반환한다는 사실을 떠올려봅시다. 이 값들은 알파벳 순서로 나열되어 있기 때문에, 첫 번째 값은 이미지가 데이지(daisy)일 확률을 의미합니다. 그리고 모델이 가장 확신하는 예측 결과를 얻으려면, 가장 높은 확률의 뉴런(배열 요소)을 찾고, 해당 뉴런에 대응되는 레이블을 찾아봐야 합니다.

레이블 정보는 모델메이커가 모델 자체에 포함시켰습니다. 따라서 모델의 출력을 확률 리스트 형식으로 만든 뒤, 가장 높은 확률이 첫 번째가 되도록 정렬하고, 해당 확률의 레이블을 취한 다음, label 프로퍼티에 접근하면 원하는 결과를 얻을 수 있습니다.

```
val probability = outputs.probabilityAsCategoryList
val bestMatch = probability.maxByOrNull { it -> it.score }
val label = bestMatch?.label
```

이렇게 얻은 레이블을 Toast로 간단히 출력해 봅니다.

```
runOnUiThread { Toast.makeText(this, label, Toast.LENGTH_SHORT).show()
```

매우 간단하죠. 이미지를 다루는 애플리케이션 개발을 한다면, 여기서 본 모델메이커를 적극 활용하여 코딩을 간소화하는 전략을 반드시 고려해 보기를 바랍니다.

한 가지 알아둘 점은 이 접근법이 TFLite 모델메이커로 만든 이미지 모델에서만 작동한다는 것입니다. 그 외 텍스트 처리 등 다른 종류의 모델이 필요하다면, **TFLite 태스크**^Task 라이브러리를 대신 사용해야 합니다. 이 방법은 곧 살펴보겠습니다.

10.3 모델메이커로 얻은 모델과 ML Kit를 함께 사용하기

4장은 ML Kit의 이미지 레이블링 API로, 영상 처리 솔루션을 쉽게 개발할 수 있다는 것을 보여줬습니다. 일반적인 상황에서 사용할 수 있는 이미지 분류 모델을 제공하기 때문에, 꽃 이미지를 보여주면 해당 이미지에 담긴 상세 정보를 출력해줬습니다(그림 10-5).

보다시피 이미지가 꽃잎(petal), 꽃(flower), 식물(plant), 하늘(sky)을 표현한다고 파악했습니다! 이 모든 정보가 틀린 것은 아닙니다. 하지만 앞에서 만든, 특정 꽃 종류를 인식하는 커스텀 모델을 사용해, 해당 이미지는 "데이지입니다"라고 출력할 수 있다면 더 좋겠죠!

다행히도 이 과정은 어렵지 않습니다. 4장의 코드를 약간만 수정하면 됩니다. 책 지면의 공간 제약상, 책은 변경된 사항만 담고 있습니다. 따라서 전체 코드를 확인하고 싶다면 이 책의 깃허브를 참고하기를 바랍니다.

우선 ML Kit의 커스텀 레이블링 API가 필요합니다. 따라서 build.gradle에 4장에서 추가한 이미지 레이블링 외 image-labeling-custom 라이브러리를 별도로 더해줘야 합니다.

```
// 이미 포함되어 있을 것입니다
implementation 'com.google.mlkit:image-labeling:17.0.1'

// 다음을 추가하세요
implementation 'com.google.mlkit:image-labeling-custom:16.3.1'
```

그림 10-5 일반적인 이미지 분류기 실행하기

애플리케이션에는 4장에서 샘플 이미지를 넣어둔 **assets** 폴더가 이미 있습니다. 여기에 TFLite 모델메이커로 만든 **model.tflite** 파일을 넣습니다. 원한다면 꽃 이미지를 몇 장 더 추가해도 좋습니다(이 코드는 이 책이 제공하는 깃허브 저장소 내의 Chapter 10 폴더에서도 제공됩니다).

그다음 액티비티의 **onCreate** 함수에서 **LocalModel.Builder()**를 사용해, ML Kit가 기본으로 제공하는 코드 대신, 추가한 커스텀 모델의 인스턴스를 생성하는 부분을 작성합니다.

```
val localModel = LocalModel.Builder()
    .setAssetFilePath("model.tflite")
    .build()

val customImageLabelerOptions =
    CustomImageLabelerOptions.Builder(localModel)
        .setConfidenceThreshold(0.5f)
        .setMaxResultCount(5)
        .build()
```

마지막으로 방금 만든 옵션(**customImageLabelerOptions**)을 **ImageLabeling.getClient()**로 사용하는 부분이 필요합니다. 이 부분은 4장의 원본 코드의 **btn.setOnClickListener**에 구현되어 있으며, 해당 부분을 다음처럼 변경해야 합니다.

```
val labeler = ImageLabeling.getClient(customImageLabelerOptions)
```

그 외는 4장과 동일합니다. 선택된 이미지를 labeler.process 메서드로 처리한 뒤, 모델의
출력 결과는 onSuccessListener에서 처리하면 됩니다.

```
btn.setOnClickListener {
    val labeler = ImageLabeling.getClient(customImageLabelerOptions)
    val image = InputImage.fromBitmap(bitmap!!, 0)
    var outputText = ""
    labeler.process(image)
        .addOnSuccessListener { labels ->
        // 태스크가 성공했을 때 처리
        for (label in labels) {
          val text = label.text
          val confidence = label.confidence
          outputText += "$text : $confidence\n"
        }
        txtOutput.text = outputText
}
```

이제 앞에서 본 것과 같은 데이지 이미지로 애플리케이션을 실행하면, 97%의 높은 확률로 해
당 이미지를 데이지로 분류한 결과를 확인할 수 있습니다(그림 10-6).

그림 10-6 데이지를 커스텀 모델로 분류하기

10.4 언어 모델 사용하기

언어 기반 모델을 사용하는 애플리케이션 또한 [그림 10-1], [그림 10-7]과 매우 유사한 방식으로 구현될 수 있습니다.

한 가지 주요 차이점은 자연어 처리(NLP) 모델이 학습될 때 사용한 것과 **동일한 단어 사전**이 필요하다는 것이죠. 9장의 내용을 떠올려 봅시다. 문장은 단어 목록으로 나누어지며, 각 단어는 대응되는 숫자 토큰으로 대체 되었습니다. 그리고 이 토큰으로 특정 단어의 감정을 파악할 수 있는 벡터가 학습되었죠. 가령 'dog'라는 단어의 토큰이 4이고, 학습된 벡터는 [0, 1, 0, 1]이 될 수 있습니다. 여기서 단어 사전이 'dog'라는 단어를 숫자 4에 **매핑**하는 역할을 합니다. 또한 모델은 고정된 길이의 문장으로 학습되기 때문에, 그 고정 길이가 얼마인지도 알아야만 합니다.

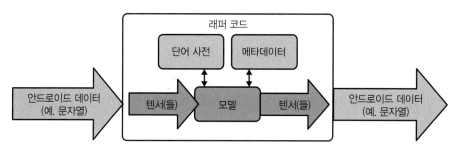

그림 10-7 NLP용 애플리케이션에서 모델 사용하기

TFLite 모델메이커로 모델을 만들었다면, 메타데이터와 단어 사전은 `.tflite` 모델 파일 자체에 내장되어 있습니다. 별도의 준비가 필요 없어서 사용이 매우 편리합니다.

이 절은 9장의 감정 분류 모델처럼, 모델메이커로 학습된 NLP 모델을 사용한다는 가정하에 진행됩니다. 이 책이 제공하는 깃허브 저장소는 모델을 포함한 전체 애플리케이션 코드를 제공하기 때문에, 원한다면 깃허브 저장소의 모델을 활용해도 좋습니다.

10.5 언어 분류용 안드로이드 애플리케이션 만들기

안드로이드 스튜디오로, 빈 액티비티를 선택해 간단한 신규 안드로이드 애플리케이션을 생성합니다. 애플리케이션 템플릿이 생성되면, **build.gradle** 파일에 TFLite, TFLite 태스크 라이브러리를 포함시킵니다. 텍스트를 다루는 데 필요한 것들이죠.

```
implementation 'org.tensorflow:tensorflow-lite-task-text:0.1.0'
implementation 'org.tensorflow:tensorflow-lite:2.2.0'
implementation 'org.tensorflow:tensorflow-lite-metadata:0.1.0-rc1'
implementation 'org.tensorflow:tensorflow-lite-support:0.1.0-rc1'
implementation 'org.tensorflow:tensorflow-lite-gpu:2.2.0'
```

Gradle의 동기화가 완료되면, 모델을 애플리케이션에서 사용할 수 있습니다. [그림 10-2]와 동일한 방식이 사용됩니다. 프로젝트 탐색기에서 패키지명을 마우스 오른 클릭한 뒤, [New] → [Other] → [TensorFlow Lite Model]을 선택합니다. 나타나는 다이얼로그에서 모든 설정을 기본으로 유지한 채 [Finish] 버튼을 클릭합니다.

10.5.1 레이아웃 파일 생성하기

이번에 만들 애플리케이션은 사용자가 텍스트를 입력하는 에딧텍스트, 추론을 요청하는 버튼, 추론 결과를 출력하는 텍스트뷰 정도로 사용자 인터페이스를 매우 간단히 구성합니다. 다음은 레이아웃 코드입니다.

```xml
<?xml version="1.0" encoding="utf-8"?>
<androidx.constraintlayout.widget.ConstraintLayout
    xmlns:android="http://schemas.android.com/apk/res/android"
    xmlns:app="http://schemas.android.com/apk/res-auto"
    xmlns:tools="http://schemas.android.com/tools"
    android:layout_width="match_parent"
    android:layout_height="match_parent"
    tools:context=".MainActivity">
    <ScrollView
        android:id="@+id/scroll_view"
        android:layout_width="match_parent"
        android:layout_height="0dp"
        app:layout_constraintTop_toTopOf="parent"
```

```xml
                app:layout_constraintBottom_toTopOf="@+id/input_text">

            <TextView
                android:id="@+id/result_text_view"
                android:layout_width="match_parent"
                android:layout_height="wrap_content" />
        </ScrollView>
        <EditText
            android:id="@+id/input_text"
            android:layout_width="0dp"
            android:layout_height="wrap_content"
            android:hint="Enter Text Here"
            android:inputType="textNoSuggestions"
            app:layout_constraintBaseline_toBaselineOf="@+id/ok_button"
            app:layout_constraintEnd_toStartOf="@+id/ok_button"
            app:layout_constraintStart_toStartOf="parent"
            app:layout_constraintBottom_toBottomOf="parent" />
        <Button
            android:id="@+id/ok_button"
            android:layout_width="wrap_content"
            android:layout_height="wrap_content"
            android:text="OK"
            app:layout_constraintBottom_toBottomOf="parent"
            app:layout_constraintEnd_toEndOf="parent"
            app:layout_constraintStart_toEndOf="@+id/input_text"
            />
</androidx.constraintlayout.widget.ConstraintLayout>
```

세 개의 UI 컨트롤의 이름에 주목하세요. 추론을 출력하는 텍스트뷰에는 result_text_view, 텍스트를 입력받는 에딧텍스트에는 input_text, Button에는 ok_button이라는 이름을 지정하였습니다.

10.5.2 액티비티 코드 작성하기

메인 액티비티에 작성할 코드는 꽤 간단합니다. 먼저 각 UI 컨트롤, 자연어 분류용 API 인스턴스, 모델 변수를 추가합니다.

```kotlin
lateinit var outputText: TextView
lateinit var inputText: EditText
```

```
lateinit var btnOK: Button
lateinit var classifier: NLClassifier
var MODEL_NAME:String = "emotion-model.tflite"
```

그다음 onCreate 메서드에서 선언한 각 변수를 초기화합니다.

```
outputText = findViewById(R.id.result_text_view)
inputText = findViewById(R.id.input_text)
btnOK = findViewById(R.id.ok_button)
classifier = NLClassifier.createFromFile(applicationContext, MODFI_NAMF);
```

사용자가 버튼을 클릭하면, 입력된 텍스트를 읽어 분류 API에 전달해줘야 합니다. 단어 사전이 모델 자체에 포함되어 있어서, 별도로 단어 사전을 불러오는 등의 작업은 필요 없습니다. 단지 입력된 텍스트 문자열을 classifier.classify() 메서드로 전달하기만 하면 되죠.

```
btnOK.setOnClickListener{
        val toClassify:String = inputText.text.toString()
        val results:List<Category> = classifier.classify(toClassify)
        showResult(toClassify, results)
}
```

그러면 모델은 Category 객체 목록을 반환하는데, 각 객체에는 각 레이블에 대한 확률 등 예측에 관한 데이터가 들어 있습니다. 레이블 정보는 Category 객체의 label 프로퍼티에, 레이블에 대한 확률은 score 프로퍼티에 들어 있죠. 여기서는 부정적 감정에 0, 긍정적 감정에 1이라는 레이블이 할당되어 있습니다. 두 종류의 레이블만 있기 때문에, 출력도 두 객체만 포함하며, 각 객체로 각 레이블의 확률을 알아낼 수 있습니다.

결과를 화면에 표시하려면, 각 객체를 반복적으로 접근해 객체의 정보를 출력해야 합니다. 이 내용은 showResult 메서드에 구현되어 있습니다.

```
private fun showResult(toClassify: String, results: List<Category>) {
        // 애플리케이션 UI를 업데이트할 때 UI 스레드에서 실행합니다
        runOnUiThread {
            var textToShow = "Input: $toClassify\nOutput:\n"
            for (i in results.indices) {
                val result = results[i]
```

```
                    textToShow += java.lang.String.format(
                            "    %s: %s\n",
                            result.label,
                            result.score
                    )
                }
                textToShow += "---------\n"

                outputText.text = textToShow
            }
        }
```

이 정도면 구현이 완료된 것과 다름없습니다. 모델메이커를 사용하면 모델과 단어 사전 정보가 단일 파일에 함께 포함되며, 모델메이커용 안드로이드 API(`build.gradle` 파일에 추가)는 텍스트를 텐서로, 텐서를 텍스트로 변환하는 등 복잡한 작업을 쉽게 할 수 있도록 해줍니다. 따라서 안드로이드 애플리케이션 자체에 대한 코드에만 집중할 수 있습니다.

구현된 내용을 확인해 보죠. [그림 10-8]은 'Today was a wonderful day, I had a great time, and I feel happy!(좋은 시간을 보냈고, 행복감을 느낀 오늘은 아주 멋진 날이야!)'라고 텍스트를 입력했을 때의 결과입니다.

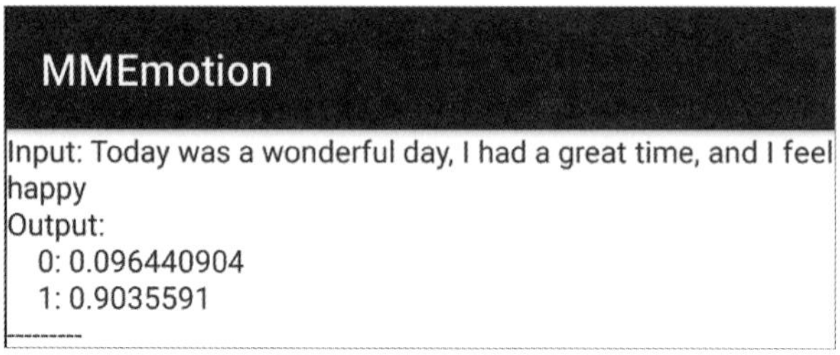

MMEmotion
Input: Today was a wonderful day, I had a great time, and I feel happy
Output:
  0: 0.096440904
  1: 0.9035591

그림 10-8 긍정적 감정을 가진 텍스트 입력

보다시피 입력된 문장은 긍정으로 분류되었습니다. 또한 0번째 뉴런(부정)의 출력값은 매우 낮은 반면, 1번째 뉴런(긍정)의 출력값은 매우 높습니다. 만약 'Today was an awful day, I had a terrible time, and I feel sad.(끔찍한 시간을 보냈고, 슬픔을 느낀 오늘은 매우 최악의 날이야!)' 같은 부정적인 텍스트를 입력한다면, 정반대의 결과가 출력됩니다(그림 10-9).

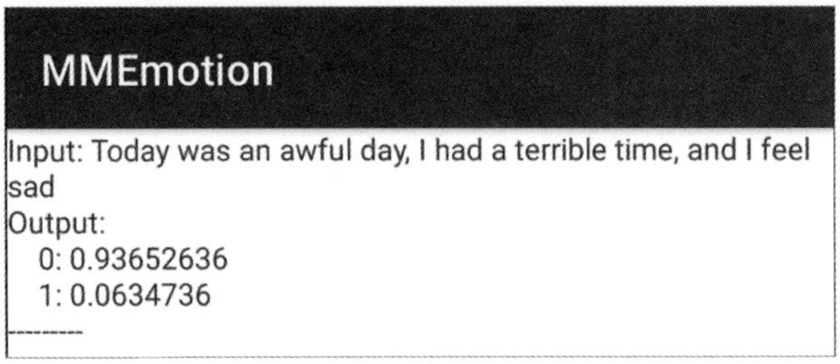

그림 10-9 부정적 감정을 가진 텍스트 입력

물론 우리가 구현한 애플리케이션은 매우 단순합니다. 하지만 모델메이커와 언어 모델로, 뭔가 대단한 일을 해낼 수 있는지에 대한 감을 얻기에 충분하다고 생각합니다. 또한 안드로이드에서 매우 쉽게 사용할 수 있다는 사실도 알 수 있었습니다.

만약 모델메이커로 BERT 기반 모델을 학습시켰다면, 코드를 약간 수정해야 합니다. `NLClassifier` 대신 `BERTNLClassifier` 클래스를 사용하기만 하면 됩니다! 보통 BERT의 텍스트 분류 능력이 훨씬 더 뛰어납니다. 즉, 거짓 양성과 거짓 음성률이 더 적다는 것입니다. 하지만 큰 모델을 사용하는 데는 그만큼 큰 비용이 발생할 수 있다는 것을 항상 염두에 두시기를 바랍니다.

10.6 마치며

이 장에서는 안드로이드 애플리케이션에서 커스텀 모델을 사용할 때 고려해야 할 사항을 살펴봤습니다. 단순히 모델을 드래그 앤 드롭하는 것처럼 쉽지는 않기 때문에 안드로이드용 자료 구조와 모델에서 사용된 텐서 간 별도의 변환이 필요하다는 것을 배웠습니다. 안드로이드 개발자가 이미지 및 NLP 모델의 보편적인 시나리오를 다뤄야 한다면, 가능한 모델메이커로 모델을 만들고 관련 API로 데이터 변환을 다루는 것이 좋습니다. 굉장히 편리하기 때문이죠. 아쉽지만 iOS 개발에는 유사한 도구가 없기 때문에, 약간 더 저수준의 접근이 필요합니다. 이 내용은 이어지는 11장에서 살펴보겠습니다.

iOS에서 커스텀 모델 사용하기

9장에서는 TFLite 모델메이커, 클라우드 AutoML 비전 엣지, 전이 학습을 사용한 텐서플로를 활용하여 커스텀 모델을 만드는 여러 가지 시나리오들을 살펴보았습니다. 이번 장에서는 이 모델을 어떻게 iOS 애플리케이션에서 사용하는지 살펴봅니다. 이미지 인식과 글자 분류 두 가지 태스크에 초점을 둡니다. 텐서플로로 만들어진 모델을 모바일 애플리케이션에 넣는다고 바로 작동하지 않기 때문에 부분적으로는 10장과 굉장히 비슷한 내용을 다룹니다. 안드로이드에선 모델이 TFLite 모델메이커로 만든 모델이 메타데이터와 태스크 라이브러리가 함께 제공되어 모델 사용이 굉장히 쉽습니다. iOS에서는 완전히 동일한 수준의 사용성을 지원하지는 않으며, 데이터를 모델에 넣고 결과를 파싱해 오는 작업을 저수준으로 처리해줘야 합니다. 이번 장을 보고 나면 기본적인 작동 방식을 이해할 수 있을 것입니다. 여러분의 시나리오는 데이터에 따라 다른 목적을 가지겠지만 ML Kit에서 지원하는 커스텀 모델을 사용하면 기본적으로 제공하는 모델 외에도 사용할 수가 있습니다. 이번 장에서는 iOS에서 커스텀 모델을 사용할 때 어떻게 ML Kit API를 사용하는지 알아보겠습니다.

11.1 iOS에 모델 연결하기

모델을 학습시키고 TFLite 포맷으로 변환하면 애플리케이션의 에셋으로 추가하는 **이진 블롭**을 얻게 됩니다. 애플리케이션은 이것을 TFLite 인터프리터에 불러와서, 입력과 출력 텐서를 **이진**

수준으로 만들도록 코드를 짜야 합니다. 예를 들어 모델이 부동소수점을 입력으로 받는다면, 부동소수점의 4바이트를 가지는 Data 타입을 사용하게 됩니다. 쉽게 사용하기 위해 필자가 스위프트 익스텐션 문법으로 만들어둔 구현체가 있습니다. [그림 11-1] 같은 패턴이 될 것입니다.

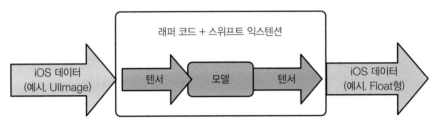

그림 11-1 iOS 애플리케이션에서 모델 사용하기

예를 들어 8장에서 사용했던 간단한 모델(y = 2x − 1의 관계를 학습시킨 모델)을 생각해 보면, 부동소수점의 값 하나를 입력으로 전달하여 추론된 결과도 부동소수점의 값 하나가 됩니다. 입력값이 10이었다면 출력값이 18.98이거나 그에 가까운 값일 수 있습니다. 입력값은 부동소수점이지만, 실제로는 부동소수점의 4바이트로 불러와서 **버퍼**에 넣어야 하고, 이 버퍼는 모델로 전달됩니다. 입력값이 변수에 담겨 있다면 다음 코드로 버퍼에 데이터를 담을 수 있습니다.

```
let buffer: UnsafeMutableBufferPointer<Float> =
          UnsafeMutableBufferPointer(start: &data, count: 1)
```

이 코드는 데이터가 저장된 위치에 대한 **메모리 포인터**를 생성합니다. 제네릭 형식의 <Float>을 사용하고 개수를 1개로 지정했으므로 버퍼는 4바이트가 됩니다. 이제 메모리에서 저수준 바이트를 얻는다는 게 어떤 의미인지 살펴보겠습니다. 다음은 버퍼를 Data 타입으로 인터프리터의 첫 번째 입력 텐서로 복사했습니다.

```
try interpreter.copy(Data(buffer: buffer), toInputAt: 0)
```

추론은 인터프리터를 인보크(실행)할 때 실행됩니다.

```
try interpreter.invoke()
```

그리고 결과를 얻기 위해 출력 텐서를 가져옵니다.

```
let outputTensor = try interpreter.output(at: 0)
```

outputTensor는 결과에는 Float32가 들어 있으므로 outputTensor를 Float32로 데이터 개스팅 해줘야 합니다.

```
let results: [Float32] =
    [Float32](unsafeData: outputTensor.data) ?? []
```

이제 결과를 살펴보겠습니다. 이번에는 출력값이 하나만 있어서 비교적 간단합니다. 나중에는 이미지 분류기 같은 여러 뉴런의 출력도 살펴보겠습니다.

예제가 굉장히 단순하지만, 더 복잡한 태스크에도 비슷한 패턴을 가집니다. 그러니 이 패턴을 기억해 두세요.

입력 데이터를 기본 데이터의 버퍼로 변환합니다. 인터프리터의 입력 텐서에 이 버퍼를 복사해 넣고 인터프리터를 인보크(실행)합니다. 그런 다음 출력 텐서에서 메모리 스트림으로 데이터를 읽어와서 필요한 Data 타입으로 변환해줘야 합니다. 이런 과정이 담긴 y = 2x − 1 모델 기반의 간단한 애플리케이션은 이 책이 제공하는 깃허브 저장소에서 확인할 수 있습니다. 우리는 이제 이미지를 사용하는 좀 더 복잡한 예제를 보겠습니다. 앞에서 이야기했었던 실수 하나만 입력으로 받는 모델보다는 조금 더 복잡하긴 하지만 이미지 데이터가 꽤 구조화되어 있고 메모리로부터 읽어오도록 변환하는 과정이 그렇게 어렵지 않기 때문에 패턴은 동일합니다. 이 장에서 마지막으로 살펴볼 패턴은 학습된 자연어 처리(NLP) 모델을 사용하는 애플리케이션입니다. 이 경우 모델이 입력받아야 할 정보가 '글자'인데, 글자는 모델이 인식하는 텐서와 많이 다른 형식의 데이터이므로 글자 데이터를 텐서로 변환하는 방법을 살펴보겠습니다. 하지만 먼저 커스텀 모델로 이미지를 인식하는 모델부터 보겠습니다.

11.2 커스텀 이미지 분류기 모델

6장에서 우리는 iOS에서 ML Kit로 이미지 분류기를 사용하는 방법을 살펴보았습니다. 이때는 사전학습된 모델로 이미지로부터 수백 개의 카테고리를 인식할 수 있었습니다. 사진에 강아지가 있다거나, 고양이가 있다거나, 둘 다 있는 상황에도 굉장히 잘 작동했습니다. 하지만 좀 더 전문적인 이미지를 인식하고 싶다면 어떨까요? 인식하고자 하는 카테고리가 조금 더 세부적이거나 범위가 제한적일 수 있습니다. 나뭇잎을 인식하여 여러 종류의 농작물 질병을 인식하는 애플리케이션을 만들고 싶을 수 있고, 아니면 새 사진을 찍으면 어떤 종류인지 말해주는 애플리케이션을 만들고 싶을 수도 있습니다.

8장에서는 파이썬과 TFLite 모델메이커로 사진에서 다섯 가지 꽃의 종을 인식할 수 있는 모델을 빠르게 학습시키는 방법을 살펴보았습니다. 우리는 그것을 커스텀 모델로 만들 수 있는 템플릿을 사용할 예정입니다. 이러한 이미지 기반의 모델은 ML Kit의 커스텀 이미지 로딩 기능으로 쉽게 애플리케이션을 만들 수 있지만, 이 기능을 활용하기 전에 ML Kit 없이 iOS와 스위프트로 모델을 사용하는 방법을 알아보면 좋을 것 같습니다. 이제는 조금 더 저수준으로 내려가게 될 테니 마음의 준비를 해주세요!

1단계 애플리케이션 생성 및 TFLite Pod 추가하기

Xcode를 사용하여 간단한 애플리케이션 프로젝트를 만듭니다. 프로젝트를 만들고 라이브러리를 설치하는 과정이 처음이라면 3장에 자세한 내용이 있으니 참고해주세요. 애플리케이션 프로젝트를 만들고 나면 Xcode를 닫고, 프로젝트를 생성한 폴더에 podfile(확장자 없이) 텍스트 파일을 다음 내용으로 채워 넣어 만들겠습니다.

```
target 'Chapter11Flowers' do
    # 스위프트를 사용하지 않고, 동적 프레임워크의 사용을 원치 않을 때는 다음 줄을
    # 주석 처리합니다
    use_frameworks!

    # Chapter11Flowers를 위한 Pods
        pod 'TensorFlowLiteSwift'

end
```

애플리케이션 프로젝트 이름이 '**Chapter11Flowers**'입니다. 그리고 TensorFlowLiteSwift 라 부르는 pod을 추가하였습니다. 다음으로 CocoaPods 의존성 설치를 위해 pod install 을 실행하겠습니다. 의존성 설치가 끝나면 다시 Xcode를 열고 .xcworkspace를 불러옵니다 (.xcproject가 아닙니다).

2단계 UI와 이미지 에셋 만들기

매우 단순한 애플리케이션으로 커스텀 이미지 분류기를 사용하는 방법을 살펴보겠습니다. [그림 11-2]는 우리가 만들고자 하는 애플리케이션의 스크린숏입니다.

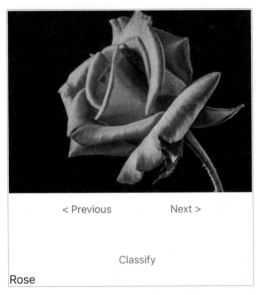

그림 11-2 커스텀 이미지 모델을 사용하는 애플리케이션

애플리케이션에는 여러 종류의 꽃 사진이 미리 준비되어 있고 [Previous]와 [Next] 버튼으로 이전, 다음 사진으로 넘어갈 수 있습니다. [Classify] 버튼을 누르면 현재 띄워진 이미지로 모델 추론을 실행하고 그 결과로 어떤 종류의 꽃인지 알려줍니다. 카메라나 앨범에서 사진을 가져오는 방법도 어렵진 않지만, 애플리케이션 구현부를 쉽게 가져가기 위해 미리 준비된 꽃 이미지를 불러왔습니다. 이런 화면을 구성하기 위해서 'Main.storyboard'를 열고 [그림 11-3]

처럼 스토리보드를 구성합니다.

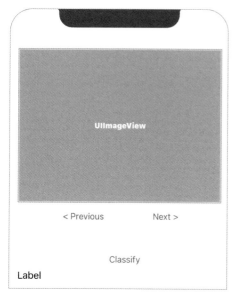

그림 11-3 스토리보드 구성하기

Ctrl+드래그하여 스토리보드의 컨트롤을 `ViewController.swift`로 끌어넣어 아웃렛과 액션을 만듭니다.

버튼에 대해서는 `prevButton`, `nextButton`, `classify` 버튼의 액션을 만들고 `imageView` 이름의 `UIImageView` 아웃렛도 만들겠습니다. 또한 `lblOutput` 이름의 `UILabel` 아웃렛도 만듭니다.

이 커스텀 모델은 다섯 가지 꽃 종류(daisy: 데이지, dandelion: 민들레, rose: 장미, sunflower: 해바라기, tulip: 튤립)를 인식할 수 있습니다. 이 종류의 꽃 이미지를 웹에서 다운받아 넣어봐도 잘 작동할 것입니다. 파일 이름은 `1.jpg`, `2.jpg` 등의 식으로 만들었는데, 뒤에서 인덱싱 코딩을 쉽게 할 수 있게 하기 위함입니다. 이미지는 이 책이 제공하는 깃허브 저장소[1]에서 확인할 수 있습니다.

---

1 옮긴이_ https://github.com/tucan9389/ondevice-ml-book/tree/main/BookSource/Chapter11/Chapter11Flowers/Chapter11Flowers/Assets.xcassets

애플리케이션 안에 이미지를 넣으려면 Xcode에서 `Assets.xcassets` 폴더를 열고 에셋 네비게이터에 이미지를 넣으면 됩니다. [그림 11-4]처럼 'AppIcon'이라고 표시된 부분 아래에 드래그해 놓으면 Xcode가 나머지는 알아서 처리합니다.

그림 11-4 프로젝트에 에셋(이미지) 추가하기

`1.jpg`, `2.jpg`… 이름의 6개 이미지 파일을 추가하고 나면 1, 2… 식으로 에셋의 이름이 바뀌어 있을 것입니다. 이제 코딩할 준비가 되었습니다.

3단계 이미지 에셋을 불러오고 탐색하기

이미지에 번호가 매겨져 있어서, [Previous] 버튼이나 [Next] 버튼으로 불러오고 탐색하기가 쉬워졌습니다. `currentImage` 프로퍼티는 이전/다음 이미지로 바꾸는 기능으로 만들 것입니다. `viewDidLoad` 메서드에서 `loadImage` 메서드를 호출하여 이미지를 불러오고, 이미지들 사이를 탐색하고 화면에 보여줄 수 있습니다.

```
var currentImage = 1
// previous 버튼이 현재 이미지의 값을 바꿉니다
// 현재 이미지 번호가 0보다 작거나 같다면 6으로 설정합니다
@IBAction func prevButton(_ sender: Any) {
    currentImage = currentImage - 1
    if currentImage<=0 {
        currentImage = 6
    }
    loadImage()
}
```

```
// next 버튼이 현재 이미지 값을 바꿉니다
// 현재 이미지 번호가 7보다 크거나 같다면 1로 설정합니다
@IBAction func nextButton(_ sender: Any) {
    currentImage = currentImage + 1
    if currentImage>=7 {
        currentImage = 1
    }
    loadImage()
}


override func viewDidLoad() {
    super.viewDidLoad()
    // 뷰가 불러와지고 난 뒤에 추가 설정을 하는 곳
    loadImage()
}
```

loadImage 메서드는 currentImage와 같은 이름의 이미지를 불러옵니다.

```
// 이미지를 불러오는 메서드는 번들에서 이미지를 가져오는 기능을 수행합니다
// 번들에 이미지 이름은 단순히 "1", "2"... 입니다
// 따라서 우리는 UIImage(named: "1")와 같이 불러오면 되니,
// String(currentImage)으로 이미지 번호를 문자열로 만들어 사용합니다
func loadImage(){
    imageView.image = UIImage(named: String(currentImage))
}
```

4단계 모델 불러오기

여기서는 이제 모델이 필요합니다. 8장의 내용을 참고하여 직접 꽃 분류 모델을 만들어도 되고, 필자가 만든 모델을 사용하여도 됩니다. 필자가 만든 모델은 이 책이 제공하는 깃허브 저장소의 Chapter11Flowers 폴더[2]에 올라가 있습니다.

인터프리터 객체에 모델 경로를 저장해줘서 모델을 불러올 수 있습니다. 모델은 애플리케이션 번들 안에 포함되어 있으니 다음과 같이 지정하면 됩니다.

---

2 옮긴이_ https://github.com/tucan9389/ondevice-ml-book/blob/main/BookSource/Chapter11/Chapter11Flowers/flowers_model.tflite

```
let modelPath = Bundle.main.path(forResource: "flowers_model",
                                 ofType: "tflite")
```

TFLite 인터프리터는 앞에서 설치했던 pods 라이브러리의 일부이며, 다음처럼 라이브러리를 불러와 사용할 수 있습니다.

```
import TensorFlowLite
```

인터프리터를 객체화하고 모델을 불러오기 위해 다음처럼 코드를 작성합니다.

```
var interpreter: Interpreter
do{
    interpreter = try Interpreter(modelPath: modelPath!)
} catch _{
    print("Error 모델 불러오기 실패")
    return
}
```

이제 메모리에 인터프리터가 올라왔습니다. 다음으로 이미지를 인터프리터에 넣어 보겠습니다!

5단계 이미지를 입력 텐서로 변환하기

이 전처리 작업은 꽤 복잡하기 때문에 먼저 그림으로 개념부터 설명하겠습니다. [그림 11-1]에서 우리는 UIImage 타입으로 이미지를 가져온다고 했습니다. 이 타입은 모델이 학습할 때 사용했던 텐서 타입과 많이 다른 형태입니다. 먼저 이미지가 보통 메모리에서 어떻게 담겨있는지 이해해 보겠습니다.

이미지의 모든 픽셀이 32비트(혹은 4바이트)로 표현됩니다. 이 값들은 빨강, 초록, 파랑, 알파에 대한 강도를 의미합니다. [그림 11-5]를 보겠습니다.

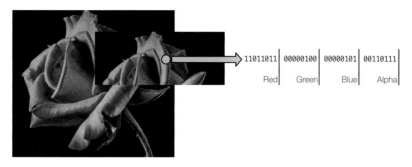

그림 11-5 이미지가 메모리에 올라가 있을 때

1000 × 1000 이미지를 가지고 있다면, 4바이트 정보 100만 개가 메모리에 올라가 있게 됩니다. 가장 첫 번째 4바이트 정보는 왼쪽 상단의 픽셀에 대한 정보이고, 다음 4바이트는 다음 픽셀을 표현하는 식입니다.

이미지 인식용으로 모델을 학습시킬 때, 이미지를 표현하는 텐서를 사용합니다. 이 텐서는 보통 **빨강, 초록, 파랑** 채널로 이루어져 있으며 알파 채널은 사용하지 않습니다. 또한 빨강, 초록, 파랑 바이트값을 그대로 사용하지 않고 **정규화된 바이트값**을 사용합니다. 예를 들어 [그림 11-4]에서 표시된 그 픽셀의 빨강이 바이트에서는 $11011011_{(2)}$이라면 십진수로 표현하면 $219_{(10)}$가 됩니다. 정규화 방법은 여러 가지가 있지만 보통 그 값이 0에서 255사이기 때문에 가장 쉬운 방법은 255로 나누는 방법입니다. 픽셀에서 빨강은 219/255의 부동소수값으로 표현됩니다. 초록과 파랑도 비슷한 방법으로 4/255와 5/255 값으로 표현됩니다([그림 11-4]를 보면 초록 채널은 100(2), 파랑 채널은 $101_{(2)}$이며 십진수로 표현하면 각각 4와 5가 됩니다).

하지만 iOS는 텐서플로처럼 텐서로 자료구조를 사용하지 않습니다. 대신 로우 메모리에 텐서를 복사하고 **Data**값 타입을 사용해서 매핑해줘야 합니다. 이미지라면 픽셀별로 처리를 해줘야 하는데 빨강/초록/파랑 채널을 각 바이트값으로 추출한 다음 3개의 값으로 쪼개어 255로 나눈 값으로 만들어줍니다. 이미지의 각 픽셀에 대해 이 작업을 수행하고 만들어진 **Data** 블롭을 인터프리터에 전달하면 인터프리터가 텐서로 사용합니다. 또 한 가지 신경 써야 하는 부분은 이미지가 모델에 알맞은 크기로 리사이징하는 부분입니다. 실제 입력 이미지가 1000 × 1000 크기라고 했을 때, 모델의 입력 크기에 맞게 이미지 크기를 줄여줘야 하는데, 보통 모델은 224 × 224를 입력으로 받습니다.[3]

---

3 옮긴이_ 이미지넷 데이터로 학습된 대부분의 모델은 224 × 224를 입력으로 받습니다.

이제 코드를 보겠습니다. 저장해 둔 currentImage으로 UIImage를 생성합니다.

```
let image = UIImage(named: String(currentImage))
```

UIImage 타입은 CVPixelBuffer 메서드를 가지고 있습니다. 픽셀 버퍼로 가져와서 이미지를
자르도록 하겠습니다.

```
var pixelBuffer:CVPixelBuffer
pixelBuffer = image!.pixelBuffcr()!
```

이미지를 224 × 224 크기로 만드는 방법은 여러 가지가 있겠지만, 간단하게 작업하기 위해
픽셀 버퍼의 centerThumbnail 속성을 사용하겠습니다. centerThumbnail 속성은 이미지
내의 가장 큰 정사각형으로 잘라서 224 × 224 크기로 줄여줍니다.

```
// 가운데에서 가장 큰 사각형으로 이미지를 자르고,
// 모델의 입력 크기에 맞게 이미지 크기를 줄입니다
let scaledSize = CGSize(width: 224, height: 224)
let thumbnailPixelBuffer =
        pixelBuffer.centerThumbnail(ofSize: scaledSize)
```

이제 224 × 224 이미지를 가졌습니다. 하지만 여전히 픽셀당 32비트의 정보를 가지고 있는
형식의 데이터입니다. 우리는 빨강, 초록, 파랑 채널로 분리하고 데이터 버퍼에 담도록 하겠습
니다.

버퍼의 크기는 224 × 224 × 3바이트이므로 rgbDataFromBuffer 이름의 헬퍼 메서드를 만
들겠습니다. 이 메서드는 픽셀 버퍼를 받아서 채널로 분리하고 일련의 바이트로 만들어줍니다.
다음처럼 메서드를 호출하여 Data를 반환받습니다.

```
let rgbData = rgbDataFromBuffer(
    thumbnailPixelBuffer!, byteCount: 1 * 224 * 224 * 3)
```

이제 우리는 저수준 처리를 할 준비가 되었습니다. 여기서 헬퍼 메서드의 역할은 CVPixel
Buffer를 입력으로 받아서 Data를 출력으로 돌려준다는 점입니다.

```
private func rgbDataFromBuffer(
    _ buffer: CVPixelBuffer, byteCount: Int) -> Data? {
}
```

인터프리터가 반환하는 자료형에 따라 이 메서드는 **Data?**를 반환합니다. 조금 뒤에 다시 살펴 보겠습니다.

먼저 버퍼가 할당되어 있는 **메모리 주소의 포인터**를 얻습니다(mutableRawPointer). 이 버퍼 는 224 × 224로 잘린 이미지를 담는 버퍼입니다.

```
CVPixelBufferLockBaseAddress(buffer, .readOnly)
defer { CVPixelBufferUnlockBaseAddress(buffer, .readOnly) }
guard let mutableRawPointer =
            CVPixelBufferGetBaseAddress(buffer)
                else {
                        return nil
                }
```

우리는 이 크기만큼의 버퍼가 필요하며, 이 크기를 count라 부르겠습니다. size 대신 count라 부르는 게 좀 이상할 수 있지만 우리가 만들 Data 객체의 인자가 count를 인자로 받기 때문이 며, 바이트의 count(개수)라는 의미입니다. 어쨌든 **CVPixelBufferGetDataSize**로 버퍼의 크기를 가져옵니다.

```
let count = CVPixelBufferGetDataSize(buffer)
```

이제 픽셀 버퍼의 위치를 가리키는 포인터가 있고, 버퍼의 크기를 가지고 있으므로 Data 객체 를 생성하겠습니다.

```
let bufferData = Data(bytesNoCopy: mutableRawPointer,
                    count: count, deallocator: .none)
```

각 8비트 채널은 여기서 추출되어서 부동소수로 변환되고 255로 나눠서 **정규화 과정**을 거칩니 다. rgbData는 이미지의 바이트 개수와 같은 크기만큼으로 만들어진 **부동소수값의 배열**을 만듭 니다(크기가 224 × 244 × 3였고, byteCount 파라미터에 저장돼 있습니다).

```
var rgbBytes = [Float](repeating: 0, count: byteCount)
```

이제 버퍼를 돌면서 바이트별로 처리합니다. 네 번째 값은 알파값(투명도값)이므로 무시합니다. 나머지는 바이트를 읽어와서, 255로 나눠 정규화를 하고, 정규화된 값을 **rgbBytes**의 현재 인덱스에 저장합니다.

```
var index = 0
for component in bufferData.enumerated() {
    let offset = component.offset
    let isAlphaComponent = (offset % 4) == 3
    guard !isAlphaComponent else { continue }
    rgbBytes[index] = Float(component.element) / 255.0
    index += 1
}
```

정규화된 일련의 바이트를 얻었습니다. 인터프리터에게는 이 데이터가 이미지 정보를 담고 있는 텐서로 보일 것입니다. 그리고 마지막으로 다음처럼 Data를 반환합니다.

```
return rgbBytes.withUnsafeBufferPointer(Data.init)
```

다음으로 **Data** 객체를 인터프리터에 보내서, 결과를 받는 부분을 구현해 보겠습니다.

6단계 텐서로 추론하기

이제 우리는 **Data** 타입으로 변환한 이미지를 가지고 있습니다. 각 픽셀별 빨강, 초록, 파랑 채널에 대해 정규화 수행 후 부동소수점 타입으로 만들어진 정보를 담고 있습니다. 인터프리터가 데이터를 읽으면 입력 텐서로 인식하여 부동소수점으로 읽어낼 것입니다. 그럼 먼저 인터프리터를 초기화하고 입력, 출력 텐서에 대한 메모리를 할당하겠습니다. 애플리케이션에서 **getLabelForData** 메서드를 참고해주세요.

```
// 모델의 입력 텐서를 메모리에 할당하기
try interpreter.allocateTensors()
```

인터프리터는 로우 데이터를 읽어옵니다. 그럼 데이터를 메모리 위치에 복사하게 됩니다. 이 메모리 위치는 인터프리터가 입력 텐서용으로 할당했던 위치입니다.

```
// RGB 데이터를 입력 텐서에 복사하기
try interpreter.copy(data, toInputAt: 0)
```

여기서 우리가 0번째 입력을 사용하는 이유는 단일 이미지를 입력으로 하기 때문입니다. 여러 개의 이미지를 입력받아서 한 번에 추론하고 싶으면, 0 대신에 n을 넣어주면 됩니다. 이제 인터프리터를 인보크(실행)하겠습니다.

인보크(실행)하면 데이터를 불러와서 분류를 수행한 뒤 결과를 출력 텐서에 기록하게 됩니다.

```
// 인터프리터를 인보크(실행)하여 추론 실행하기
try interpreter.invoke()
```

다음의 output(at:) 메서드를 통해 인터프리터의 출력 텐서에 접근할 수 있습니다. 입력과 같이 출력도 0번째 인덱스에서 가져옵니다. 배치 추론으로 여러 이미지를 입력으로 넣었다면 n번째 이미지에 대한 n번째 인덱스에서 결과를 가져오면 됩니다.

```
// 추론 결과를 가공하기 위해 출력 텐서를 가져오기
outputTensor = try interpreter.output(at: 0)
```

5개의 서로 다른 꽃 종류를 구별하도록 모델을 학습시켰었는데, 모델 출력에는 5개의 값을 가지게 됩니다. 각 값은 특정 꽃이 포함될 확률 정보를 담고 있습니다. 순서는 알파벳 순으로 정렬해서 학습되었기 때문에 각 값은 daisy, dandelion, rose, sunflower, tulip 순서입니다.

각 값은 각 클래스에 대한 확률값을 나타내는 데 부동소수점으로 표현되며 0에서 1의 사잇값을 가집니다. 이제 출력 텐서를 읽어와서 다음과 같이 배열로 변환할 수 있습니다.

```
let resultsArray =
    outputTensor.data.toArray(type: Float32.self)
```

이미지의 꽃이 어떤 종인지 판단하기 위해 스위프트 코드로 돌아가겠습니다. 최댓값을 뽑아내고, 최댓값의 인덱스를 찾습니다. 그리고 이 인덱스에 해당하는 레이블(꽃의 종류)을 가져옵니다.

```
// 배열에서 최댓값을 가져오기
let maxVal = resultsArray.max()
// 가장 큰 값의 인덱스를 가져오기
let resultsIndex = resultsArray.firstIndex(of: maxVal!)
// 위 인덱스의 레이블 값을 결과로 담아두기
let outputString = labels[resultsIndex!]
```

앞에서 봤던 [그림 11-2]처럼 추론 결과를 보여주기 위해 출력 텍스트를 사용자 인터페이스에
표시합니다.

이제 끝났습니다. 저수준 메모리에서 포인터나 버퍼 등 혼란스러웠지만, 데이터의 네이티브 타
입을 텐서로 변환하는 다소 복잡한 과정을 이해하는 데 분명 도움이 되었을 것입니다. 저수준
이미지 처리 구현을 피하고 싶다면 ML Kit를 사용해도 괜찮습니다. ML Kit 사용은 비교적 꽤
간단한데 다음 절에서 다뤄 보겠습니다.

11.3 ML Kit로 커스텀 모델 사용하기

6장에서는 **ML Kit**의 이미지 레이블링 API를 사용하여 이미지로부터 수백 개의 클래스를 인
식할 수 있는 애플리케이션을 만들어 보았습니다만, 이 예제에서는 꽃의 종류를 더 세부적으
로 인식하지 못합니다. 더 세부적인 인식이 가능한 커스텀 모델이 필요하다면 ML Kit의 도움
을 받을 수 있습니다. 몇 가지 설정과 함께 커스텀 모델을 불러와서 추론할 수 있습니다. 이 책
이 제공하는 깃허브 저장소 6장의 애플리케이션을 커스텀 모델로 바꾸는 예제가 있습니다(11
장 폴더[4]에서 확인할 수 있습니다).

그럼 먼저 6장의 애플리케이션에서 Podfile의 GoogleMLKit/ImageLabeling를 GoogleMLKit
/ImageLabelingCustom으로 변경합니다.

```
platform :ios, '10.0'
# 스위프트를 사용하지 않고, 동적 프레임워크의 사용을 원치 않을 때는 다음 줄을
```

4　옮긴이_ https://github.com/tucan9389/ondevice-ml-book/tree/main/BookSource/Chapter11

```
# 주석 처리합니다
use_frameworks!
target 'MLKitImageClassifier' do
        pod 'GoogleMLKit/ImageLabelingCustom'
end
```

터미널에서 pod install을 실행하고 나면 ImageLabeling 대신에 ImageLabelingCustom 라이브러리를 사용할 수 있습니다. 이것을 사용하기 위해 뷰컨트롤러 상단에 다음의 내용을 추가해줍니다.

```
// ML Kit Vision과 Image Labeling 라이브러리를 불러옵니다
import MLKit
import MLKitVision
// 기본 모델 샘플을 적용하려면 MLKitImageLabelingCustom으로 바꿉니다
import MLKitImageLabelingCommon
import MLKitImageLabelingCustom
```

커스텀 모델을 위해 ML Kit의 LocalModel 타입을 사용할 수 있습니다. 다음 코드를 이용하여 번들로부터 커스텀 모델을 가져옵니다.

```
// 이 코드는 커스텀 모델 사용에 필요합니다
let localModelFilePath = Bundle.main.path(
        forResource: "flowers_model", ofType: "tflite")
let localModel = LocalModel(path: localModelFilePath!)
```

기존 모델에서는 레이블러 객체를 생성하기 위해 ImageLabelerOptions 객체가 필요했습니다. 커스텀 모델에서는 CustomImageLabelOptions을 대신 사용합니다.

```
// Image Labeler 옵션을 생성하고, 임계값을 0.4로 설정합니다
// 임곗값 0.4는 확률값 0.4 이하의 모든 클래스를 무시하게 됩니다
let options = CustomImageLabelerOptions(
                        localModel: localModel)
options.confidenceThreshold = 0.4
```

이제 커스텀 옵션으로 ImageLabeler 오브젝트를 생성합니다. 이 객체로 로컬 모델을 불러옵니다.

```
// 이 옵션으로 레이블러를 초기화합니다
let labeler = ImageLabeler.imageLabeler(options: options)
```

나머지 코드들은 그대로 두겠습니다. 우리가 앞에서 했던, 텐서로 표현하기 위해 이미지를
Data로 직접 변환하고, 출력 메모리를 읽어와서 결과를 배열에 담는 저수준 작업에 비하면 훨
씬 적은 코드를 사용합니다. 그러니 이미지 분류기를 만들어야 한다면 ML Kit를 사용하시길
권장합니다. 그럴 수 없다면 앞에서 알려주었던 두 가지 방법이 도움이 되길 바랍니다.

[그림 11-6]에서 변경된 애플리케이션의 스크린숏을 보세요. 데이지 사진으로 ML Kit 엔진을
사용하여 커스텀 모델로 추론을 실행했습니다. 0.96 확률로 데이지 사진이라는 결과를 받았습
니다.

그림 11-6 ML Kit 기반의 커스텀 꽃 분류 모델 애플리케이션

모바일에서 실행하는 ML 기반의 모델을 만들 때 기본 자료구조를 이해하는 연습은 항상 도움
이 됩니다. 자연어 처리를 사용하는 애플리케이션을 하나 더 살펴보면서 스위프트로 모델을 사
용하는 방법을 조금 더 깊게 들어가 보겠습니다. 이미지 예제처럼 이번 예제도 저수준 처리 방
법으로 구현해 볼 텐데, 이번에는 주어진 텍스트의 감정을 인식하는 모델로 살펴보겠습니다.

11.4 스위프트로 자연어 처리 애플리케이션 만들기

애플리케이션을 만들기 전에 자연어 처리 모델 작동 방식에 대한 기본 지식을 설명해 보겠습니다. iOS 애플리케이션에서의 텍스트를 어떻게 모델의 텐서로 변환하는지 살펴봅니다.

자연어 처리 모델러가 커다란 **말뭉치**corpus로 모델을 사전학습시키면, 모델은 기본적으로 말뭉치에 있는 단어까지만 해석할 수 있는 한계를 가집니다. 예를 들어 8장에서처럼 애플리케이션에서 사용할 모델은 트위터의 몇천 개의 텍스트로 학습되었습니다. 이 경우 트위터에서 사용한 단어들만 모델이 인식할 수 있을 것입니다. 그러므로 애플리케이션에서 'antidisestablishmentarianism'[5]라는 어려운 단어가 있는 문장을 분류해내야 한다면, 사전학습시켰던 말뭉치에는 없는 어휘이기 때문에 모델이 무시하고 넘어갈 것입니다. 따라서 우리는 보캡vocab이라 부르는 사전학습에서 사용된 말뭉치의 어휘 집합이 가장 먼저 필요합니다. 9장의 노트북[6]에서 보캡을 다운로드해서 사용하겠습니다. 이러한 보캡에는 아주 드물게 사용되는 단어들도 많이 포함되어 있을 수 있는데, 비교적 쉬운 문제를 풀고 있다면 이런 단어들을 사용하지 않고 경량화된, 더 빠른 모델을 직접 만들 수도 있습니다. 여기서 이런 내용을 다루기엔 과한 느낌이 있으니 우리의 말뭉치에는 모든 단어가 있다고 가정하겠습니다. 물론 실제로 이 단어들은 세상에 존재하는 모든 단어에 비해 작은 부분집합이겠지만요!

자연어 처리에서 이해해야 하는 두 번째 개념으로는 모델은 단어가 아니라, 이런 단어들을 표현하는 **토큰**token으로 학습됩니다. 신경망이 결국 행렬 형태의 숫자로 작동하기 때문에 토큰은 기본적으로 숫자로 이루어져 있습니다. 모든 어휘는 번호가 매겨져 있고 텐서플로는 단어의 빈도 순서로 정렬해 둡니다. 예를 들어 트위터 말뭉치에 'today' 단어는 42번째로 가장 많이 사용된 단어입니다. 그러면 이 단어의 토큰 번호는 44가 됩니다. 토큰의 정의에서 0번부터 2번까지는 패딩이나 범주 밖 토큰out-of-vocabulary token인 스페셜 토큰으로 정의되기 때문에 일반 단어 토큰은 인덱스가 3부터 시작됩니다. 중요한 점은 사용자가 입력한 글자를 분류하려면 각 단어를 각 토큰으로 변환해줘야 합니다[7]. 이를 위해서 딕셔너리(사전)가 필요합니다.

마지막 개념으로는 우리가 입력한 단어가 토큰으로 표현되기 때문에 모델에 글자가 아닌 일련

---

5 옮긴이_ 반 설립 주의를 뜻하는 단어.
6 옮긴이_ https://github.com/tucan9389/ondevice-ml-book/blob/main/BookSource/Chapter09/Chapter9_NLPModelMaker.ipynb
7 옮긴이_ 한국어의 토큰화에서는 단순히 단어(word) 단위가 아닌 서브워드(subword) 토크나이저를 많이 사용합니다.

의 토큰들이 전달됩니다. 이를 보통 **시퀀스**sequence라고 부릅니다. 모델은 보통 고정된 시퀀스로 학습되므로 문장이 그 길이보다 작으면 그 길이에 맞추기 위해 패딩을 추가하고 문장이 시퀀스보다 길면 잘라서 맞추게 됩니다.

이 모든 작업은 토큰 시퀀스를 기본 텐서로 변환하기 전의 일입니다. 여러 단계를 설명했는데, 애플리케이션을 빌드해 가면서 하나씩 직접 살펴보겠습니다.

[그림 11-7]은 우리가 만들 애플리케이션의 화면입니다. 사용자가 'Today was a really fun day! I'm feeling great! :)'와 같은 텍스트를 입력할 수 있는 텍스트필드가 있고, 사용자가 [Classify] 버튼을 누르면 모델은 텍스트의 감정(긍정 혹은 부정)을 분석할 것입니다. 그리고 결과를 보면, 부정적인 감정이 7% 정도, 긍정적인 감정이 93%로 추론된 것을 확인할 수 있습니다.

이제 이런 애플리케이션을 만들려면 어떤 것들이 필요한지 살펴보겠습니다. 독자 여러분이 이미 애플리케이션 프로젝트를 만들어서 TFLite pod을 추가했고, 스토리보드에 `UITextView`와 `UILabel`, `UIButton`을 만들어서 `txtInput`, `txtOutput`에 아웃렛으로 연결하고 `classifySentence`에 액션으로 연결했다고 가정하겠습니다. 전체 애플리케이션은 이 책이 제공하는 깃허브 저장소[8]에서 확인할 수 있습니다. 이제 NLP 관련 구현 내용을 살펴보겠습니다.

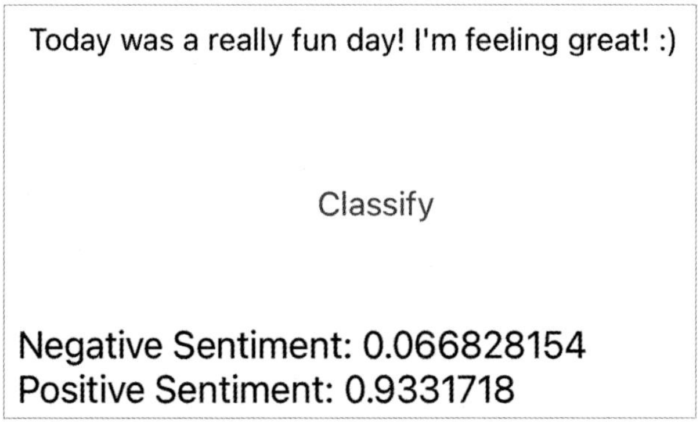

Today was a really fun day! I'm feeling great! :)

Classify

Negative Sentiment: 0.066828154
Positive Sentiment: 0.9331718

그림 11-7 감정 분석하기

8　옮긴이_ https://github.com/tucan9389/ondevice-ml-book/tree/main/BookSource/Chapter11/NLPClassifier

모델이 모델메이커를 만들면 (8장에서 소개했던), 모델뿐만 아니라 어휘 정보가 들어 있는 보캡 파일도 코랩에서 다운로드할 수 있습니다. 보캡 파일은 확장자 없이 vocab이라 되어 있을 것입니다. 파일 이름을 vocab.txt로 바꿔서 애플리케이션에 넣겠습니다. 파일을 넣을 때 번들 안에 포함되도록 해주세요.

그리고 보캡을 사용하려면 키-값 쌍의 집합으로 된 딕셔너리가 필요합니다. 여기서 키는 문자열(단어를 담고있는)이고 값은 정수형(단어의 인덱스를 담고있는)입니다.

```
var words_dictionary = [String : Int]()
```

다음으로 딕셔너리를 불러오기 위해 loadVocab() 이름의 헬퍼 메서드를 작성하겠습니다. 먼저 filePath를 정의하여 vocab.txt를 지정합니다.

```
if let filePath = Bundle.main.path( forResource: "vocab",
                                    ofType: "txt") {}
```

파일이 있으면, 중괄호 안의 내용이 실행됩니다. 이제 파일 안에 전체 내용을 문자열 데이터로 가져옵니다.

```
let dictionary_contents = try String(contentsOfFile: filePath)
```

그리고 개행 상숫값(\.isNewline)으로 문자열을 줄 단위로 나눌 수 있습니다.

```
let lines = dictionary_contents.split(
                        whereSeparator: \.isNewline)
```

그런 다음 이 과정을 반복하여 공백 기준으로 쪼갤 수 있습니다. 파일에는 각 줄마다 단어와 토큰이 공백으로 구분돼 있습니다. 이것을 키와 값으로 받아서 다음처럼 words_dictionary를 만들 수 있습니다.

```
    for line in lines{
        let tokens = line.components(separatedBy: " ")
        let key = String(tokens[0])
        let value = Int(tokens[1])
        words_dictionary[key] = value
    }
```

다음은 전체 코드입니다.

```
func loadVocab(){
// 이 함수는 vocab.txt 경로에 있는 파일을 가져오고,
// words_dictionary라 부르는 해시 테이블에 불러옵니다
// 이것은 텐서플로 모델 메이커로 학습된 모델에 단어를
// 전달하기 전에 토크나이징하는데 사용합니다
                        forResource: "vocab",
                        ofType: "txt") {
        do {
            let dictionary_contents =
                try String(contentsOfFile: filePath)
            let lines =
                dictionary_contents.split(
                    whereSeparator: \.isNewline)
            for line in lines{
                let tokens = line.components(separatedBy: " ")
                let key = String(tokens[0])
                let value = Int(tokens[1])
                words_dictionary[key] = value
            }
        } catch {
            print("Error vocab을 불러오지 못했습니다")
        }
    } else {
        print("Error -- vocab 파일을 찾을 수 없습니다")
    }
}
```

이제 딕셔너리가 메모리에 올라갔습니다. 다음으로 사용자 입력 문자를 토큰 시퀀스로 변환해
보겠습니다.

2단계 문장을 시퀀스로 만들기

앞에서 말한 것처럼 언어 모델을 만들 때는 **토큰 시퀀스**로 사전학습시킵니다. 이 시퀀스는 고정된 길이를 가지므로 우리가 입력할 문장이 길다면, 길이에 맞게 잘라줘야 합니다. 반대로 문장의 길이가 짧다면 패딩을 넣어 길이를 맞춰줍니다.

언어 모델의 입력 텐서는 4바이트 정수의 시퀀스가 됩니다. 이것을 생성하려면 Int32들로 시퀀스를 초기화해줘야 합니다. 모두 0으로 초기화하고, 여기서 0은 딕셔너리에 없는 단어라는 의미의 <Pad>입니다. <Pad>의 토큰은 보캡에 정의되어 있습니다(깃허브 저장소에서 가져온 코드를 보고 있다면 convert_sentence 메서드 부분을 보시면 됩니다).

```
var sequence = [Int32](repeating: 0, count: SEQUENCE_LENGTH)
```

다음은 문자열을 단어로 쪼개고, 구두점이나 중복 공백들을 제거하는 스위프트 코드입니다.

```
sentence.enumerateSubstrings(
    in: sentence.startIndex..<sentence.endIndex,
    options: .byWords) {(substring, _, _, _) -> ()
                            in words.append(substring!) }
```

words라 부르는 자료구조로 단어의 리스트를 만들어줍니다. words_dictionary에 있는 키는 시퀀스에 토큰 번호로 추가할 수 있습니다[9]. 시퀀스에 추가할 때는 Int32 타입으로 만들어 추가한다는 점을 유념하세요.

---

9 옮긴이_ 보캡에 없는 단어를 처리하는 방법은 모델에 따라 다를 수 있습니다. 어떤 모델은 out-of-vocab 토큰을 사용하거나 padding 토큰을 사용하기도 했습니다. 사전학습된 모델을 만든 사람이나, 커뮤니티에 out-of-vocab을 처리하는 적절한 방법을 찾아 알맞게 사용하기를 추천합니다.

```
var thisWord = 0
for word in words{
    if (thisWord>=SEQUENCE_LENGTH){
        break
    }
    let seekword = word.lowercased()
    if let val = words_dictionary[seekword]{
        sequence[thisWord]=Int32(val)
        thisWord = thisWord + 1
    }
}
```

여기까지 하고 나면 입력된 문장의 단어들이 고정된 길이의 **Int32** 시퀀스로 인코딩되었을 것
입니다.

3단계 언세이프 데이터 처리를 위한 배열 익스텐션 구현하기

우리의 시퀀스가 **Int32**로 된 배열이지만, 스위프트에서는 특정 구조로 한번 감싸줘야 합니다.
우선 TFLite가 읽을 수 있도록 하기 위해 시퀀스에서 로우 바이트로 읽어와야 합니다. 가장 쉬
운 방법은 언세이프 데이터를 다루는 용도로 **Array** 타입을 **익스텐션**으로 구현하는 방법입니
다. 스위프트에서 어떤 타입을 쉽게 확장할 수 있는 유용한 기능입니다. 다음은 전체 코드입
니다.

```
extension Array {

init?(unsafeData: Data) {
    guard unsafeData.count % MemoryLayout<Element>.stride == 0 else
        { return nil }
    #if swift(>=5.0)
    self = unsafeData.withUnsafeBytes
        { .init($0.bindMemory(to: Element.self)) }
    #else
    self = unsafeData.withUnsafeBytes {
        .init(UnsafeBufferPointer<Element>(
            start: $0,
            count: unsafeData.count / MemoryLayout<Element>.stride
        ))
```

```
        }
    #endif   // swift(>=5.0)
    }
}
```

이 메서드에 대해 깊게 들어가지는 않겠지만, Data 생성자 내에서 unsafeBytes로 배열을 초기화하는 목적의 코드입니다. 스위프트 5.0부터는 기본 메모리를 새 배열로 복사하기 위해 bindMemory를 사용할 수 있습니다. 아니면 unsafeData의 크기를 세어서 기존의 버퍼를 복사하려면 unsafeData.withUnsafeBytes를 사용해야 합니다.

우리가 앞에서 만들었던 시퀀스를 입력 텐서로 만들려면 다음처럼 입력하면 됩니다.

```
let tSequence = Array(sequence)
```

바로 다음 단계에서 인터프리터에 보낼 Data 타입으로 만들어주겠습니다.

4단계 배열을 데이터 버퍼로 복사하기

우리가 원하는 Int32 배열을 가지게 되었습니다. 이제 텐서플로가 파싱할 수 있도록 Data를 복사해야 합니다. 가장 쉬운 방법은 Data 타입에 익스텐션을 구현하여 버퍼 복사를 구현하는 방법입니다.

```
extension Data {
    init<T>(copyingBufferOf array: [T]) {
        self = array.withUnsafeBufferPointer(Data.init)
    }
}
```

이 생성자에서는 array라 부르는 입력 배열을 언세이프 버퍼로 복사하여 Data를 초기화합니다. 새로운 Data를 만들려면 다음처럼 사용하면 됩니다.

```
let myData =
    Data(copyingBufferOf: tSequence.map { Int32($0) })
```

tSequence를 매핑하면서 Int32를 캐스팅해주고 그 결과를 Data 생성자에 넣어 myData를 만들었습니다. 이제 TFLite가 해석할 수 있는 데이터가 되었습니다.

5단계 데이터를 추론하고 결과 처리하기

4단계 이후로는 문장으로 만든 시퀀스(Int32로 이루어진 토큰들)의 로우 데이터 버퍼인 myData를 가지고 있습니다. 이제 텐서들을 할당하고 첫 번째 입력 텐서에 myData를 복사하여 인터프리터를 초기화합니다. 이 코드는 이 책이 제공하는 깃허브 저장소의 classifiy 메서드에서 확인할 수 있습니다.

```
try interpreter.allocateTensors()
try interpreter.copy(myData, toInputAt: 0)
```

그리고 인터프리터의 출력 결과를 outputTensor에 저장합니다.

```
try interpreter.invoke()
outputTensor = try interpreter.output(at: 0)
```

텐서는 두 개의 값으로 된 배열로 출력됩니다. 하나는 부정 감정에 대한 것과 다른 하나는 긍정 감정에 대한 정보입니다. 이 값들은 0과 1 사이의 확률값을 나타내며, Float32 배열로 캐스팅하여 이 값에 접근할 수 있습니다.

```
let resultsArray = outputTensor.data
let results: [Float32] =
        [Float32](unsafeData: resultsArray) ?? []
```

이제는 쉽게 값을 확인할 수 있습니다.

```
let negativeSentimentValue = results[0]
let positiveSentimentValue = results[1]
```

이 값들을 처리하여 최종적으로 [그림 11-7]과 같이 만들 수 있습니다.

11.5 마치며

iOS에서 스위프트로 텐서플로 머신러닝 모델을 사용하려면, 데이터를 모델에 넣고 추론 결과를 얻어 파싱하는 과정에서 꽤 저수준 메모리 입출력 처리를 해줘야 합니다. 이번 장에서는 기본 이미지를 빨강, 초록, 파랑 채널별 바이트로 쪼개어, 정규화를 수행한 뒤, 언세이프 데이터 버퍼를 사용하여 부동소수점의 값으로 쓰기를 하고, TFLite 인터프리터로 불러오는 작업을 했고, 모델에서 나온 출력을 파싱하는 방법을 살펴보았습니다. 5개의 출력 뉴런이 각각 5개의 다른 꽃에 대한 확률값을 가진다는 것을 이해했습니다. 또한 ML Kit 커스텀 모델의 고수준 API를 통해 저수준 작업 없이 이런 태스크를 처리해 보았습니다. ML Kit에서 커버할 수 있는 태스크라면 저수준 데이터를 직접 다루기보다는 ML Kit의 고수준 API 사용을 강력히 추천합니다. 마지막으로 우리는 간단한 자연어 처리 애플리케이션도 살펴보았습니다. 이 애플리케이션은 문자열을 분류하는 애플리케이션이었으며, 문자를 토크나이징 하고, 시퀀스로 만들고, 버퍼로 만드는 방법을 알아보았습니다. 이 태스크는 ML Kit에서 지원하지 않으므로 직접 실행해 보고 알아보는 것이 중요합니다. 이러한 두 가지 연습과, 익스텐션 구현체들로 여러분이 애플리케이션을 만들기 훨씬 수월해지기를 바랍니다. 다다음장인 13장에서는 TFLite를 잠시 내려놓고 iOS 전용 API인 Core ML과 Create ML을 살펴보겠습니다.

## CHAPTER 12

파이어베이스로
애플리케이션 제품화하기

지금까지 머신러닝으로 모델을 만드는 방법과 안드로이드와 iOS에서 여러 도구를 활용한 모델 사용 방법을 살펴보았습니다. 우리는 직접 만든 모델을 모바일 기기에서 실행하고, 실행 결과로 나온 데이터를 가공하는 등 TFLite를 사용할 때 필요한 저수준 처리도 살펴보았습니다. 그리고 몇 가지 일반적인 태스크에 대해서는 고수준 API를 활용한 ML Kit의 이점들을 보았는데, 긴 처리시간을 처리해야 하는 애플리케이션을 위한 비동기 프로그래밍 방법까지 살펴보았습니다. 우리는 이 모든 것은 하나의 액티비티(혹은 뷰)에서 추론하는 간단한 애플리케이션을 만들었습니다.

물론 애플리케이션을 제품화해야 한다면 훨씬 신경 써야 할 게 많습니다. 파이어베이스는 애플리케이션을 빌드하고, 성장시키고, 수익화할 수 있게 도와주는 크로스 플랫폼 솔루션입니다.

파이어베이스Firebase는 여러 좋은 기능이 있지만, 특히, 파이어베이스에서 무료로 사용할 수 있는(**스파크**Spark라고도 부름) 중요한 기능이 있습니다. 바로 커스텀 모델 호스팅 기능입니다.

12.1 왜 파이어베이스의 커스텀 모델 호스팅을 사용해야 할까요?

이 책에서 본 바와 같이 일반적인 태스크의 머신러닝 모델을 만드는 일은 크게 어렵지 않습니다. 텐서플로나 TFLite 모델메이커처럼 데이터 기반으로 모델을 학습시킬 수 있는 도구들 덕분에 비교적 간단하게 모델을 만들 수 있었죠. 여기서 어려운 점은 **적절한** 모델을 만드는 것입니다. 이를 위해 명확한 가설을 세우고, 계속 테스트하고, 모델을 업데이트하고, 성능을 측정해야 합니다. 여기서 성능은 속도뿐만이 아니라 정확도까지를 의미하며, 애플리케이션 사용성에 어떤 영향을 미치는지까지를 말합니다. **적절한** 모델이 좋은 사용자 참여를 발생시킬까요? 안 좋은 모델이 사용자를 이탈시키게 할까요? 어떤 모델이 광고나 인앱결제를 더 많이 생기게 할까요?

파이어베이스의 목표는 분석, A/B 테스트, 원격 설정 등과 같은 기능을 통해 이런 문제에 답을 도출하는 데 도움을 주는 것입니다.

하지만 머신러닝 모델을 사용할 때 사용자에게 효과적으로 질문할 수 있어야 하고, 여러 모델을 배포할 수 있어야 하고, 각각의 모델에 대해 사용자를 분리할 수도 있어야 합니다. 만약 우리가 v1 모델을 만들었을 때 꽤 잘 작동했다고 가정해 보죠. 사용자로부터 많은 것을 배웠고, 새로운 모델을 만들기 위해 새로운 데이터를 모았습니다. 이제 새 모델을 몇몇 사용자에게 배포해서 테스트하고 신중하게 모니터링하여 출시하고 싶습니다.

어떻게 해 볼 수 있을까요?

머신러닝 모델을 사용하는 개발자는 커스텀 모델 호스팅을 통해 나머지 파이어베이스 서비스에도 접근할 수 있게 됩니다. 이 장에서는 '**원격 구성**Remote Config'으로 한 시나리오를 살펴보겠습니다. 관심이 있다면 다른 서비스도 살펴보시길 추천합니다.

우리는 여러 머신러닝 모델을 가지고 있다고 가정하겠습니다. 이번 장에서 다시 TFLite 모델메이커로 돌아가 보겠습니다.

> **NOTE** 파이어베이스 콘솔에는 다양한 API들이 있습니다. 이 API들은 이전 장에서 봤던 것처럼 실제로 ML Kit를 위한 것들입니다. 이 API들은 독립적으로 분리되기 전에 파이어베이스에 내장되어 있었으며, 지금은 콘솔에서 사용할 수 있습니다.

12.2 여러 버전의 모델 만들기

이번 시나리오에서는 TFLite 모델메이커 사용하여 여러 버전의 모델을 만들어서 간단한 테스트를 만들어 보겠습니다. 여러 모델에 대해 적절한 데이터셋을 사용할 수도 있지만, 이번에는 기본 스펙들을 달리하여 여러 모델을 제작합니다. 모델메이커가 전이 학습을 사용하기 때문에 여러 버전의 모델을 만드는 데 완벽한 방법이기도 하며, 이론적으로 다양한 사용자에게 각기 다른 버전을 배포하여 최적의 시나리오가 어떤 아키텍처인지 확인할 수도 있습니다.

11장의 'flowers' 예제로 돌아가서, 우리의 데이터를 준비하고, 학습셋과 검증셋으로 나눌 수 있습니다.

```
url = 'https://storage.googleapis.com/download.tensorflow.org/' + \
    'example_images/flower_photos.tgz'

image_path = tf.keras.utils.get_file('flower_photos.tgz', url,
                                      extract=True)
image_path = os.path.join(os.path.dirname(image_path),
                          'flower_photos')
data = DataLoader.from_folder(image_path)
train_data, validation_data = data.split(0.9)
```

TFLite 모델메이커를 사용하여 이미지 분류기를 만들고 내보냅니다.

```
model = image_classifier.create(train_data,
                                validation_data=validation_data)
model.export(export_dir='/mm_flowers1/')
```

mm_flowers 폴더에 TFLite 모델과 연관 메타데이터associated metadata가 생깁니다. 이것은 애플리케이션에서 다운로드하거나 사용할 수 있으며 9장에서 살펴본 내용입니다.

그냥 간단하게 image_classifier.create를 호출하면 됩니다. 그러면 기본 모델 타입인 **EfficientNet**으로 이미지 분류기 모델을 만듭니다. 이 아키텍처는 아주 용량이 작은 모델이면서 최고 성능state-of-the-art을 보였으므로 모바일에 매우 적합한 아키텍처입니다(EfficientNet에 대한 자세한 내용은 링크[1]를 통해 확인할 수 있습니다).

하지만 **MobileNet**이라 불리는 모델 아키텍처 시리즈도 있습니다. 이름에서 알 수 있듯 모바일 환경에 아주 적합한 모델입니다. 기본 모델로 MobileNet을 사용하는 모델을 만들어봐도 좋으니, 두 번째 모델로 선택하겠습니다. 우리는 이제 사용자들에게 EfficientNet 기반 모델과

---

1 https://tfhub.dev/google/collections/efficientnet/1

MobileNet 기반 모델 두 가지를 배포할 준비가 되었습니다. 다음으로는 모델의 효율성을 측정하여 어떤 모델을 전체 사용자에게 배포할지 정할 수 있습니다.

TFLite 모델메이커로 MobileNet 모델을 만들려면 기본값을 덮어써서 모델 명세의 파라미터를 바꿔줘야 합니다.

```
spec=model_spec.get('mobilenet_v2')
model = image_classifier.create(train_data, model_spec=spec,
                                validation_data=validation_data)
model.export(export_dir='/mm_flowers2/')
```

모델을 학습시키고 나면 우리는 새로운 TFLite 모델을 얻게 됩니다. 이 모델은 MobileNet 기반이며, mm_flowers2 폴더에 들어 있습니다. 다운로드해서 이전에 받았던 모델과 함께 가지고 있으세요. 다음 절에서 이 모델들을 파이어베이스에 업로드하겠습니다.

12.3 파이어베이스 모델 호스팅 사용하기

파이어베이스 모델 호스팅 기능은 구글 인프라에서 모델을 호스팅할 수 있는 기능입니다. 업로드한 모델들을 우리 애플리케이션에서 다운로드하거나 사용할 수 있습니다. 사용자가 인터넷에 연결되어 있다면, 사용자가 어떤 모델을 사용할지나 어떻게 다운로드할지를 관리할 수 있습니다. 이 절에서 소개하겠지만, 그전에 먼저 파이어베이스 프로젝트를 만들어야 합니다.

1단계 파이어베이스 프로젝트 생성하기

파이어베이스를 사용하려면 우선 파이어베이스 콘솔을 통해 파이어베이스 프로젝트를 생성해야 합니다. 처음 시작한다면 이 홈페이지[2]를 방문해 보세요. 여러 예제를 돌려보고, 파이어베이스에 대한 비디오 자료를 볼 수 있습니다. 준비되었다면 [그림 12-1]과 같은 화면에서 [시작하기]를 눌러주세요.

----

2 http://firebase.google.com

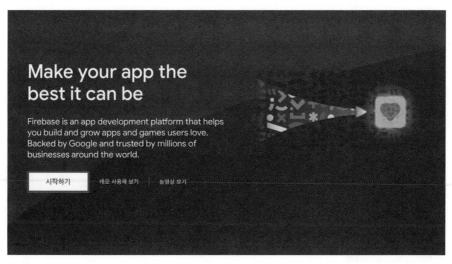

그림 12-1 파이어베이스로 시작하기

[시작하기] 버튼을 누르고 나면 현재 만들어둔 프로젝트 목록을 보여주는 콘솔 페이지로 이동 시켜줍니다. 파이어베이스를 처음 사용한다면 [그림 12-2]에 있는 [Add project] 버튼을 누르면 됩니다.

그림 12-2 파이어베이스 콘솔 화면

이 스크린숏은 영어로 된 파이어베이스 콘솔 화면입니다만 여러분의 화면은 조금 다를 수 있습니다. 하지만 전체적인 흐름과 개념은 동일하니 이해하기 어렵지 않을 겁니다.

[Add project]를 클릭하면 프로젝트 생성을 단계별로 안내해주는 화면으로 넘어가게 됩니다. 프로젝트 이름을 지정하여 시작할 수 있으며 [그림 12-3]을 확인해 보세요.

그림 12-3 프로젝트 이름 정하기

필자는 'multi-flowers'라는 프로젝트 이름을 사용했지만, 여러분은 원하는 이름으로 지정해 주면 됩니다. [Continue] 버튼을 누르고, 여러분이 필요하다면 프로젝트에 '**Google 애널리틱 스**'를 사용할 수 있도록 활성화하세요. 필자는 기본값으로 설정하고 넘어가길 추천합니다. [그림 12-4]처럼 분석 기능에 대한 전체 내용을 확인할 수 있습니다.

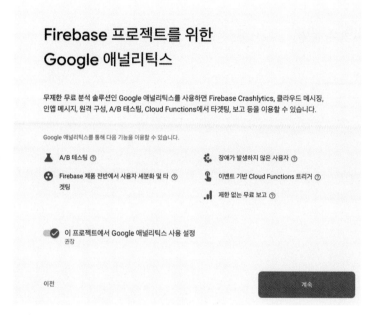

그림 12-4 Google 애널리틱스 추가하기

다음으로는 [그림 12-5]처럼 Google 애널리틱스 계정을 만듭니다.

아직 계정이 없다면 [계정 선택]을 클릭하여 [새 계정 만들기]를 선택할 수 있습니다.

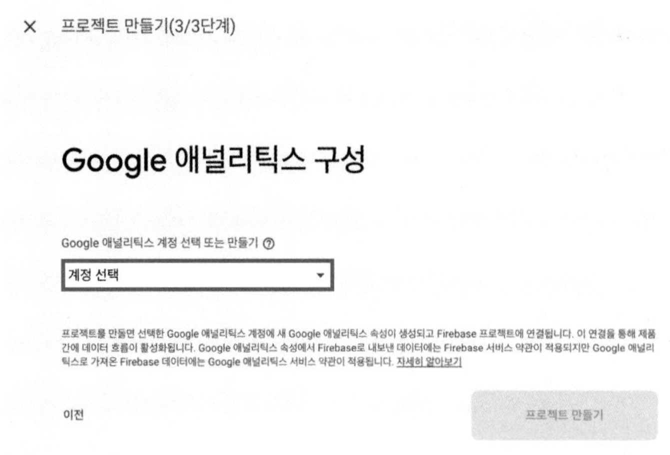

Google 애널리틱스 구성

Google 애널리틱스 계정 선택 또는 만들기 ⑦

| 계정 선택 | ▼ |

프로젝트를 만들면 선택한 Google 애널리틱스 계정에 새 Google 애널리틱스 속성이 생성되고 Firebase 프로젝트에 연결됩니다. 이 연결을 통해 제품 간에 데이터 흐름이 활성화됩니다. Google 애널리틱스 속성에서 Firebase로 내보낸 데이터에는 Firebase 서비스 약관이 적용되지만 Google 애널리틱스로 가져온 Firebase 데이터에는 Google 애널리틱스 서비스 약관이 적용됩니다. 자세히 알아보기

이전   프로젝트 만들기

그림 12-5 Google 애널리틱스 설정하기

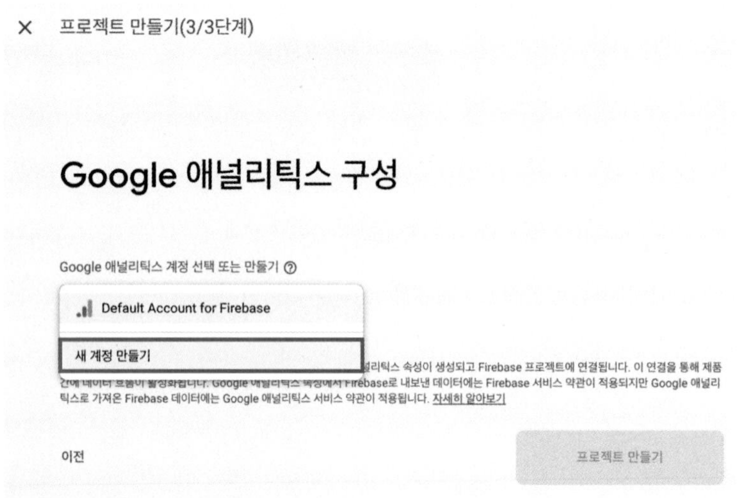

✕   프로젝트 만들기(3/3단계)

Google 애널리틱스 구성

Google 애널리틱스 계정 선택 또는 만들기 ⑦

▪▪▪ Default Account for Firebase

새 계정 만들기

리틱스 속성이 생성되고 Firebase 프로젝트에 연결됩니다. 이 연결을 통해 제품 간에 데이터 흐름이 활성화됩니다. Google 애널리틱스 속성에서 Firebase로 내보낸 데이터에는 Firebase 서비스 약관이 적용되지만 Google 애널리틱스로 가져온 Firebase 데이터에는 Google 애널리틱스 서비스 약관이 적용됩니다. 자세히 알아보기

이전   프로젝트 만들기

그림 12-6 Google 애널리틱스 계정 만들기

다 끝나면 분석을 위한 설정을 하고, 약관에 동의하면, 프로젝트를 생성할 수 있습니다. [그림 12-7]을 참고하세요.

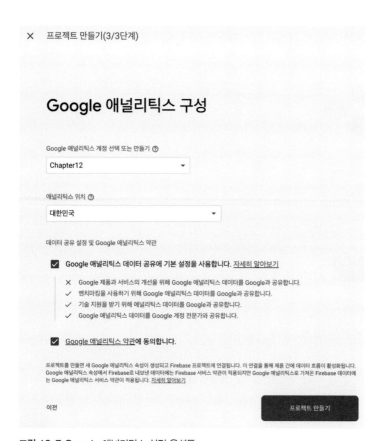

× 프로젝트 만들기(3/3단계)

Google 애널리틱스 구성

Google 애널리틱스 계정 선택 또는 만들기 ⑦

Chapter12 ▾

애널리틱스 위치 ⑦

대한민국 ▾

데이터 공유 설정 및 Google 애널리틱스 약관

☑ **Google 애널리틱스 데이터 공유에 기본 설정을 사용합니다.** 자세히 알아보기

  ✕ Google 제품과 서비스의 개선을 위해 Google 애널리틱스 데이터를 Google과 공유합니다.
  ✓ 벤치마킹을 사용하기 위해 Google 애널리틱스 데이터를 Google과 공유합니다.
  ✓ 기술 지원을 받기 위해 애널리틱스 데이터를 Google과 공유합니다.
  ✓ Google 애널리틱스 데이터를 Google 계정 전문가와 공유합니다.

☑ Google 애널리틱스 약관에 동의합니다.

프로젝트를 만들면 새 Google 애널리틱스 속성이 생성되고 Firebase 프로젝트에 연결됩니다. 이 연결을 통해 제품 간에 데이터 흐름이 활성화됩니다. Google 애널리틱스 속성에서 Firebase로 내보낸 데이터에는 Firebase 서비스 약관이 적용되지만 Google 애널리틱스로 가져온 Firebase 데이터에는 Google 애널리틱스 서비스 약관이 적용됩니다. 자세히 알아보기

이전   프로젝트 만들기

그림 12-7 Google 애널리틱스 설정 옵션들

몇 분이 걸릴 수 있지만 파이어베이스가 설정을 끝내고 프로젝트 생성이 끝나면 [그림 12-8]과 같은 화면을 볼 수 있습니다. 필자의 프로젝트 이름은 'multi-flowers'입니다.

multi-flowers

✓ 새 프로젝트가 준비되었습니다.

계속

그림 12-8 파이어베이스가 프로젝트 생성을 끝낸 모습

이제 우리의 프로젝트를 만들었고 파이어베이스를 사용할 준비가 끝났습니다. 다음으로 모델 호스팅 설정을 해 보겠습니다.

2단계 커스텀 모델 호스팅 사용하기

앞 절에서 우리는 여러 모델을 호스팅하기 위해 새 파이어베이스 프로젝트를 만들었습니다. 이를 위해 먼저 파이어베이스 콘솔에서 '머신러닝(Machine Learning)' 메뉴를 찾습니다. 화면 왼편에 검정 툴바를 보면 파이어베이스의 모든 도구가 나열되어 있습니다. 머신러닝 메뉴인 로봇 아이콘을 선택하겠습니다([그림 12-9] 혹은 [그림 12-9-1]참고).

그림 12-9 파이어베이스 콘솔에서 머신러닝(Machine Learning) 찾기(열려있을 때)

그림 12-9-1 왼편 툴바가 닫혀있을 경우 로봇 아이콘을 눌러 머신러닝(Machine Learning) 선택

이 아이콘을 선택하면 '시작하기'의 옵션을 확인할 수 있습니다. [시작하기]를 누르면 파이어베이스 콘솔의 '머신러닝(Machine Learning)' 페이지로 갈 수 있습니다. 화면 상단에 'APIs', 'Custom', 'AutoML' 세 가지 탭이 있을 것입니다. TFLite 모델 호스팅 화면으로 넘어가기 위해 'Custom'을 선택합니다. [그림 12-10]을 참고해주세요.

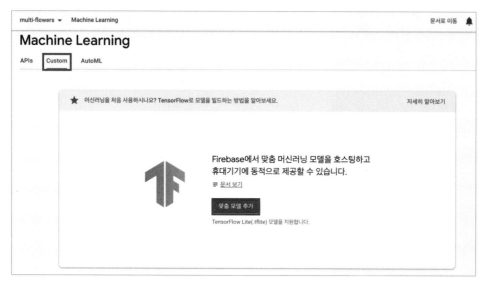

그림 12-10 커스텀 모델 호스팅

화면 중앙에 커스텀 모델을 추가할 수 있는 커다란 파란 버튼이 있습니다. 버튼을 클릭하면 모델을 호스팅하기 위한 몇 가지 단계를 거치게 됩니다. 우리는 이미 두 가지 모델을 만들었고 이후 단계에서 사용할 테니 염두에 두세요.

예를 들어 EfficientNet 기반 모델을 가지고 있다면 'flowers1'이라 이름을 지정하여 업로드할 수 있습니다. [그림 12-11]을 참고하세요.

그림 12-11 모델 호스팅 시작하기

[계속] 버튼을 클릭하고 폼에 우리가 처음 만든 모델을 드래그 앤 드롭합니다. 그다음 모델에 접근하기 위한 코드를 조금 살펴보겠습니다. 조금 있다가 사용할 것이며, 두 번째 모델도 마찬 가지로 폼에 드래그 앤 드롭하는데, 이름을 'flowers2'로 지정하겠습니다. [그림 12-12]를 참고하세요.

그림 12-12 여러 개의 모델을 호스팅하기

이제 모델이 업로드되었으니 애플리케이션 안에서 이 모델들을 사용해 보겠습니다. 다음 단계에서 우리는 안드로이드에 파이어베이스를 연동하는 방법을 살펴보고, 우리가 업로드했던

'flowers1'를 애플리케이션에서 어떻게 사용하는지 알아보겠습니다. 다음으로 원격 설정으로 확장하여 일부 사용자는 'flowers1'을 다른 사용자는 'flowers2'를 사용하도록 설정해 보겠습니다.

3단계 안드로이드 기본 애플리케이션 생성하기

이번 단계에서는 호스팅된 모델을 사용하는 간단한 안드로이드 애플리케이션을 만들어 보겠습니다. 우리의 모델은 꽃 사진을 인식하는 모델입니다. 먼저 안드로이드 스튜디오를 사용하여 빈 액티비티 템플릿으로 새로운 프로젝트를 만듭니다. 프로젝트 이름을 'multi-flowers'라 부르겠습니다. 이번 장의 애플리케이션 전체 코드를 책에서 공유하진 않겠지만, 이 책이 제공하는 깃허브 저장소[3]에서 전체 코드를 확인할 수 있습니다.

여섯 개의 다른 꽃 이미지를 보여주기 위해서는 수정해야 할 파일이 있습니다(10장에서 'flowers' 샘플과 같은 예제입니다).

다음은 수정한 코드입니다.

```xml
<?xml version="1.0" encoding="utf-8"?>
<LinearLayout
    xmlns:android="http://schemas.android.com/apk/res/android"
    android:layout_width="match_parent"
    android:layout_height="match_parent"
    android:orientation="vertical"
    android:padding="8dp"
    android:background="#50FFFFFF"
    >

    <LinearLayout android:orientation="horizontal"
        android:layout_width="match_parent"
        android:layout_height="0dp"
        android:gravity="center"
        android:layout_marginBottom="4dp"
        android:layout_weight="1">

        <ImageView
```

---

3 옮긴이_ https://github.com/tucan9389/ondevice-ml-book/tree/main/BookSource/Chapter12/MultiFlowers

```
            android:id="@+id/iv_1"
            android:layout_width="0dp"
            android:layout_weight="1"
            android:scaleType="centerCrop"
            android:layout_height="match_parent"
            android:src="@drawable/daisy"
            android:layout_marginEnd="4dp"
            />

        <ImageView android:layout_width="0dp"
            android:id="@+id/iv_2"
            android:layout_weight="1"
            android:layout_height="match_parent"
            android:scaleType="centerCrop"
            android:layout_marginStart="4dp"
            android:src="@drawable/dandelion"/>

    </LinearLayout>

    ...

</LinearLayout>
```

이런 **ImageView** 컨트롤이 데이지나 민들레 같은 이미지를 참조합니다. **layout** 폴더에 이미지들을 넣어줘야 합니다. 이미지는 이 책이 제공하는 깃허브 저장소에서 다운받을 수 있습니다.

지금 애플리케이션을 실행해 보면 꽃 사진을 보여주는 기능만 구현되어 있습니다. 바로 다음 단계에서 파이어베이스를 추가하도록 하겠습니다.

4단계 애플리케이션에 파이어베이스 추가하기

안드로이드 스튜디오는 파이어베이스를 쉽게 적용할 수 있는 기능이 포함되어 있습니다. [그림 12-13]처럼 'Tools' 메뉴에서 파이어베이스 도구를 찾을 수 있습니다.

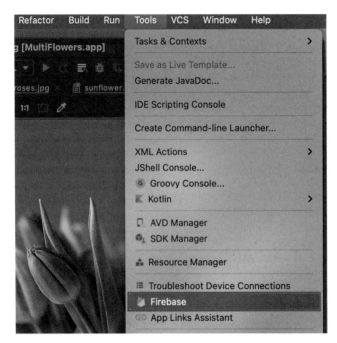

그림 12-13 파이어베이스 도구 사용하기

파이어베이스를 선택하면 오른쪽에 파이어베이스 도움창으로 이동하게 됩니다. 애플리케이션에 파이어베이스를 추가하는 데 사용하거나 파이어베이스의 **원격 설정**하는 데 사용할 수 있습니다. 도움창에서 '**Remote Config**'를 찾습니다. [그림 12-14]에서처럼 'Set up Firebase Remote Config'를 선택합니다.

그림 12-14 Remote Config 사용하기

이 창은 여러 단계의 창으로 넘어갑니다. 가장 먼저 해야 하는 것은 '파이어베이스에 연결하기(Connect to Firebase)' 단계입니다. 브라우저가 열리고 파이어베이스 콘솔로 이동할 것입니다. 여기부터는 앞에서 만들었던 파이어베이스 프로젝트를 선택하면 됩니다. [그림 12-15] 같이 파이어베이스 안드로이드 애플리케이션이 파이어베이스에 연결됩니다.

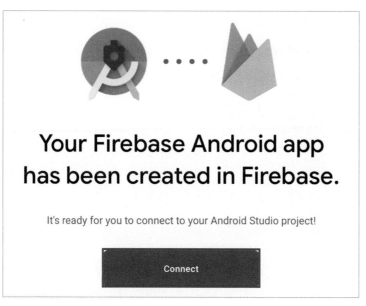

그림 12-15 파이어베이스에 애플리케이션 연결하기

[Connect] 버튼을 누르고 준비가 되면 안드로이드 스튜디오로 돌아와서 우리 애플리케이션이 연결되었음을 확인할 수 있습니다. 도움창에 두 번째 옵션은 'Add Remote Config to your app'입니다. 해당 옵션을 누르면 'Remote Config'에 필요한 변경사항들을 묻는 다이얼로그가 나타납니다. `build.gradle`에 추가한 뒤 Gradle 파일을 동기화하게 됩니다.

다음으로 TFLite 라이브러리, 비전 태스크 라이브러리, 다른 파이어베이스 라이브러리들을 `build.gradle`에 추가하겠습니다.

```
implementation platform('com.google.firebase:firebase-bom:28.0.1')
implementation 'com.google.firebase:firebase-ml-modeldownloader-ktx'

implementation 'org.tensorflow:tensorflow-lite:2.3.0'
implementation 'org.tensorflow:tensorflow-lite-task-vision:0.1.0'
```

라이브러리 추가도 파이어베이스를 애플리케이션에 연동하는 것만큼 간단합니다.

5단계 **파이어베이스 모델 호스팅에서 모델 가져오기**

앞에서 우리는 파이어베이스 모델 호스팅에 모델을 업로드했습니다. 하나는 EfficientNet 기반의 모델인 'flowers1' 모델이고, 다른 하나는 MobileNet 기반의 'flowers2' 모델입니다. 전체 코드는 이 링크[4]에서 확인할 수 있습니다.

다음으로 파이어베이스 모델 호스팅에서 모델을 불러오는 기능을 만들겠습니다. 다음처럼 `CustomModelDownloadConditions` 객체를 설정하여야 합니다.

```
val conditions = CustomModelDownloadConditions.Builder()
    .requireWifi()
    .build()
```

깃허브 저장소에 있는 샘플 애플리케이션에 `loadModel` 이름의 함수입니다.

이렇게 하고 나면, `FirebaseModelDownloader`를 사용하여 모델을 가져올 수 있습니다. 이 객체는 `getModel` 메서드를 가지고 있습니다. 이 메서드는 모델의 이름('flowers1', 'flowers2'와 같은)을 지정하거나 모델을 다운로드하는 방법을 설정할 수 있습니다. 그리고 `addOnSuccessListener` 메서드를 가지는데, 이 메서드는 모델이 성공적으로 다운로드되었을 때 호출됩니다.

```
FirebaseModelDownloader.getInstance()
        .getModel(modelName,
                DownloadType.LOCAL_MODEL_UPDATE_IN_BACKGROUND,
                conditions)
            .addOnSuccessListener { model: CustomModel ->
                }
```

`onSuccessListener` 콜백에서 받은 모델로 `ImageClassifier`를 초기화할 수 있습니다. 여기서 `ImageClassifier`는 우리가 build.gradle에서 추가했던 TFLite 태스크 라이브러리에서 제공하는 클래스입니다.

```
val modelFile: File? = model.file
if (modelFile != null) {
```

---

4 https://github.com/lmoroney/odmlbook/tree/main/BookSource/Chapter12/MultiFlowers

```
    val options: ImageClassifier.ImageClassifierOptions = ImageClassifier.
    ImageClassifierOptions.builder().setMaxResults(1).build()

    imageClassifier = ImageClassifier.createFromFileAndOptions(modelFile, options)

    modelReady = true

    runOnUiThread { Toast.makeText(this, "Model is now ready!",
                    Toast.LENGTH_SHORT).show() }
}
```

콜백은 model이라 부르는 CustomModel 객체를 반환하고, 이것은 모델 객체를 만들기 위해
ImageClassifier의 createFromFileAndOptions에 전달됩니다. 나중에 코드 작성의 편의
성을 위해 결과 하나만 반환하는 옵션을 사용하겠습니다. 이렇게 하고 나면 모델이 준비되었고
추론을 수행할 수 있게 됩니다.

태스크 API로 추론을 수행하는 방법은 매우 간단합니다. 이미지를 TensorImage로 변환하고
imageClassifier의 classify 메서드에 전달하고 결과의 집합을 반환받습니다. 보통 첫 번
째 항목에 우리가 원하는 결과가 들어 있습니다. 여기서 추론된 결과 레이블 정보와 확률 정보
를 얻을 수 있습니다.

```
override fun onClick(view: View?) {
    var outp:String = ""
    if(modelReady){
        val bitmap = ((view as ImageView).drawable as
                                      BitmapDrawable).bitmap
        val image = TensorImage.fromBitmap(bitmap)
        val results:List<Classifications> =
                    imageClassifier.classify(image)

        val label = results[0].categories[0].label
        val score = results[0].categories[0].score
        outp = "$label 이 $score 확률로 추론되었습니다"
    } else {
        outp = "모델이 아직 준비되지 않았습니다, 조금 기다리거나 애플리케이션을 다
                시 시작해주세요"
    }

    runOnUiThread {
            Toast.makeText(this, outp, Toast.LENGTH_SHORT).show() }
}
```

이제 애플리케이션을 실행하면 사용자가 꽃 사진을 선택했을 때 토스트로 추론 결과가 보일 것입니다. 다음으로는 원격 설정을 통해 각기 다른 사용자들이 서로 다른 모델을 사용하도록 만들어 보겠습니다.

6단계 원격 설정 사용하기

파이어베이스의 수많은 서비스에서 머신러닝을 사용하는 애플리케이션을 개선할 수 있는 방법이 바로 원격 설정입니다. 이제 이 기능을 설정하여 특정 사용자 그룹은 'flowers1'을 사용하고, 다른 사용자 그룹은 'flowers2'를 사용하도록 만드는 방법을 알아보겠습니다.

파이어베이스 콘솔에서 'Remote Config' 메뉴를 먼저 찾아보겠습니다. [그림 12-16]처럼 하나가 두 개의 화살표로 갈라진 모양의 아이콘입니다.

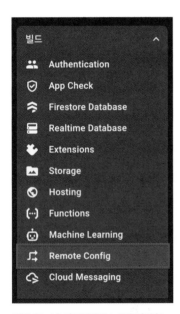

그림 12-16 파이어베이스 콘솔에서 'Remote Config' 절 찾기

그다음은 매개변수(파라미터) 키와 기본값을 지정할 수 있는 '구성 추가하기' 기능입니다. 예를 들어 [그림 12-17]을 보면 'model_name'과 'flowers1'를 각각 사용할 수 있습니다.

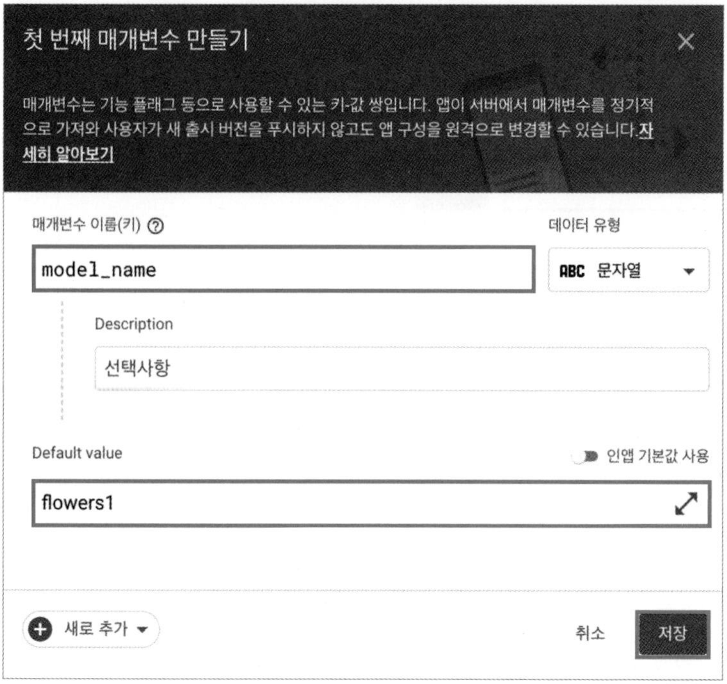

그림 12-17 원격 설정 초기화하기

이제는 모델 이름으로 'flowers1'를 하드코딩하지 않고, 필요할 때 원격 설정에서 바꿔 읽어올 수 있습니다. 아직 아주 유용하진 않지만, 아래의 [새로 추가] → [새 조건 만들기]를 사용하면 원격 설정이 빛을 발하게 됩니다. 이것을 선택하면 [새 조건 정의] 버튼이 나타나고, 이것을 클릭하면 [그림 12-18]처럼 조건을 넣을 수 있는 창이 나타납니다.

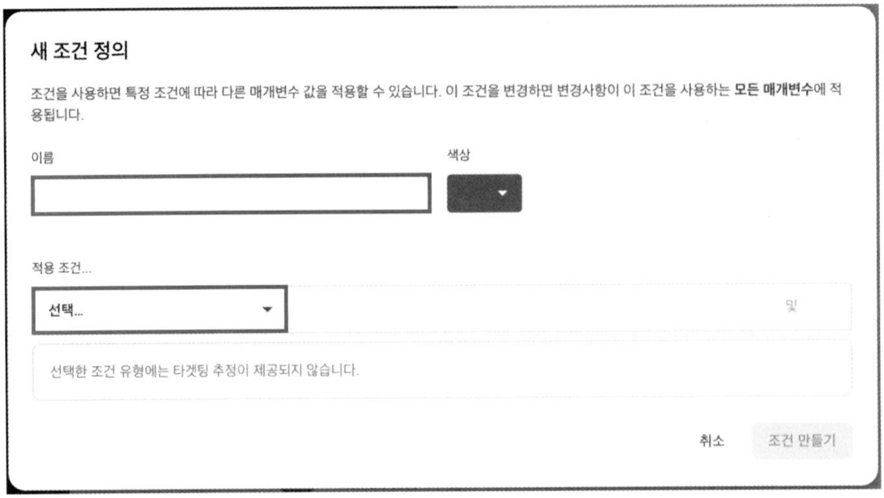

그림 12-18 새 조건 정의하기

조건에 이름을 넣으면, 조건을 지정하기 위해 '적용 조건' 아래에 드롭다운을 선택할 수 있습니다. 예를 들어 특정 나라의 사용자가 다른 값을 가지도록 하고 싶다면, '적용 조건'에서 '국가/지역'을 선택하고 적용하고 싶은 국가를 선택하면 됩니다.

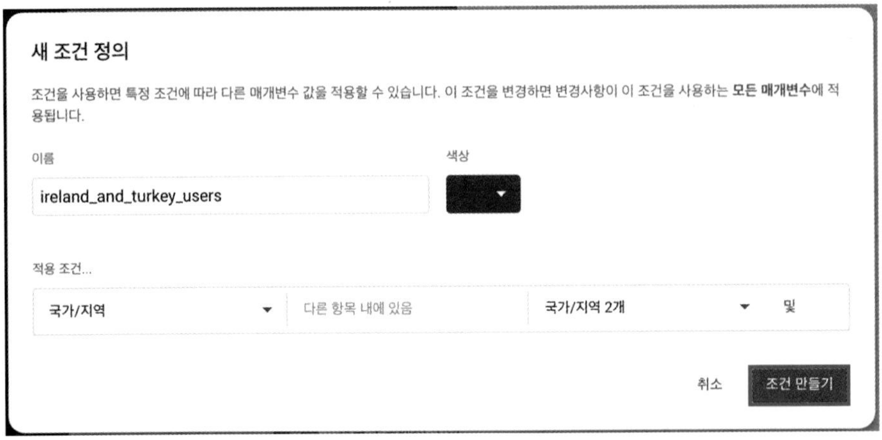

그림 12-19 국가 조건 설정하기

[조건 만들기] 버튼을 클릭하면 '매개변수 수정' 창으로 돌아옵니다. 이 창에서 해당 조건에 맞는 사용자의 값을 지정할 수 있습니다. 예를 들어 [그림 12-20]을 보면 ireland_and_

cyprus_users의 사용자는 'flowers2'를 사용하게 했고 나머지 사용자는 'flowers1'을 사용할
수 있도록 만들었습니다.

그림 12-20 조건부 사용자에 대해 다른 값 추가하기

아일랜드나 키프로스(나라 이름)에 사용자 수가 적을 테니 이런 테스트 예제는 다소 무의미하
네요. 조건을 조금 바꿔보겠습니다. [그림 12-20]에서 보이는 조건의 오른쪽에 [x]를 클릭하여
irand_and_cyprus_users 집단을 삭제합니다. 그 후 [저장]을 클릭합니다. [변경사항 게시]
버튼이 표시되면 클릭하세요.

게시하고 나면 원격 설정 다이얼로그가 조금 달라졌을 것입니다. 하지만 괜찮습니다. 구성 목
록에서 오른쪽에 편집 버튼을 누르고, [새로 추가] → [조건부 값] → [새 조건 만들기]를 누른
뒤 이름에 'random_users'를 입력합니다. 임의의 사용자를 위한 조건을 추가하고 50%로 지
정합니다. [그림 12-21]을 참고하세요.

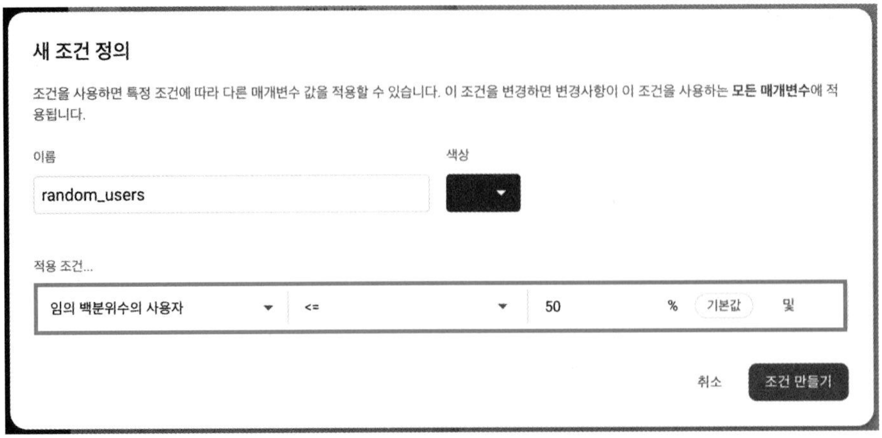

그림 12-21 50%의 임의의 사용자 추가하기

이 사용자에 대해서는 'flowers2' 값을 가지게 하고 나머지 사용자는 'flowers1'이 됩니다. [그림 12-22]처럼 됩니다.

그림 12-22 절반의 사용자에게 flowers2를 할당하기

설정이 게시되면 우리는 다음 단계로 넘어갈 준비가 되었습니다.

7단계 애플리케이션에서 원격 설정 읽어오기

애플리케이션으로 돌아와서 다음 메서드를 추가합니다. 이 메서드는 원격 설정에 대한 객체를 가져와서, 읽고, 모델의 이름을 받아옵니다.

먼저 원격 설정을 위한 설정 객체를 만듭니다. 이는 타임아웃 기준을 1시간으로 설정하는 용도입니다. fetchAndActivate 메서드로 원격 설정의 변수를 읽어옵니다. 그런 다음 런타임 시 파이어베이스에서 이 사용자가 어떤 집합일지, 'flowers1'이나 'flowers2'를 제공할지 정하게 됩니다.

```kotlin
private fun initializeModelFromRemoteConfig(){
    mFirebaseRemoteConfig = FirebaseRemoteConfig.getInstance()
    val configSettings = FirebaseRemoteConfigSettings.Builder()
        .setMinimumFetchIntervalInSeconds(3600)
        .build()

    mFirebaseRemoteConfig.setConfigSettingsAsync(configSettings)
    mFirebaseRemoteConfig.fetchAndActivate()
        .addOnCompleteListener(this) { task ->
            if (task.isSuccessful) {
                val updated = task.result
                Log.d("Flowers", "Config params updated: $updated")
                Toast.makeText(this@MainActivity,
                            "Fetch and activate succeeded",
                            Toast.LENGTH_SHORT).show()

                modelName = mFirebaseRemoteConfig.getString("model_name")
            } else {
                Toast.makeText(this@MainActivity,
                            "Fetch failed - using default value",
                            Toast.LENGTH_SHORT).show()
                modelName = "flowers1"
            }
            loadModel()
            initViews()
        }
    }
```

이렇게 하고 나면, loadModel()과 initViews() 메서드가 호출됩니다. 앞에서 우리는 onCreate 이벤트에서 호출했으니, 이것을 지우고, 새로운 메서드로 대체합니다.

```
override fun onCreate(savedInstanceState: Bundle?) {
    super.onCreate(savedInstanceState)
    setContentView(R.layout.activity_main)
    initializeModelFromRemoteConfig()
}
```

이제 애플리케이션을 실행해 보면 사용자는 무작위로 'flowers1'이나 'flowers2' 모델을 사용하게 됩니다.

추가 단계

절반의 사용자가 'flowers1' 모델을 사용하게 되고, 나머지 절반은 'flowers2'를 사용하게 됩니다. 덕분에 어떤 사용자에서 추론이 더 빨리 수행되는지와 같은 성능이나 로깅을 통한 분석 기능을 추가할 수도 있습니다. 가능하다면, 애플리케이션의 사용자 이탈률도 확인하고, 이 이유가 모델의 결과와 연관이 있는지도 추적해 볼 수 있습니다. 분석 외에도 A/B 테스트를 수행하여 행동 기반의 예측을 활용하는 등 더 많은 것들을 할 수 있습니다.

애플리케이션마다 필요한 것들이 다르겠지만, 파이어베이스를 사용하여 성장하는 머신러닝 애플리케이션들이 무엇을 할 수 있는지 영감을 얻을 수 있길 바랍니다. 애플리케이션의 성장을 위해서 분석하고, 예상하고, 원격 설정한 것들로부터 얻은 영감을 살펴보려면 이 링크[5]를 확인해 보세요.

---

5 https://firebase.google.com/use-cases

12.4 마치며

이번 장에서는 TFLite 모델로 파이어베이스 모델 호스팅 사용법을 확인하고, 원격 설정을 시작으로 다른 파이어베이스 인프라도 사용하는 방법을 살펴보았습니다. 우리는 이제 여러 기술을 조합하여 여러 모델의 버전을 각기 다른 사용자 타입에서 사용하도록 관리할 수 있게 되었습니다. 모델들을 직접 준비해서 사용자 손에 쥐여주기까지 방법도 함께 살펴보았습니다. 물론 아직 우리는 어떤 것들이 가능한지 살짝 맛보았을 뿐입니다. 여러분은 다른 선택지를 더 찾아보길 권장합니다! 우리는 파이어베이스를 안드로이드에서만 사용해 봤지만, API들은 iOS나 웹에서도 동일하게 사용이 가능합니다.

iOS에 대해서는 Core ML과 Create ML을 살펴봐야 온디바이스 머신러닝이 완성된다고 볼 수 있으니, 13장에서 이를 다뤄 보도록 하겠습니다!

## CHAPTER 13

간단한 iOS 애플리케이션을 위한 Create ML과 Core ML

지금까지는 여러 기기에서 머신러닝을 사용하는 기술들에 대해 살펴보았습니다. 안드로이드, iOS, 임베디드 시스템, 마이크로컨트롤러 등에서 통일된 API를 사용하면 됐습니다. 텐서플로 생태계, 특히 고수준 ML Kit를 받쳐주는 TFLite 덕분에 가능했죠. 우리가 임베디드 시스템이나 마이크로컨트롤러를 다루진 않았지만 큰 개념은 동일합니다. 하드웨어가 작아질수록 추가적인 제한사항이 생길 수 있습니다. 이 분야를 더 공부하고 싶다면 『초소형 머신러닝 TinyML』(한빛미디어, 2020) 책을 살펴보세요.

이번 장에서는 애플이 만든 Create ML 도구와 Core ML 라이브러리를 살펴보겠습니다. iOS, iPadOS, macOS, watchOS용 애플리케이션을 만들 때 머신러닝 모델을 사용할 수 있도록 설계된 도구입니다. 특히 Create ML은 머신러닝 프로그래밍 경험 없이 모델을 만들 수 있는 훌륭한 도구입니다.

텐서플로와 TFLite를 사용했던 꽃을 인식하는 모델 제작을 시작으로 비슷한 몇 가지 시나리오를 통해 살펴보겠습니다.

13.1 Create ML로 Core ML 이미지 분류기 만들기

우리만의 이미지 분류 모델을 만들어 보겠습니다. Create ML을 이용하면 코드 작성 없이 가능하므로, Xcode 아이콘의 마우스 오른 클릭을 하면 '개발자 도구(Developer Tool)' 메뉴에 가서 'Create ML' 애플리케이션을 실행합니다. [그림 13-1]을 참고하세요.

그림 13-1 Create ML 실행하기

Create ML을 실행하면, 모델을 저장할 경로를 선택하라고 합니다. 이 팝업은 무시하고 왼쪽 하단에 [새 문서(New Document)]를 선택하세요.

그림 13-2 Create ML로 모델 만들기

위치를 지정하고, 새 문서를 선택하면 Create ML 프로젝트를 만들 수 있는 몇 가지 템플릿들 이 나타납니다. [그림 13-3]을 참고하세요.

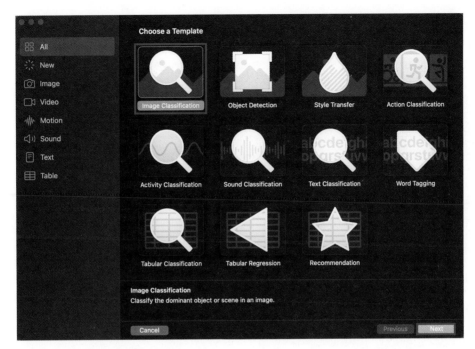

그림 13-3 Create ML 템플릿 선택하기

이번 시나리오에서는 이미지 분류 모델을 만들 것이므로 'Image Classification'을 선택하고 [Next]를 클릭합니다. 다음으로 프로젝트 이름이나 다른 세부 사항(저자, 라이선스, 설명 등)을 입력하고 [Next]를 누릅니다.

다음으로 다시 모델이 어디에 저장될지 물어볼 것입니다. 새 폴더를 하나 만들어서 지정한 다음 [Create]를 클릭합니다. 그러면 [그림 13-4]와 같이 모델링 편집기가 열립니다. Create ML에서 모델을 학습시키려면 이미지 데이터셋이 필요합니다. 분류하고 싶은 카테고리들을 하위 폴더로 만들어 각 카테고리별로 이미지들을 넣어 준비합니다. 이 책에서 다뤘던 꽃 분류 데이터셋을 만든다면 [그림 13-5]처럼 폴더 구조를 만들 수 있습니다. 구글 API 폴더에서 꽃 데이터셋을 다운로드하고 압축을 풀면 이미 이런 구조로 되어 있을 것입니다. 이 데이터셋은 링크[1]에서 다운로드할 수 있습니다.

---

1 https://oreil.ly/RuN2o

그림 13-4 모델링 편집기

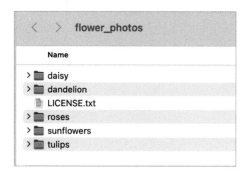

그림 13-5 하위 폴더명으로 레이블링된 이미지들

이 경우 데이지 이미지가 들어 있는 폴더명을 daisy, 민들레가 들어 있는 폴더는 dandelion, 나머지 폴더명도 이런 식으로 만들었습니다. 이제 이 데이터셋으로 학습시키려면 이 상위 폴더를 모델 디자이너 창의 'Trainig Data' 영역에 끌어다 놓습니다. 끌어다 놓으면 [그림 13-6]처럼 됩니다.

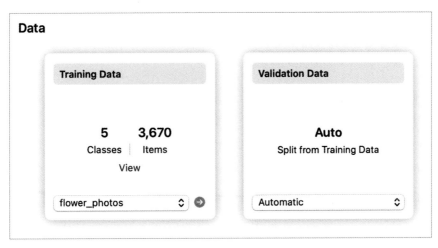

그림 13-6 모델링 편집기에 데이터셋 추가하기

[그림 13-5]에서처럼 5개의 폴더가 있었는데, [그림 13-6]처럼 5개의 클래스가 추가된 것을 확인할 수 있습니다. 검증셋을 따로 지정하지 않으면 Create ML이 학습셋으로부터 자동으로 검증셋을 분리하여 만들어준다는 점도 기억하세요. 이 기능이 데이터셋 구축 시간을 많이 단축시켜줍니다! 여기서 검증셋의 역할은 학습셋으로부터 일부 제외된 데이터셋으로 매 에폭마다 학습에 사용되지 않은 이 데이터셋으로 모델의 성능을 측정합니다. 이를 통해 모델의 정확도를 (조금 더 객관적으로) 확인할 수 있습니다.

화면 하단을 보면 '데이터 증강Augmentations' 기법도 선택할 수 있습니다. 이를 통해 학습시키는 데이터셋을 늘릴 수 있습니다. 예를 들어 꽃 사진들은 일반적으로 줄기가 아래쪽에 있고, 꽃잎이 위쪽에 있습니다. 학습 데이터가 모두 이 방향이면, 실제 추론 시 꽃의 위아래를 뒤집어서 사진을 찍으면 모델이 정확하게 판단하지 못할 수 있습니다(이 방향의 꽃은 학습되지 않았기 때문). 그러나 효과적인 학습을 위해 여러 각도의 꽃 사진을 준비하기보다는 데이터 증강을 이용하는 것이 비용면에서 효율적입니다. 'Rotate' 체크박스를 선택하면 학습 시 이미지를 임의의 방향으로 회전시켜서 마치 회전된 꽃 데이터를 추가한 효과를 만들어줍니다. 모델이 학습셋에 과적합(학습셋에서는 점수가 높게 나오고, 잘 판단하지만, 검증셋이나 테스트셋, 한 번도 본 적이 없는 데이터에 대해서는 판단을 잘못하는 경우)되었다면, 여러 데이터 증강 설정을 시도해 보면 도움이 되겠지만, 지금 여기서 필요하진 않습니다.

학습시킬 준비가 되면 화면 왼쪽 상단에 [Train] 버튼을 누릅니다. Create ML이 이미지의 특징을 처리하고, 몇 분 뒤에 학습된 모델을 완성해 줄 것입니다. Create ML도 모델메이커와 비슷하게 전이 학습을 사용하기 때문에 모델을 완전히 처음부터 학습시키는 게 아니며, 그 덕에 모델을 빠르고 효율적으로 학습시키게 됩니다.

모델이 몇 에폭 동안 정확도 지표에서 안정적인 수치(이 예제의 경우는 일정 에폭 이후 94%에서 95%를 유지)를 보이면, 일반적으로 모델이 수렴되었다고 봅니다. 이 시점이 더 이상 학습을 진행해도 더 나아지지 않을 것으로 보이는 지점이므로 Create ML은 학습을 일찍 멈출 것입니다. 학습에서 설정했던 에폭은 25였지만 Create ML이 학습했던 꽃 분류 모델은 10 에폭 쯤에서 수렴되어 [그림 13-7]처럼 학습이 완료되었습니다.

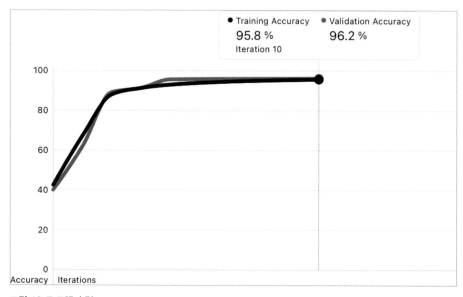

그림 13-7 모델 수렴

각각의 클래스별로 얼마나 잘 학습됐는지 확인하려면 'Evaluation(검증)' 탭을 클릭합니다. 왼편에 'Training Set', 'Validation Set', 'Testing Set'을 선택할 수 있습니다. 이 실험에서는 테스트셋을 만들지 않았으므로 학습셋과 검증셋만 있습니다. [그림 13-8]처럼 학습 결과를 확인할 수 있습니다.

여기서 594개의 데이지 이미지가 학습에 사용되었고, 39개가 검증에 사용됐음을 알 수 있습니다. 다른 꽃 종류도 비슷하게 확인하실 수 있습니다. 여기에는 두 개의 열이 있는데, 하나는 정밀도^{precision}와 재현율^{recall}입니다. 데이지의 정밀도는 실제 데이지 사진 594개 중에 제대로 분류한 비율을 말합니다. 재현율은 추론 레이블이 잘못된 비율을 표현할 수 있는 지표입니다. 예를 들어 데이지사진에 **데이지**만 추론했거나, 장미 사진에 **장미**만 추론했다면 재현율은 높게 나올 것입니다. 위키피디아[2]에서 정밀도와 재현율의 정의를 확인해 보세요.

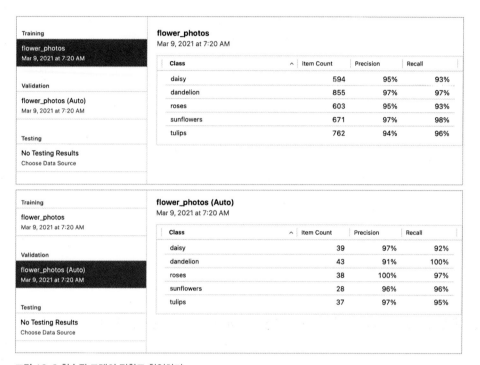

그림 13-8 학습된 모델의 정확도 확인하기

'Preview' 탭에 가서 테스트해 보고 싶은 이미지들을 드래그 앤 드롭하여 추론해 보세요. [그림 13-9]처럼 학습셋이나 검증셋에 없는 이미지를 Create ML에 넣어서 분류 결과를 확인해 볼 수 있습니다. 필자가 넣은 사진은 99%의 신뢰도로 제대로 튤립으로 구분해냈습니다.

---

2 옮긴이_ https://ko.wikipedia.org/wiki/정밀도와_재현율

그림 13-9 모델 테스트를 위한 Preview 기능 사용하기

마지막으로 'Output' 탭에서 모델을 내보낼 수 있습니다. 왼쪽 상단의 [Get] 버튼을 눌러 MLModel 파일로 저장하는 옵션들이 나타나게 됩니다. 간단하게 `flowers.mlmodel` 같은 이름 으로 저장하고 다음 단계에서 iOS 애플리케이션에서 이 모델을 사용해 보도록 하겠습니다.

1단계 Create ML 모델로 만든 Core ML 애플리케이션 만들기

이제 애플리케이션이 어떻게 생겼는지 보겠습니다. 이 책이 제공하는 깃허브 저장소[3]에서 전체 애플리케이션 프로젝트를 다운로드할 수 있으니 책에서는 UI를 만드는 방법을 하나하나 살펴 보지는 않겠습니다. '1'부터 '6'까지의 이름으로 된 이미지가 있고, 사용자는 버튼을 통해 이미 지를 탐색할 수 있습니다. 또한 사용자가 분류 버튼을 누르면 추론을 실행합니다. 스토리보드 는 [그림 13-10]처럼 만듭니다.

---

3 옮긴이_ https://github.com/tucan9389/ondevice-ml-book/tree/main/BookSource/Chapter13/Chapter13CreateMLImageClassifier

그림 13-10 꽃 분류기를 위한 스토리보드

2단계 MLModel 파일 추가하기

Create ML에서 만들었던 `MLModel` 파일을 추가하기 위해 Xcode의 프로젝트 창에 드래그 앤 드롭합니다. Xcode는 모델을 불러오고 스위프트로 작성된 래핑 클래스를 생성합니다. Xcode 에서 모델을 눌러보면 [그림 13-11]처럼 모델의 레이블 목록, 버전, 저자 등의 정보를 확인할 수 있습니다.

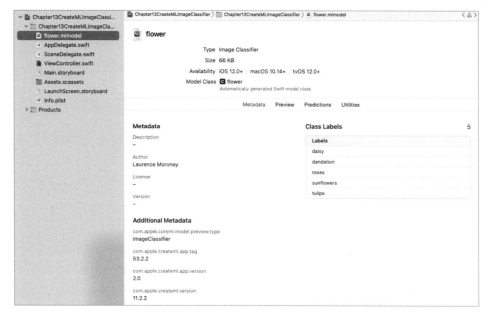

그림 13-11 모델 탐색하기

Create ML에서처럼 'Preview' 탭에서 모델을 테스트해 볼 수도 있습니다! 'Utilities' 탭에서 모델을 암호화하고 클라우드 배포를 설정할 수도 있습니다. 이 내용은 이 책의 범위를 벗어나니 애플 공식 홈페이지[4]를 참고해주세요.

마지막으로 화면 중앙에 'Model Class' 절에서 스위프트 모델 클래스가 자동으로 생성된 것을 확인할 수 있습니다. 우리의 경우는 'flower' 이름으로 만들어졌습니다. 클릭해서 자동 생성된 코드를 볼 수 있습니다. 클래스 이름이 'flower'가 됐다는 점을 중요하게 기억해주세요. 이 내용은 뒤에서 다루도록 하겠습니다.

3단계 추론 실행하기

사용자가 버튼을 누르면 현재 이미지를 불러와서 Core ML에 보내어 모델 추론을 실행하고 싶습니다. 본격적으로 코드로 들어가기 전에 여기서 사용하는 코딩 패턴을 리뷰해 보고 가면 좋습니다.

---

4 https://developer.apple.com/documentation/coreml/generating_a_model_encryption_key

Core ML 추론 패턴

이 API는 iOS 애플리케이션에서 머신러닝 모델을 쉽게 사용할 수 있도록 설계되었습니다만, Core ML을 사용하는 전체 코드 패턴은 처음에는 조금 복잡해 보일 수 있습니다[5].

Core ML을 사용하면 비동기 추론이 가능해야 하는데, 그렇지 못할 경우 모델 추론에서 병목 현상이 일어날 수 있습니다. Core ML은 모바일 API로 설계되어서 모델 추론하는 동안 애플리케이션이 멈추는 사용자 경험을 제공하지 않도록 하는 패턴을 사용합니다. 그러므로 Core ML에서 이미지 모델을 사용하면 [그림 13-12]처럼 여러 비동기 단계를 거치게 됩니다.

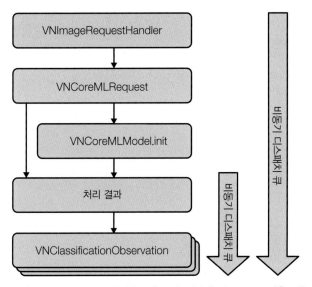

그림 13-12 비동기로 이미지 추론 후 UI를 갱신하는 Core ML 사용 흐름

이 패턴에서는 비동기 작업으로 만들기 위해 **디스패치 큐**^{dispatch queue}에서 핸들러를 생성하도록 합니다. [그림 13-12]에서 더 긴 아래 방향 화살표로 표현했습니다. 핸들러는 **VNImageRequestHandler**가 되며, 여기서 VN은 'VisioN^{비전}'을 의미합니다. 이 핸들러는 분류 요청을 실행하는 객체입니다.

분류 요청(**VNCoreMLRequest**의 자식 클래스)은 모델을 초기화하고, 결과를 처리하는 콜백 함

---

5 옮긴이_ Core ML의 코드 패턴이 조금 생소할 수 있지만, TFLite에 비해 여러 도메인의 전후처리 지원이 더 잘 되어 있고, 저수준 처리
   까지 하지 않아도 되는 이점도 있습니다.

수로 모델에 요청을 지정하게 됩니다. 콜백은 성공적으로 VNCoreMLRequest가 처리되면 호출됩니다.

콜백을 받으면 분류 결과(VNClassificationObservations)를 읽어와서 UI에 그려야 하므로, 콜백은 주로 비동기로 처리됩니다. [그림 13-12]에서 작은 디스패치 큐 화살표로 표시했습니다.

코드 작성하기

이제 코드를 살펴보겠습니다. 사용자가 버튼을 누르게 되면 interpretImage 메서드를 호출하여 추론 작업을 시작합니다.

```
func interpretImage(){
    let theImage: UIImage = UIImage(named: String(currentImage))!
    getClassification(for: theImage)
}
```

이는 현재 선택된 이미지에서 UIImage를 만들고 getClassification이라는 메서드에 전달하며 호출합니다. 이 함수에서 [그림 13-10]의 패턴을 구현할 것이라 조금 더 살펴보겠습니다. 책의 코드 가독성을 높이기 위해 내용을 조금 축약했습니다.

```
func getClassification(for image: UIImage) {

    let orientation = CGImagePropertyOrientation(
            rawValue: UInt32(image.imageOrientation.rawValue))!
    guard let ciImage = CIImage(image: image)
        else { fatalError("...") }

    DispatchQueue.global(qos: .userInitiated).async {
            let handler = VNImageRequestHandler(
                ciImage: ciImage, orientation: orientation)
            do {
                try handler.perform([self.classificationRequest])
            } catch {
                print("...")
            }
    }
}
```

이 코드는 처음에 UIImage를 얻어서 CIImage로 변환합니다. Core ML은 CIImage, CGImage, CVPixeclBuffer, Data를 입력으로 받을 수 있는데[6], 이 중 하나인 CIImage로 변환해주겠습니다.

다음으로 우리는 DispatchQueue를 실행합니다. [그림 13-12]의 긴 화살표 부분입니다. 여기서 핸들러를 만들고, classificationRequest에서 콜백 메서드를 실행하도록 만들어줍니다. 이 콜백 메서드는 아직 정의하지 않았지만 바로 다음에 살펴보겠습니다.

```
lazy var classificationRequest: VNCoreMLRequest = {
    do {
        let model = try VNCoreMLModel.init(for: flower().model)
        let request = VNCoreMLRequest(model: model,
          completionHandler: { [weak self] request, error in
            self?.processResults(for: request, error: error)
        })
        request.imageCropAndScaleOption = .centerCrop
        return request
    } catch {
        fatalError("...")
    }
}()
```

classificationRequest는 VNCoreMLRequest 타입입니다. 이 객체는 내부적으로 모델 초기화를 합니다. init 메서드는 flower().model을 받습니다. flower()는 우리가 만들었던 모델의 자동 생성된 클래스 객체가 되며, 그 안에 실제 모델인 .model 프로퍼티를 넘겨주는 방식입니다. [그림 13-11]로 돌아가면 여기서 이야기했었던 자동 생성된 코드를 확인할 수 있습니다.

모델을 얻고 나면, 모델과 완료 핸들러 함수를 지정하여 VNCoreMLRequest를 생성할 수 있습니다. 여기서 완료 핸들러는 processResults가 됩니다. 이제 getClassification 메서드에 필요한 VNCoreMLRequest를 구성했습니다. 이 메서드를 다시 살펴보면 perform 메서드를 호출한 것을 확인할 수 있습니다. 성공적으로 실행이 됐다면 processResults가 호출됩니다. 다음 코드를 살펴보겠습니다.

---

[6] https://developer.apple.com/documentation/vision/vnimagerequesthandler

```
func processResults(for request: VNRequest, error: Error?) {
    DispatchQueue.main.async {
        guard let results = request.results else {
            self.txtOutput.text = "..."
            return
        }

        let classifications = results as! [VNClassificationObservation]

        if classifications.isEmpty {
            self.txtOutput.text = "Nothing recognized."
        } else {
            let topClassifications =
                classifications.prefix(self.NUM_CLASSES)
            let descriptions = topClassifications.map
            { classification in

                return String(format: "  (%.2f) %@",
                              classification.confidence,
                              classification.identifier) }
            self.txtOutput.text = "Classification:\n" +
                              descriptions.joined(separator: "\n")
        }
    }
}
```

이 함수는 사용자 인터페이스를 갱신하는 데 사용하는 또 다른 DispatchQueue로 시작합니다. 초기 요청으로부터 결과를 받아서, 유효한 결과라면 VNClassificationObservation의 집합으로 캐스팅합니다. 다음으로는 캐스팅된 결과 객체를 돌면서 각 분류에 대해 신뢰도와 식별자(레이블)를 얻고 출력하면 됩니다. 이 코드는 확률이 높은 순서로 결과를 정렬하고 있습니다. NUM_CLASSES는 레이블의 개수이며, 꽃 분류 모델의 경우 레이블 개수는 5입니다.

여기까지입니다. Create ML을 사용하면 모델을 만드는 절차를 간소화해주고, 파일 자동 생성과 같은 Xcode에 통합된 기능들이 추론을 비교적 쉽게 만들어줍니다. 모델 추론을 실행할 때 사용자 경험을 해치지 않도록 하기 위해 가능한 비동기로 처리되도록 만드는 점이 약간 복잡한 부분이었습니다.

[그림 13-13]에서 장미 사진을 추론하는 애플리케이션 화면입니다.

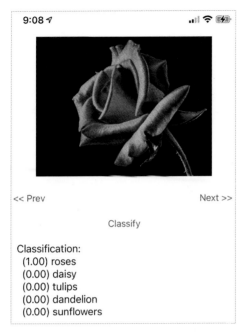

그림 13-13 Core ML의 꽃 사진 추론하기

다음으로 Create ML로 자연어 처리(NLP) 모델을 만드는 예제를 살펴보겠습니다.

13.2 Create ML로 텍스트 분류기 만들기

Create ML에서는 텍스트 분류 태스크를 위해 CSV 파일을 불러올 수 있습니다. 하지만 'text' 이름의 열에 텍스트 데이터가 들어가 있어야 합니다. 따라서 이 책을 따라오면서 감정 분석 데이터셋을 사용하려면 약간 수정해야 하는 부분이 있습니다. 혹은 이 장의 깃허브 저장소에서 제공하는 데이터셋을 사용해도 됩니다. 처음 열을 'text'로 바꾸기만 하면 됩니다.

우리는 이제 새로운 Create ML 도큐먼트를 생성하는데 이번에는 'Text Classifier' 템플릿을 선택하겠습니다. 앞에서처럼 우리 데이터를 데이터 영역에 끌어다 놓으면 35,000개가 넘는 데이터와 2개의 클래스(이 데이터셋의 경우 긍정, 부정 클래스)를 확인할 수 있습니다. 그리고 앞에서처럼 학습셋에서 검증셋을 만들어 사용하게 됩니다.

'Parameters' 절에서 학습에 반영될 수 있는 몇 가지 알고리즘 옵션들이 있습니다. 필자가 찾았던 제일 좋은 선택은 [Transfer Learning]을 선택한 뒤 특징추출로 [Dynamic Embedding]을 선택하는 방법이었습니다. 임베딩이 처음부터 학습되어서 학습 시간이 조금 더 오래 걸릴 순 있지만, 비교적 좋은 결과를 달성할 수 있었습니다. 이 설정대로 학습을 진행했을 때 필자는 M1 Mac mini를 사용해서 1시간 정도가 걸렸고, 75 이터레이션^{iteration} 동안 정확도 89.2%의 모델로 학습되었습니다.

'Preview' 탭에서 직접 문장을 입력할 수 있으며, 자동으로 분류해줍니다. [그림 13-14]를 보시면, 필자가 부정적인 문장을 입력했고, 98%의 신뢰도로 레이블 0을 출력한 것을 확인하실 수 있습니다.

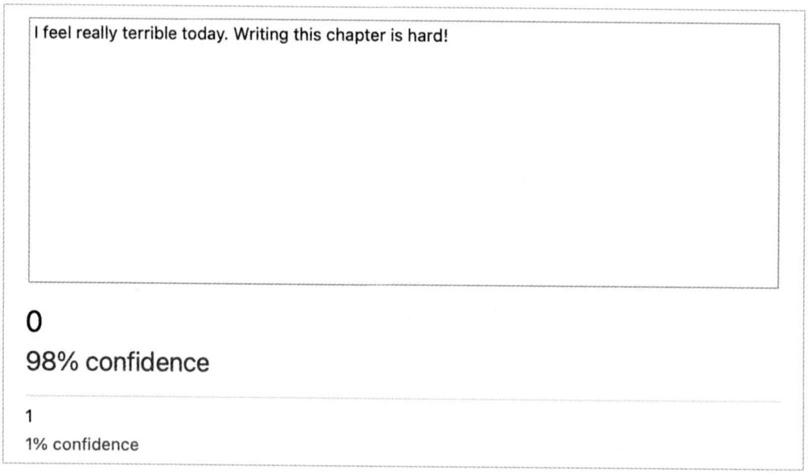

> I feel really terrible today. Writing this chapter is hard!
>
> **0**
> **98% confidence**
>
> 1
> 1% confidence

그림 13-14 부정적인 문장 테스트하기

물론 위 문장의 내용은 사실이 아닙니다. 필자는 이 기술들을 이리저리 만져보면서 글을 쓰면서 재밌는 시간을 보내고 있습니다. 이번에는 입력 문장을 [그림 13-15]처럼 바꾸면 어떻게 결과가 바뀔지 살펴보겠습니다.

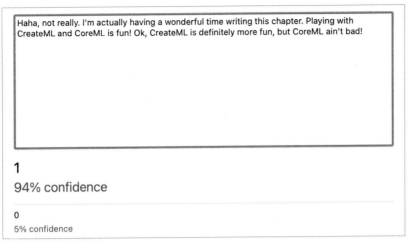

Haha, not really. I'm actually having a wonderful time writing this chapter. Playing with CreateML and CoreML is fun! Ok, CreateML is definitely more fun, but CoreML ain't bad!

1
94% confidence

0
5% confidence

그림 13-15 긍정적인 긴 문장으로 테스트하기

위에서 볼 수 있듯 레이블 1에 94%의 신뢰도 점수를 얻었습니다. 텍스트를 입력할 때마다 실시간으로 분류가 된다는 점이 아주 훌륭합니다!

이제 이 모델을 애플리케이션에서 사용하려면 모델을 내보내야 합니다. 'Output'으로 가서, [Get] 버튼을 누르고, 기억하기 쉬운 이름으로 저장합니다. 필자의 경우는 emotion.mlmodel[7]로 하였습니다.

13.3 애플리케이션에서 언어 모델 사용하기

Create ML로 만든 언어 모델은 애플리케이션에서 사용하기 간단한 사용성을 제공합니다. 새 애플리케이션 프로젝트를 만들고 txtInput 이름의 UITextView, txtOutput 이름의 UILabel 아웃렛과 classifyText 이름의 버튼 액션을 만듭니다. 우리의 스토리보드는 [그림 13-16]처럼 만들면 됩니다.

---

7 옮긴이_ .mlmodel을 애플리케이션에서 사용할 때, 자동 생성된 클래스를 사용하게 되므로 숫자로 시작하지 않고, 하이픈이 들어가지 않게 만들면(대신 언더바 사용) 코드 작성에 문제를 줄일 수 있습니다.

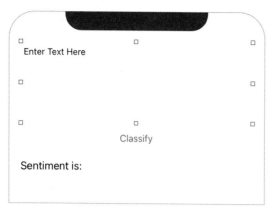

그림 13-16 언어 모델 사용하는 애플리케이션의 스토리보드

classifyText 액션에 doInference() 호출을 추가합니다. 아직 이 메서드를 정의하지 않았지만 곧 정의하겠습니다. 클래스 위쪽에는 다음과 같은 아웃렛과 액션이 정의되어 있어야 합니다.

```
@IBOutlet weak var txtInput: UITextView!
@IBOutlet weak var txtOutput: UILabel!
@IBAction func classifyText(_ sender: Any) {
    doInference()
}
```

자연어 처리에 Core ML을 사용하려면 다음처럼 필요한 라이브러리를 불러와야 합니다.

```
import NaturalLanguage
import CoreML
```

이제 우리 모델로 추론할 수 있습니다. Xcode에 우리가 앞에서 만든 모델(emotion. mlmodel)을 끌어다 넣으면 Xcode는 모델 파일명과 같은 이름으로 된 클래스를 자동으로 생성해줍니다. 이 예제에서는 'emotion' 클래스가 생성되었습니다.

이제 emotion 클래스를 사용하여 다음과 같이 mlModel 객체를 생성합니다.

```
let mlModel = try emotion(
            Configuration: MLModelConfiguration()).model
```

이렇게 하고 나면 NLModel(NL은 natural language를 의미함) 객체를 생성하는 데 사용합니다.

```
let sentimentPredictor = try NLModel(mlModel: mlModel)
```

이제 txtInput에서 입력 문자를 읽어와서 sentimentPredictor에 전달하면 그 결과인 label을 받을 수 있습니다.

```
let inputText = txtInput.text
let label = sentimentPredictor.predictedLabel(for: inputText!)
```

이 레이블은 클래스를 표현하는 문자열입니다. 이 모델의 데이터에서 확인했듯이, '0'과 '1'이 될 수 있습니다. 따라서 다음과 같이 추론 결과를 표시합니다.

```
if (label=="0"){
    txtOutput.text = "Sentiment: Negative"
} else {
    txtOutput.text = "Sentiment: Positive"
}
```

이게 끝입니다. 자연어 처리 라이브러리로 아주 쉽게 추론부를 구현했습니다. 여기서는 토큰화나 임베딩을 직접 할 필요가 없이, 문자만 입력하면 추론이 수행됩니다!

[그림 13-17]에서 애플리케이션이 작동하는 모습을 확인할 수 있습니다.

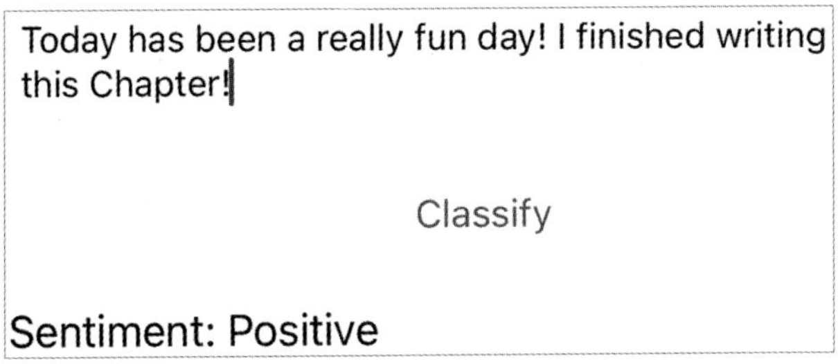

그림 13-17 감정 분류를 사용하는 애플리케이션

이 애플리케이션은 굉장히 간단하고 기본적인 애플리케이션이었지만 새 애플리케이션을 만들 때 어떻게 사용할 수 있는지 알 수 있습니다. 예를 들어 애플리케이션이 불법적인 스팸을 보내는 용도로 사용되고 있으면, 이것을 감지해서 막는 데 사용할 수 있습니다.

13.4 마치며

이번 장에서는 Create ML의 두 가지 템플릿으로 된 프로젝트(이미지 분류, 텍스트 감정 분석)를 소개했고, 그 기능을 사용하기 전에 간단한 애플리케이션으로 머신러닝 경험이 없이도 모델을 학습시키는 방법을 알아보았습니다. Create ML은 모델을 학습시킬 수 있게 도와주는 도구이고, 특히 전이 학습을 통해 아주 빠르고 좋은 성능을 만들어줍니다. 또한 머신러닝 모델을 사용할 때 사용자 인터페이스에 더 집중할 수 있도록 복잡한 머신러닝 모델링 부분을 단순화하고 출력 모델을 Xcode에 끌어다 놓았을 때, 코드 생성의 이점들을 살펴볼 수 있었습니다. 그리고 이미지 분류에서 사용자 단에서 추론 시 사용자 경험을 해치지 않을 방법을 살펴보면서 동시에 쉽게 추론 기능을 구현해 보았습니다. 특히 추론 엔진에 입력을 보낼 때 이미지 포맷을 맞추거나 이미지를 텐서로 만들어야 하거나 하지 않았습니다. 따라서 iOS용으로만 생각한다면 Create ML과 Core ML을 살펴보는 것을 추천합니다.

## CHAPTER 14

모바일 애플리케이션으로
클라우드 모델에 접근하기

지금까지는 모바일 애플리케이션에서 사용될 수 있도록, 모델을 TFLite 형식으로 변환하는 방법을 알아봤습니다. 그리고 이는 1장에서 이야기된 지연, 보안 등의 이유로 모바일 환경에서 모델을 사용해야 할 때 좋은 방식이었습니다. 하지만 때로는 모델을 모바일 장치에 배포하지 말아야 할 상황도 있습니다. 가령 모바일에 탑재되기에 모델이 너무 크고 복잡하거나, 모델이 자주 갱신되어야 하거나, 리버스 엔지니어링의 위험을 배제하고 싶은 등의 상황이 있을 수 있겠죠.

이 경우 모델을 서버로 배포해, 서버에서 추론을 수행할 수 있습니다. 서버는 클라이언트의 요청을 관리하고, 요청에 따라 모델의 추론을 수행하고, 그 결과를 클라이언트에 응답으로 다시 보내는 작업을 처리합니다. [그림 14-1]은 이 과정을 전체적으로 묘사합니다.

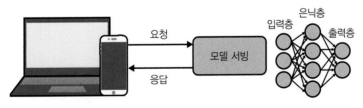

그림 14-1 모델 서빙을 위한 서버의 구조

이 구조의 또 다른 이점은 모델 드리프트 관리에 있습니다. 만약 모델을 기기에 배포하면, 사용자가 애플리케이션 버전을 갱신하는지에 따라 사용자마다 사용하는 모델의 버전은 파편화될 수 있습니다. 즉, 여러 버전의 모델이 혼재하는 상황이 연출될 수 있겠죠. 모델 드리프트를 다뤄야 하는 시나리오를 고려해 보죠. 아마도 더 고가의 하드웨어를 갖춘 기기가 더 크고 정확한 모델을 활용할 수 있겠지만, 저가의 하드웨어에서는 비교적 덜 정확한 모델을 사용하게 될 가능성이 높습니다. 이런 상황에서 관리는 매우 어렵습니다! 그러나 만약 모델을 서버에서 관리한다면, 모델이 실행될 하드웨어 플랫폼을 제어할 수 있기 때문에 이 문제를 걱정할 필요가 없습니다. 추가로 서버 측에서 모델을 추론할 때의 또 다른 이점은 사용자마다 서로 다른 버전의 모델을 시험해 볼 수 있다는 것입니다(그림 14-2).

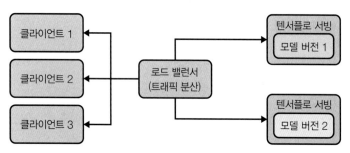

그림 14-2 호스팅된 추론으로 서로 다른 모델 관리하기

보다시피 두 버전의 모델이 존재하며(모델 버전 1, 모델 버전 2), 로드 밸런서를 통해 서로 다른 클라이언트로 배포되어 있습니다. 그리고 각 모델은 텐서플로 서빙에 의해 관리되고 있습니다. 지금부터는 텐서플로 서빙의 설치, 간단한 모델을 학습시킨 뒤 텐서플로 서빙 TensorFlow Serving 으로 배포하는 방법을 알아봅니다.

14.1 텐서플로 서빙 설치하기

텐서플로 서빙은 두 종류의 서버 구조로 설치될 수 있습니다. 첫 번째는 `tensorflow-model-server`로, 다양한 환경의 컴파일러에 최적화된 서버입니다. 여기에 명시된 환경에서는 이 방법을 사용하는 것이 바람직합니다. 두 번째는 `tensorflow-model-server-universal`로, 모든 기기에서 작동하게끔 기본 최적화 과정을 통해 컴파일된 서버입니다. 또한 `tensorflow-model-server`가 지원되지 않을 때 예비로 활용할 수도 있습니다. 텐서플로 서빙은 도커 또는

apt로 직접 패키지를 설치하는 등 다양한 방법으로 설치될 수 있습니다. 이 책에서는 도커와 apt를 사용하는 두 방법을 다룹니다.

14.1.1 도커로 설치하기

도커는 운영체제와 소프트웨어 의존성을 쉽게 사용할 수 있는 단일 이미지로 캡슐화하는 도구입니다. 가장 빠르게 텐서플로 서빙을 실행해 볼 수 있는 방법입니다. 우선 다음처럼 텐서플로 서빙 이미지를 docker pull 명령어로 가져옵니다.

```
docker pull tensorflow/serving
```

이 단계가 완료되면, 텐서플로 서빙 코드를 깃헙에서 내려받습니다.

```
git clone https://github.com/tensorflow/serving
```

내려받은 코드는 입력된 숫자를 절반으로 나눈 뒤 2를 더한 값을 반환하는, Half Plus Two 예제 모델이 포함되어 있습니다. 이 예제 모델을 사용해 보려면, 해당 모델 경로를 담은 TESTDATA 환경 변수를 설정해야 합니다.

```
TESTDATA="$(pwd)/serving/tensorflow_serving/servables/tensorflow/testdata"
```

그리고 도커 이미지로 텐서플로 서빙을 실행합니다.

```
docker run -t --rm -p 8501:8501 \
    -v "$TESTDATA/saved_model_half_plus_two_cpu:/models/half_plus_two" \
    -e MODEL_NAME=half_plus_two \
    tensorflow/serving &
```

그러면 서버는 8501번 포트에서 클라이언트의 요청 수신을 기다리며 실행됩니다(보다 자세한 제어 방법은 후반부에 다룹니다). 이제 http://localhost:8501/v1/models/half_plus_two:predict를 통해서 해당 모델로 접근할 수 있습니다.

추론하고 싶은 데이터를 서버로 전달하려면, 데이터가 담긴 텐서를 POST 메시지로 구성해 해당 URL 주소로 보내야 합니다. 다음은 curl 명령어로 추론을 요청하는 방식을 보여줍니다(개발용 PC에서 서버를 실행한다면, 서버를 실행한 것과는 별도의 터미널에서 curl 명령어를 수행하기를 바랍니다).

```
curl -d '{"instances": [1.0, 2.0, 5.0]}' \
    -X POST http://localhost:8501/v1/models/half_plus_two:predict
```

[그림 14-3]은 그 결과입니다.

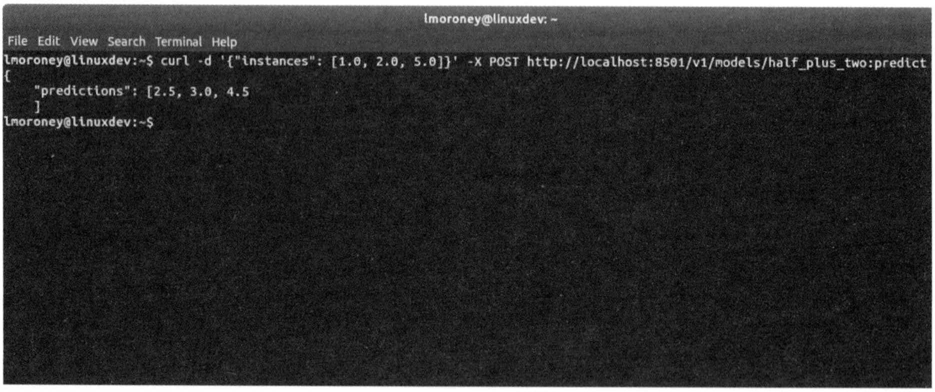

그림 14-3 텐서플로 서빙을 실행한 결과

도커를 사용한 방식이 꽤 편리하지만, 직접 설치하고 좀 더 미세한 제어를 하고 싶은 경우도 있기 마련입니다. 그 방법을 이어서 살펴보겠습니다.

14.1.2 리눅스에 직접 설치하기

tensorflow-model-server, tensorflow-model-server-universal 중 무엇을 사용해도 텐서플로 서빙 사용에 필요한 패키지명은 동일합니다. 따라서 시작하기 전 tensorflow-model-server를 제거하고, 여러분이 원하는 패키지를 설치해야 합니다. 여러분만의 환경에 직접 설치를 해 보고 싶다면, 이 책이 제공하는 깃허브 저장소의 코랩 노트북을 참조하기를 바랍니다. 그중 주요 단계는 다음과 같습니다. 다음 명령어는 기존에 설치된 패키지를 제거합니다.

```
apt-get remove tensorflow-model-server
```

그리고 다음은 tensorflow-model-server-universal 패키지를 다운로드할 수 있는 위치를
시스템에 추가합니다.

```
echo "deb http://storage.googleapis.com/tensorflow-serving-apt stable tensorflow-
model-server tensorflow-model-server-universal" ¦
tee /etc/apt/sources.list.d/tensorflow-serving.list && \
curl https://storage.googleapis.com/tensorflow-serving-apt/tensorflow-serving.
release.pub.gpg ¦ apt-key add -
```

만약 관리자 권한이 필요하다면 sudo를 추가한 다음 명령어를 실행합니다.

```
sudo echo "deb http://storage.googleapis.com/tensorflow-serving-apt stable
tensorflow-model-server tensorflow-model-server-universal" ¦
sudo tee /etc/apt/sources.list.d/tensorflow-serving.list && \
curl https://storage.googleapis.com/tensorflow-serving-apt/tensorflow-serving.
release.pub.gpg ¦ sudo apt-key add -
```

그다음 apt-get을 갱신합니다.

```
apt-get update
```

apt-get 갱신이 완료되면, 텐서플로 서빙 패키지를 다음처럼 설치합니다.

```
apt-get install tensorflow-model-server
```

설치된 패키지는 다음 명령어로 최신 버전으로 갱신될 수 있습니다.

```
apt-get upgrade tensorflow-model-server
```

여기까지 했다면 텐서플로 서빙 패키지를 사용할 준비가 완료되었습니다.

14.2 모델을 구축하고 서빙하기

이 절은 모델 생성, 모델 서빙을 위한 준비, 텐서플로 서빙으로 모델을 배포, 텐서플로 서빙으로 배포된 모델의 추론을 수행하는 전 과정을 하나씩 다룹니다.

여기서도 책 전반에 걸쳐 간단한 예제로 활용된 'Hello World' 모델을 사용합니다.

```
import numpy as np
import tensorflow as tf
xs = np.array([-1.0, 0.0, 1.0, 2.0, 3.0, 4.0], dtype=float)
ys = np.array([-3.0, -1.0, 1.0, 3.0, 5.0, 7.0], dtype=float)
model = tf.keras.Sequential([tf.keras.layers.Dense(units=1, input_shape=[1])])
model.compile(optimizer='sgd', loss='mean_squared_error')
history = model.fit(xs, ys, epochs=500, verbose=0)
print("모델 학습 완료")
print(model.predict([10.0]))
```

위 코드는 모델을 매우 빠르게 학습시키고, 마지막에는 값이 10.0인 x에 대해 예측된 y값을 18.98 정도로 출력합니다. 그러면 이제 학습된 모델을 저장합니다. 다음은 임시 폴더에 모델을 저장하는 방법입니다.

```
export_path = "/tmp/serving_model/1/"
model.save(export_path, save_format="tf")
print('\nexport_path = {}'.format(export_path))
```

어떤 폴더에라도 모델을 저장할 수 있지만, 필자는 임시 폴더(/tmp)를 선호하는 편입니다. 위 코드에서 모델은 /tmp/serving_model/1/에 저장되었지만, 실제 서빙에서는 /tmp/serving_model/를 참조해야 합니다. 그 이유는 텐서플로 서빙이 주어진 모델 버전에 따라, 경로 마지막에 붙는 숫자를 자동으로 참조하기 때문이죠. 별도로 버전을 지정하지 않는다면 버전 1이 기본으로 참조됩니다.

만약 모델이 저장될 폴더가 비어 있지 않다면, 저장 전 해당 폴더의 내용물을 삭제하는 것이 좋습니다(필자가 임시 폴더 사용을 선호하는 이유 중 하나입니다).

텐서플로 서빙은 saved_model_cli라는 CLI 도구를 제공하는데, 저장된 모델을 검사하는 기능을 제공합니다. 가령 CLI의 show 명령어에 모델 경로를 옵션으로 제공하면, 모델의 전체 메타데이터 정보를 얻을 수 있습니다.

```
$> saved_model_cli show --dir {export_path} --all
```

위 명령어는 꽤 긴 내용을 출력하는데, 여기에는 다음과 같은 일부 상세 정보가 포함되어 있습니다.

```
signature_def['serving_default']:
    The given SavedModel SignatureDef contains the following input(s):
        inputs['dense_input'] tensor_info:
                dtype: DT_FLOAT
                shape: (-1, 1)
                name: serving_default_dense_input:0
    The given SavedModel SignatureDef contains the following output(s):
        outputs['dense'] tensor_info:
                dtype: DT_FLOAT
                shape: (-1, 1)
                name: StatefulPartitionedCall:0
```

나중에 사용해야 할 signature_def['serving_default']에 유의하기를 바랍니다.

보다시피 입력과 출력의 모양shape과 자료형이 정의되어 있습니다. 둘 다 부동소수형(DT_FLOAT) 자료이며, (-1, 1) 형태의 모양으로 정의되어 있습니다. 여기서 -1은 사실상 무시해도 되는 값으로, 모델의 입력과 출력이 모두 부동소수형의 값을 가진다는 사실만 유의하면 됩니다.

명령줄에서 텐서플로 모델을 서빙하기 위한 서버를 실행하려면, 여러 종류의 파라미터를 명시해야 합니다. 우선 tensorflow_model_server 명령어에 몇 가지 파라미터를 지정합니다. 그중 rest_api_port에는 서버가 구동될 포트 번호를 지정하고(여기서는 8501을 사용합니다), model_name에는 모델 이름을 지정합니다(여기서는 helloworld로 지정합니다). 마지막으로 model_base_path에는 모델이 저장된 경로를 지정합니다. 다음은 이 모든 파라미터가 설정된 방식을 보여줍니다.

```
$> tensorflow_model_server --rest_api_port=8501 --model_name="helloworld" --
model_base_path="/tmp/serving_model/" > server.log 2>&1
```

tensorflow_model_server 명령어의 마지막은 명령어의 출력 결과를 server.log 파일로 내보내기 위해 추가되었습니다. 해당 파일을 열어 내용을 살펴보면 서버가 성공적으로 시작되었고, HTTP/REST API가 localhost:8501로 노출된 것을 알 수 있습니다.

```
2021-02-19 08:56:22.271662:
    I tensorflow_serving/core/loader_harness.cc:87] Successfully loaded
    servable version {name: helloworld version: 1}
2021-02-19 08:56:22.303904:
    I tensorflow_serving/model_servers/server.cc:371] Running gRPC ModelServer
    at 0.0.0.0:8500 ...
2021-02-19 08:56:22.315093:
    I tensorflow_serving/model_servers/server.cc:391] Exporting HTTP/REST API
    at:localhost:8501 ...
[evhttp_server.cc : 238] NET_LOG: Entering the event loop ...
```

만약 서버가 구동에 실패했다면, 실패한 내역이 기록되어 있습니다. 서버가 구동에 실패했다면 시스템을 재시작해야 해결되는 경우도 있습니다.

구동된 서버는 다음처럼 파이썬으로 시험해 볼 수 있습니다.

```
import json
xs = np.array([[9.0], [10.0]])
data = json.dumps({"signature_name": "serving_default",
                   "instances": xs.tolist()})
print(data)
```

서버로 데이터를 보내려면, 데이터를 JSON 형식으로 구성해야 합니다. 가령 파이썬에서는 보낼 데이터값이 넘파이 배열로 구성되어 있곤 합니다(위 코드의 **9.0**과 **10.0**). 앞에서 모델이 입력으로 수용하는 데이터 모양이 **(-1,1)**인 것을 확인했습니다. 따라서 각각의 데이터는 독립적인 배열에 담겨야 합니다.

두 이름/값 쌍을 가진 페이로드는 파이썬의 json.dumps 함수로 생성할 수 있습니다. 첫 번째 쌍은 호출될 모델의 시그니처 이름(signature_name)으로, 앞에서 모델을 검사했을 때 본 serving_default를 값으로 지정했습니다. 그리고 두 번째 쌍은 모델로 전달할 데이터 값 목록의 인스턴스(instances)를 지정합니다.

여기서 모델로 값 전달 시 한 가지 유의할 점이 있습니다. 실제로는 단일값만 전달하더라도, 그

값을 리스트로 만들어야 한다는 것입니다. 예를 들어서 **9.0** 값에 대한 추론을 수행하고 싶다면, 해당 값을 **[9.0]**처럼 리스트로 만들어야 합니다. 한편 만약 두 값에 대한 추론을 수행한다면, **[9.0, 10.0]**처럼 리스트를 구성해야 한다고 생각할지도 모르지만, 이는 잘못된 방법입니다! 서로 다른 두 값에 대한 추론을 각기 수행하려면, 각 값을 **[9.0]**, **[10.0]**처럼 개별 리스트로 감싸야 합니다. 하지만 이 두 값을 단일 배치로 모델에 전달해줘야 하므로, 리스트들을 포함한 리스트가 되어야 합니다. [[9.0], [10.0]]처럼 중첩 리스트로 값을 구성한 이유죠. 또한 단 하나의 값만 추론하더라도 **[[10.0]]**처럼 중첩 리스트로 구성해야 합니다.

따라서 9.0과 10.0 두 x값에 대한 y를 계산하기 위한 페이로드는 다음처럼 구성되어야 합니다.

```
{"signature_name": "serving_default", "instances": [[9.0], [10.0]]}
```

서버는 requests 라이브러리를 통해 HTTP POST로 호출될 수 있습니다. 다음은 helloworld라는 이름의 모델로 예측을 수행하기 위한 URL의 구조를 보여줍니다. 그리고 POST에는 데이터도 입력해야 하는데, 여기에는 앞에서 만든 페이로드를 넣어줍니다. 마지막으로 헤더에 요청이 JSON 형식으로 표현된다는 사실을 서버에 알립니다.

```
import requests
headers = {"content-type": "application/json"}
json_response = requests.post(
    'http://localhost:8501/v1/models/helloworld:predict',
    data=data, headers=headers)

print(json_response.text)
```

다음은 위 요청에 대해 수신한, 예측 결과가 담긴 JSON 페이로드를 보여줍니다.

```
{
    "predictions": [[16.9834747], [18.9806728]]
}
```

또한 파이썬의 requests 라이브러리가 제공하는 json 속성은 응답받은 텍스트를 자동으로 JSON 딕셔너리 형식으로 변환할 수 있습니다.

14.3 안드로이드로 서버 모델에 접근하기

이제 REST 인터페이스를 통해 모델을 노출한 서버가 구동되고 있습니다. 그리고 안드로이드에서 해당 서버에 접근하는 코드는 꽤 쉽게 작성할 수 있습니다. 우선 단일 뷰로 구성된 간단한 애플리케이션을 생성합니다(4장 참조). 사용자가 숫자를 입력하는 **에딧텍스트**, 예측 결과 레이블을 출력하는 **텍스트뷰**, 사용자가 서버로 추론을 요청하는 **버튼**을 뷰에 포함시킵니다.

```
<ScrollView
    android:id="@+id/scroll_view"
    android:layout_width="match_parent"
    android:layout_height="0dp"
    app:layout_constraintTop_toTopOf="parent"
    app:layout_constraintBottom_toTopOf="@+id/input_text">
    <TextView
        android:id="@+id/result_text_view"
        android:layout_width="match_parent"
        android:layout_height="wrap_content" />
</ScrollView>

<EditText
    android:id="@+id/input_text"
    android:layout_width="0dp"
    android:layout_height="wrap_content"
    android:hint="Enter Text Here"
    android:inputType="number"
    app:layout_constraintBaseline_toBaselineOf="@+id/ok_button"
    app:layout_constraintEnd_toStartOf="@+id/ok_button"
    app:layout_constraintStart_toStartOf="parent"
    app:layout_constraintBottom_toBottomOf="parent" />
<Button
    android:id="@+id/ok_button"
    android:layout_width="wrap_content"
    android:layout_height="wrap_content"
    android:text="OK"
    app:layout_constraintBottom_toBottomOf="parent"
    app:layout_constraintEnd_toEndOf="parent"
    app:layout_constraintStart_toEndOf="@+id/input_text"
/>
```

비동기적으로 서버에 요청을 보내고 응답을 받는 데는 **Volley**라는 HTTP 라이브러리를 사용합니다. 해당 라이브러리를 사용하려면 **build.gradle** 파일에 다음 내용을 추가합니다.

```
implementation 'com.android.volley:volley:1.1.1'
```

그리고 해당 라이브러리를 사용하는 액티비티 코드는 다음과 같습니다. UI에 접근하고, 버튼의 **onClickListener** 메서드를 통해, 버튼이 눌렸을 때 텐서플로 서빙의 모델을 호출하도록 구성되었습니다.

```
lateinit var outputText: TextView
    lateinit var inputText: EditText
    lateinit var btnOK: Button
    override fun onCreate(savedInstanceState: Bundle?) {
        super.onCreate(savedInstanceState)
        setContentView(R.layout.activity_main)
        outputText = findViewById(R.id.result_text_view)
        inputText = findViewById(R.id.input_text)
        btnOK = findViewById(R.id.ok_button)
        btnOK.setOnClickListener {
            val inputValue:String = inputText.text.toString()
            val nInput = inputValue.toInt()
            doPost(nInput)

        }
    }
```

호스팅된 모델은 http://<server>:8501/v1/models/helloworld:predict에서 서빙되고 있습니다. 만약 서버가 로컬 환경에서 구동되고, 에뮬레이터로 안드로이드 코드를 실행한다면, **localhost** 대신 **10.0.2.2**를 서버로 연결하기 위한 브리지로 사용해야 합니다.

버튼을 누르면 입력된 값을 읽어서 정수로 변환한 뒤, **doPost** 함수 호출 시 파라미터로 전달됩니다. 그러면 이 함수가 처리하는 일을 살펴보겠습니다.

우선 **Volley**를 사용해 비동기 요청/응답용 큐를 설정합니다.

```
val requestQueue: RequestQueue = Volley.newRequestQueue(this)
```

그다음 접근할 URL을 구성합니다. 여기서 서버의 주소는 **localhost** 대신 브리지인 10.0.2.2

를 사용합니다. 안드로이드 애플리케이션은 에뮬레이터에서, 텐서플로 서빙용 서버는 로컬 장치에서 실행되고 있기 때문이죠.

```
val URL = "http://10.0.2.2:8501/v1/models/helloworld:predict"
```

서버로 데이터를 JSON 형식으로 전달하려면, 모델로 입력될 모든 입력값은 리스트로 구성되어야 하며, 이는 또 다른 리스트에 포함되어야 한다고 했었죠. 따라서 10이라는 값에 대한 추론을 요청하려면, 그 데이터는 다음처럼 구성되어야 합니다.

```
[ [10.0] ].
```

JSON 페이로드는 다음처럼 구성되어야 합니다.

```
{"signature_name": "serving_default", "instances": [[10.0]]}
```

중첩 리스트 중 안쪽 리스트는 값을, 바깥쪽 리스트는 안쪽 리스트를 포함합니다. 그리고 JSON을 다룰 때는 두 리스트 모두 JSONArray로 다뤄야 합니다.

```
val jsonBody = JSONObject()
jsonBody.put("signature_name", "serving_default")
val innerarray = JSONArray()
val outerarray = JSONArray()
innerarray.put(inputValue)
outerarray.put(innerarray)
jsonBody.put("instances", outerarray)
val requestBody = jsonBody.toString()
```

그다음 requestQueue로 클라이언트-서버 간 통신을 다루려면, StringRequest 객체를 생성해야 합니다. 여기서 StringRequest 객체를 생성할 때는 getBody() 메서드를 오버라이딩 하여, 앞에서 생성한 requestBody를 요청 내용에 포함해야 합니다. 또한 응답을 비동기적으로 수신하려면 Response.Listener도 설정해줘야 합니다. 그리고 수신한 응답의 predictions에 매핑된 배열에 접근한 다음, 첫 번째 요소에 접근하면 예측 결과를 얻을 수 있습니다.

```
val stringRequest: StringRequest =
    object : StringRequest(Method.POST, URL,
    Response.Listener { response ->
        val str = response.toString()
        val predictions = JSONObject(str).getJSONArray("predictions")
                                         .getJSONArray(0)
        val prediction = predictions.getDouble(0)
        outputText.text = prediction.toString()
    },
    Response.ErrorListener { error ->
        Log.d("API", "error => $error")
    })
    {
        override fun getBody(): ByteArray {
        return requestBody.toByteArray((Charset.defaultCharset()))
        }
    }

requestQueue.add(stringRequest)
```

서버로 요청을 보내고, 응답을 비동기로 수신하는 등의 내부적인 일은 **Volley**가 다룹니다. 결국 위 코드는 **Response.Listener**에서 결과를 파싱하고, 파싱된 값을 UI로 출력합니다(그림 14-4).

그림 14-4 안드로이드 애플리케이션에서 텐서플로 서빙으로부터 추론을 수행하기

보다시피 출력된 응답 내용은 매우 간단합니다. 응답 내 문자열을 디코딩했을 뿐이죠. 좀 더 복

잡한 JSON 데이터를 처리하고 싶다면 **GSON**과 같은 JSON 파싱 라이브러리를 사용하는 것이 좋을 수 있습니다.

지금까지 매우 간단하기는 했지만, 원격 서버에 추론을 요청하는 모든 안드로이드 애플리케이션이 따라야 할 기본적인 흐름을 살펴볼 수 있었습니다. 한 가지 유의해야 할 점은 앞에서 수차례 강조한 JSON 페이로드를 구성하는 방식입니다. 추론을 요청할 데이터를 `JSONArray`에 넣고, 이를 또다시 다른 `JSONArray`에 중첩해야 한다는 것이죠. 단일값이라도 **[[10.0]]**처럼 구성되어 서버로 전달해야 합니다. 그리고 서버가 응답으로 보내준 결과 또한 마찬가지로, 단일값일지라도 중첩 리스트의 형식으로 인코딩되어 있습니다.

한편 우리가 제작한 서버는 비인가된 서버입니다. 하지만 실제 서비스를 개발한다면, 반드시 인증을 고려해야만 합니다. 백엔드에 인증을 추가하는 다양한 방법이 있으며, 파이어베이스 인증이 그중 하나의 대안이 될 수 있습니다.

14.4 iOS로 서버 모델에 접근하기

앞에서 모델을 텐서플로 서빙에 탑재했고, `http://<서버주소>:8501/v1/models/helloworld:predict`를 통해 해당 모델로 추론을 요청할 수 있었습니다. 이번에는 **192.168.86.26**에 서버를 호스팅하고, 서버로 데이터를 전달하고, 추론 결과를 응답받는 간단한 iOS 애플리케이션을 만들어 봅니다. 그러려면 안드로이드 때와 마찬가지로, 단일값을 서버로 전송하더라도 다음처럼 JSON 페이로드를 구성해야 합니다.

```
{"signature_name": "serving_default", "instances": [[10.0]]}
```

이 페이로드로 요청이 성공적으로 완료되면, 추론 결과는 다음과 같은 형식으로 반환됩니다.

```
{
    "predictions": [[18.9806728]]
}
```

따라서 서버로 JSON 페이로드를 전달하고, 반환된 값을 파싱하는 기능이 필요하겠죠. 스위프트로 이 작업을 수행하는 방법을 알아봅니다. 전체 코드는 이 책이 제공하는 깃허브 저장소[1]에서 확인할 수 있습니다. 이 절에서는 서버와 상호 작용이 일어나는 부분만 집중해서 다루겠습니다.

먼저 디코딩하고 싶은 구조를 명확히 표현한 구조체만 정의하면, 스위프트에서는 JSON값을 쉽게 디코딩할 수 있습니다. 가령 다음은 예측 결과를 디코딩하기 위해 정의된 구조체입니다.

```
struct Results: Decodable {
    let predictions: [[Double]]
}
```

그리고 값이 실수(Double)로 저장되었다면, 서버로 전송될 JSON 페이로드는 다음처럼 구성할 수 있습니다.

```
let json: [String: Any] =
    ["signature_name" : "serving_default", "instances" : [[value]]]

let jsonData = try? JSONSerialization.data(withJSONObject: json)
```

그러면 지정된 URL로 해당 페이로드를 보낼 수 있습니다. 그 첫 번째 단계에서는 해당 URL에 대한 요청(URLRequest)을 생성한 다음, 요청의 몸통 부분(httpBody)의 속성에 구성된 JSON 페이로드를 할당합니다.

```
// POST 요청 생성
let url = URL(string: "http://192.168.86.26:8501/v1/models/helloworld:predict")!

var request = URLRequest(url: url)
request.httpMethod = "POST"

// JSON 데이터를 요청에 삽입
request.httpBody = jsonData
```

두 번째 단계에서는 구성된 요청을 서버로 전송합니다. 여기서 요청/응답은 비동기식으로 처리되기 때문에, 응답을 수신하기까지 스레드에 락[lock]을 걸어놓는 것 대신 다음처럼 태스크를 활

---

1 옮긴이_ https://github.com/tucan9389/ondevice-ml-book/tree/main/BookSource/Chapter14/testtf-serving-ios

용해야 합니다.

```
let task = URLSession.shared.dataTask(with: request)
    { data, response, error in
```

그러면 앞에서 만든 URL과 서버로 보낼 입력 데이터로 구성된 요청으로 URLSession을 생성할 수 있습니다. 그리고 요청에 따라 수신된 정보로 응답, 응답 내 페이로드 데이터, 에러 정보를 수신합니다.

여기서 페이로드 데이터를 파싱하면 원하는 예측 정보를 얻을 수 있습니다. 앞에서 JSON 페이로드 형식에 대응되는 Results 구조체를 만들었었습니다. JSONDecoder()의 decode 메서드를 사용하면 수신된 페이로드 데이터를 Results 구조체 형식으로 디코딩하여, 예측 결과를 해당 구조체 인스턴스에 넣을 수 있습니다. 한편 예측 결과는 중첩 배열로 표현되어 있으며, 그중 안쪽 배열에 추론된 실제 예측값이 담겨 있습니다. 따라서 results.predictions[0][0]와 같은 방식으로 해당 값에 접근해야 합니다. 이 작업은 태스크 **내에서 수행되기 때문에, UI 갱신은** DispatchQueue로 이루어져야 합니다.

```
let results: Results =
    try! JSONDecoder().decode(Results.self, from: data)

        DispatchQueue.main.async{
            self.txtOutput.text = String(results.predictions[0][0])
        }
```

이렇게 iOS에서 데이터를 비동기식으로 송/수신하는 구현을 완료했습니다! JSON 페이로드를 구조체로 파싱할 수 있는 기능이 제공되고, [String : Any] 형식으로 쉽게 중첩 배열을 정의할 수 있기 때문에 스위프트에서 이 내용을 간단히 구현할 수 있었습니다. [그림 14-5]는 이 기능이 제대로 작동하는 애플리케이션의 구동 화면입니다.

텐서플로 서빙 속 모델에 접근할 때 가장 중요한 것은 입력과 출력 데이터를 올바르게 처리하는 것입니다. 페이로드가 중첩 배열로 구성되어 있다는 사실을 인지하고, 그에 맞춰 입력 데이터의 구성과 응답 데이터의 추출을 올바르게 처리해야만 합니다.

그림 14-5 iOS 애플리케이션에서 텐서플로 서빙으로부터 추론을 수행하기

14.5 마치며

이 장은 텐서플로 서빙의 소개와 함께, HTTP 인터페이스로 모델에 접근하도록 텐서플로 서빙이 제공하는 환경을 알아봤습니다. 또한 텐서플로 서빙의 설치, 설정, 모델을 배포하는 방법도 다뤘습니다. 그다음 간단한 안드로이드와 iOS 애플리케이션을 만들어, 원격으로 해당 모델의 추론을 수행하는 법도 살펴봤습니다. 이 애플리케이션들은 사용자 입력으로 JSON 페이로드를 생성하고, 이를 텐서플로 서빙에 전달하고, 모델이 추론한 결과를 담은 응답을 파싱하는 일을 수행했습니다. 시나리오 자체는 매우 단순하지만, JSON 페이로드를 구성해 원격 서버로 POST 요청을 보낸 뒤, 그 결과를 파싱하는 모든 서빙 시나리오에서 활용될 수 있습니다.

## CHAPTER 15

모바일 애플리케이션의
윤리, 공정성, 개인정보보호

최근 머신러닝과 인공지능의 발전으로 인해 윤리와 공정성 개념이 특히 주목받고 있지만, 컴퓨터 시스템에서는 이전부터 항상 불평등과 불공정이 우려되는 주제였습니다. 그러나 필자의 경험에서는 공정성이 고려되거나 편향을 고려하지 않은 시나리오로 설계된 시스템 사례를 많이 보았습니다.

예를 들어, 여러분의 회사가 사용자 데이터베이스를 가지고 있고, 더 성장할 수 있는 부분이 있을 때, 해당 부분에 더 투자해서 특정 우편번호로 더 많은 사용자를 모을 수 있는 마케팅 캠페인을 세우려고 합니다. 이를 위해 아직 제품 구매를 하지 않았던 사용자의 우편번호를 가져와 할인 쿠폰을 보내려고 합니다. 잠재 고객을 식별하기 위해 다음과 같은 SQL 문을 작성할 수 있습니다.

```
SELECT * from Customers WHERE ZIP=target_zip AND PURCHASES=0
```

이 SQL 문은 잘 작동하는 구문이라 생각할 수 있습니다. 하지만 우편번호의 인구통계를 고려해 보겠습니다. 만약 해당 지역에 사는 대부분의 사람이 특정 인종이나 연령대라면 어떨까요? 전반적인 기반 고객을 늘리는 게 아니라, 편향된 고객들만 혜택을 받게 될 수 있습니다. 더 심하게는 한 인종의 고객들만 할인 혜택을 받게 되어 다른 고객들을 차별하게 될 수도 있습니다. 이 경우는 우편번호 변수는 명시적이지만, 대리 변수proxy variable는 명시적이지 않으므로 시스템이 편향되었다고 할 수 있습니다.

인공지능 기반 시스템에서는 더 강력한 애플리케이션을 제공할 수 있습니다만, 시스템상의 편향을 염두에 두지 않으면 인공지능 사용으로 인한 불평등이 잠재적으로 더 가속화될 수 있습니다.

> **NOTE** 이런 편향을 이해하고 제거하는 프로세스는 여러 책에서 큰 부분으로 다루는 내용이므로, 이번 장에서는 잠재적인 편향 문제, 방법론, 도움을 받을 수 있는 도구들에 대해 전반적인 개요를 살펴보겠습니다.

15.1 책임감 있는 인공지능을 통한 윤리, 공정성, 개인정보보호

책임감 있는 인공지능 시스템을 만든다는 것은 머신러닝 워크플로의 모든 단계에 책임 있는 장치를 적용할 수 있다는 의미입니다. 이 워크플로에는 여러 패턴이 있을 수 있지만, 다음은 일반적인 워크플로입니다.

1. 문제 정의하기: 우리 머신러닝 시스템이 누구를 위한 것인가
2. 데이터를 구성하고 준비하기
3. 모델을 만들고 학습시키기
4. 모델을 평가하기
5. 모델을 배포하고 모델 사용을 모니터링하기

이제 이 단계들을 거칠 때 사용할 수 있는 도구들을 살펴보겠습니다.

15.1.1 책임감 있게 문제 정의하기

문제 해결을 위한 애플리케이션을 만들 때 애플리케이션 존재 자체로 인해 생길 수 있는 이슈들을 고려하면 좋습니다. 새 소리 감지기와 같이 소리를 입력받아 어떤 새인지 분류하는 다소 순수한 기능을 만들 수도 있습니다만, 해당 기능이 서비스에서 사용자에게 영향을 줄 수 있는 기능이 있다면 어떨까요? 우리 데이터가 특정 지역으로 한정된 사용자들에게서 나온 것이고, 그 사용자가 다른 지역의 단일민족이라면 어떨까요? 우리는 그 고객만을 위한 애플리케이션을

만들 수 있습니다. 이게 정말 우리가 최종적으로 원하는 애플리케이션인가요? 이런 애플리케이션은 사용자 접근성 문제도 발생시킬 수 있습니다. 새 소리 식별기를 만든다고 했을 때 우리는 청각장애를 가진 사람을 고려하지 못할 수 있습니다. 아주 사소한 예시일 수 있지만, 누군가의 삶에 큰 영향을 줄 수 있는 애플리케이션이나 서비스로 확장해 보겠습니다. 차량 공유 애플리케이션이 특정 지역을 제외한다면 어떨까요? 약물 관리를 도와주는 건강 애플리케이션이 특정 인구에 대한 특성을 고려하지 않아서 잘못된 도움을 준다면 어떨까요? 우리가 이런 결과를 의도하시는 않았지만, 애플리케이션으로 줄 수 있는 피해에 대해 상상해 볼 수 있습니다. 최대한 모든 잠재적인 사용자를 염두에 둬보는 것이 중요하며, 이를 위한 가이드 도구가 있으면 분명 도움이 됩니다.

의도치 않은 편향이 생길 지점을 모두 예상하는 것은 거의 불가능합니다. 구글은 이를 염두에 두고 People + AI 가이드북[1]을 제공합니다. 이 가이드북은 6개의 챕터로 이루어져 있으며, 사용자 니즈를 이해하고 목표를 정의하는 것부터, 데이터를 준비하고, 모델을 만들어, 사용자 피드백을 공정하게 받는 등의 내용이 들어 있습니다. 특히 AI만 해결할 수 있는 문제 유형들을 이해하는 데 매우 유용합니다. 애플리케이션을 만들기 전에 문제를 정의하는 시점에서 이 자료를 참고해 보면 좋습니다.

이 가이드북 외 AI Explorables(AI 익스플로러블즈)[2]도 있는데, 이 자료는 데이터의 숨겨진 편향을 찾는 데 참고할 수 있는 워크북입니다. 이를 통해 데이터 자체뿐만 아니라 모델 학습 이후에 모델의 작동 방식도 이해할 수 있습니다. 이는 배포 후 모델 테스트 전략을 세우는 데 도움이 됩니다.

우리 문제를 이해해서 정의하고 잠재적인 편향을 제거했다면, 다음으로는 시스템에서 사용할 데이터를 구성하고 준비하는 일이 필요합니다. 다시 말하지만, 여기서도 의도치 않게 편향이 있을 수 있습니다.

---

1 https://pair.withgoogle.com/guidebook/
2 https://pair.withgoogle.com/explorables/

종종 인공지능의 편향은 훈련 데이터가 원인이기는 하지만, 그 밖에도 특징 추출, 전이 학습 등의 다양한 요인이 있을 수 있습니다. 데이터를 수정하여 편향을 없앨 수도 있지만, 데이터만 정리한다고 완전히 편향을 극복했다고 볼 수 없습니다. 시스템을 만들 때 이 점을 항상 염두에 두세요. 이 장에서는 편향을 일으키는 일반화의 도구로 데이터에 집중하겠지만, 편향은 데이터를 통해서만 만들어진다는 생각은 피하는 게 좋습니다.

15.1.2 데이터의 편향을 방지하기

데이터에 내재된 편향을 모두 찾아내는 것은 쉽지 않습니다. 필자는 학생 참가자들이 GAN^{Generative Adversarial Networks}으로 얼굴 상부 이미지로 하부 이미지를 생성하여 예측하는 대회에 참석한 적이 있습니다. 코로나19 팬데믹 이전이었지만, 일본에서는 독감때문에 많은 사람이 마스크를 착용했습니다.

마스크 아래의 얼굴을 예측할 수 있는지 확인해 보자는 취지였습니다. 이를 위해 참가자들은 IMDb이 제공하는 데이터셋을 사용해 얼굴의 이미지, 나이, 성별 레이블이 달린 얼굴 데이터를 활용했습니다.[3] 문제가 없었을까요? IMDb의 소스 이미지들은 대부분 일본인이 아닙니다. 참가자들이 만든 모델은 필자의 얼굴(서양인)에 대해서는 잘 예측했지만, 그들 자신의 얼굴(동양인의 얼굴)은 잘 예측하지 못했습니다. 충분히 다양한 데이터 분포를 적용하지 않고 머신러닝 솔루션을 만들어서, 학생들은 편향된 솔루션을 만들게 되었습니다. 이 대회는 가볍게 결과물 공유 목적의 대회였고, 참가자들의 결과물은 그 목적에 대해서는 훌륭했지만, 필자에게는 머신러닝 제품이 꼭 필요하지 않거나 데이터가 충분하지 않을 경우 편향된 모델을 만들고 미래의 큰 기술 부채를 만들어낼 수 있다는 점을 상기시켜 주었습니다.

잠재적인 편향 지점을 찾기란 꽤 어려운 일이지만, 이를 피하기 위한 여러 도구를 활용하면 좀 더 쉽게 그 지점을 찾을 수 있습니다. 다음 절에서 무료로 이용할 수 있는 도구들을 살펴보겠습니다.

----

3 https://data.vision.ee.ethz.ch/cvl/rrothe/imdb-wiki/

What-If 도구

필자가 가장 좋아하는 도구는 구글의 What-If입니다. 이 도구의 목적은 최소한의 코딩으로 머신러닝 모델을 검사하는 것입니다. 이 도구를 사용하면 데이터를 검사하고, 데이터와 함께 모델의 출력을 검사할 수 있습니다. 예제로 1994년 미국 인구 조사 데이터셋의 약 30,000개 데이터를 기반으로 개인 소득이 얼마인지 예측하도록 학습된 모델이 있습니다. 모기지 회사에서 대출금을 상환 가능 여부를 통해 대출 승인 판단을 돕는 용도로 이 모델을 사용하는 상황을 상상해 보세요.

추론값을 선택하고 데이터셋에서 이 추론의 입력 데이터를 볼 수 있게 해주는 기능을 이 도구가 제공합니다. 예를 들어 [그림 15-1]을 생각해 보겠습니다.

이 모델은 0에서 1의 사잇값의 저소득 확률을 반환하며, 이 확률값이 0.5보다 높으면 저소득일 확률이 높다는 의미이고 0.5보다 낮으면 저소득일 확률이 낮다는 의미입니다. 이 사람의 경우 0.528점이니 저소득일 확률이 높다고 판단할 수 있으며, 대출 신청이 거부될 수 있겠습니다. 이 도구를 사용하면 데이터의 일부(예를 들면 연령)를 변경했을 때 추론에 어떤 영향을 미치는지 확인할 수 있습니다. 이 사람의 경우 연령을 42세에서 48세로 변경하면 0.5보다 작은 결과로 바뀌었고, 대출 신청은 '거부'에서 '승인'으로 변경되었습니다. 사용자의 다른 정보는 변경하지 않았고, 연령만 변경했는데 결과가 바뀌었습니다. 이 결과는 모델에 잠재적으로 연령에 대한 편향이 있다는 신호입니다.

이처럼 What-If 도구를 사용하면 성별, 인종 등의 세부 정보들에 대해 다양한 신호를 실험해 볼 수 있습니다. 일회성 상황이나 한 고객에게만 발생하는 문제를 방지하고자 전체 모델을 변경해야 하는 주객전도된 상황을 피하기 위해, What-If 도구는 가장 가까운 반사실적 조건을 찾을 수 있게 도와줍니다.

다음으로 What-If 도구로 할 수 있는 것들을 살펴보겠습니다. 이 링크[4]에 가면 여러 예제가 있습니다. 핵심은 이름에서도 알 수 있듯이 배포 전 '만약에(What if)' 시나리오를 테스트하기 위한 도구입니다. 필자는 이 도구가 머신러닝에서 꼭 필요한 부분이라 생각합니다.

---

4 https://pair-code.github.io/what-if-tool/index.html

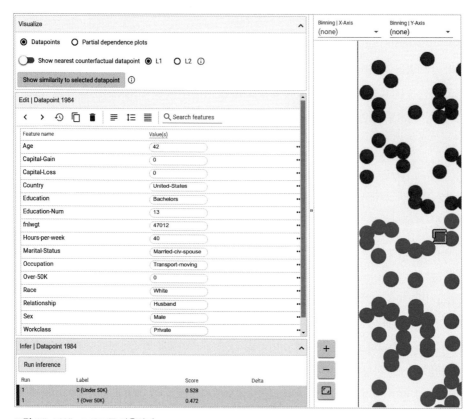

그림 15-1 What-If 도구 사용하기

패싯

패싯Facets[5]은 What-If 도구를 보완하기 위해 시각화로 데이터를 심층적으로 분석할 수 있는 도구입니다. 패싯의 목표는 전반적인 데이터셋의 분포를 이해하는 데 도움이 되는 것입니다. 데이터가 학습, 테스트, 검증 또는 그 밖의 용도로 여러 하위 집합으로 분할될 때 분할된 데이터셋이 특정 특징에 편향되어 모델에 결함이 생기기가 쉬운데 패싯은 각 데이터셋에 대해 특징들이 충분히 커버되는지 판단할 때 특히 도움이 되어 유용합니다.

예를 들어 What-If 도구로 미국 인구 조사 데이터셋을 들여다보면, 학습셋/테스트셋의 분할은 잘된 것을 알 수 있지만, 자본 이익과 손해의 특징에 왜곡의 존재 여부를 알 수는 없습니다.

----

5 https://pair-code.github.io/facets/

[그림 15-2]에서 분위수Quantile를 확인할 때, 큰 십자 표시는 이 두 가지 특징을 제외한 모든 특징에서 균형이 잘 잡혀 있습니다. 데이터에서 값이 대부분 0이지만 데이터셋에는 훨씬 높은 값이 몇 개가 있다는 것을 의미합니다. 자본 이익의 경우 학습셋의 91.67%가 0이고 다른 값들은 100k에 근사합니다. 이는 학습 과정에서 왜곡될 수 있어 데이터 디버깅을 해야 합니다. 데이터에서 아주 작은 부분에 편향이 생길 수 있기 때문입니다.

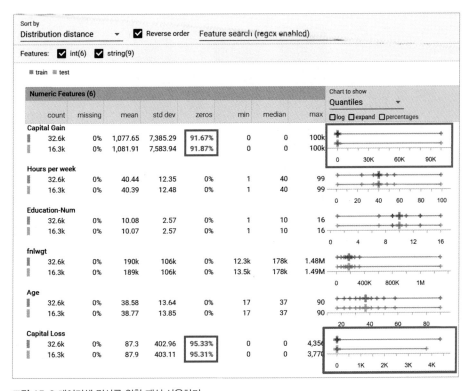

그림 15-2 데이터셋 검사를 위한 패싯 사용하기

패싯은 또한 패싯 다이브Facets Dive라는 기능을 제공합니다. 이 기능은 여러 축을 만들어 우리의 데이터셋을 시각화해줍니다. 데이터셋 오류를 찾거나 편향을 찾는 데 도움을 줍니다. 예를 들어 데이터셋을 타깃Target, 교육 수준Education-Num, 성별Sec로 분할한 그림이 [그림 15-3]입니다.

연한 부분은 '고소득으로 예상'했다는 의미이고, 왼쪽에서 오른쪽이 교육 수준을 나타냅니다. 거의 모든 경우에 남성이 여성보다 소득이 높을 확률이 높고, 특히 교육 수준이 높을수록 차이가 확실합니다. 예를 들어 13~15열(학사 학위로 동일)을 보겠습니다. 남자의 고소득자 비율

이 같은 교육 수준의 여성보다 훨씬 높습니다. 소득 수준을 결정하는 모델에는 여러 다른 요소가 있겠지만 교육 수준이 높은 사람들에게 이런 격차가 있다는 것은 모델의 편향을 나타내는 지표가 될 수 있습니다.

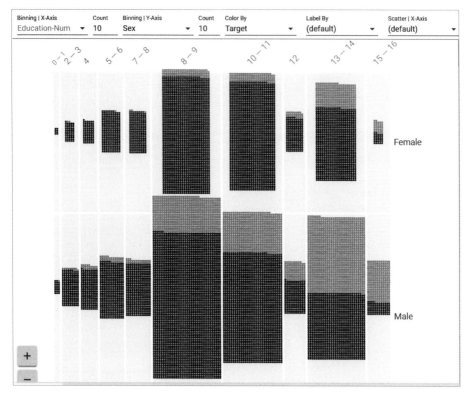

그림 15-3 더 깊게 패싯 살펴보기

이 같은 문제점을 찾고 싶다면, What-If 도구와 함께 패싯을 활용하여 데이터뿐만 아니라 모델의 추론 결과를 함께 검사해 보는 편이 바람직합니다.

텐서플로 모델 카드 툴킷

다른 사용자가 모델을 사용할 수 있도록 배포하고, 모델을 구축하는 데 사용된 데이터를 투명하게 공개하고 싶다면 텐서플로 모델 카드 툴킷이 도움이 됩니다. 이 툴킷의 목표는 모델에 대한 메타데이터에 맥락과 투명성을 제공하는 것입니다. 이 툴킷은 완전히 오픈소스이니 링크[6]에서 어떻게 작동하는지 확인해 볼 수 있습니다.

모델 카드의 간단한 예시를 살펴보기 위해 우리에게 익숙한 고양이와 강아지 구분 학습 예제를 활용해 보겠습니다. 생성된 모델 카드는 [그림 15-4]처럼 모델에 대한 메타데이터를 보여줍니다. 모델 자체가 매우 단순하더라도, 모델이 학습한 데이터가 잘못되었다면 단순한 모델에도 문제는 발생할 수 있습니다. [그림 15-4]의 모델 카드는 고양이와 강아지 데이터로 분리된 검증셋의 양을 통해서, 검증셋에 편향이 있다는 사실을 알려줍니다. 또한 이 모델을 제작한 사람들이 이미지에는 항상 고양이 혹은 강아지가 포함되어 있을 가능성을 가정해, 둘 다 없는 경우의 사진에서는 좋지 않은 결과를 만들 수 있습니다. 예를 들어 사람을 고양이나 강아지로 분류하여 사람을 모욕하는 데 악용될 수도 있습니다.

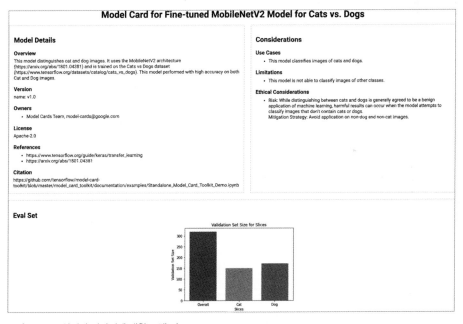

그림 15-4 고양이와 강아지에 대한 모델 카드

인구 통계적 특징을 기반으로 소득 예측 모델 같은, 좀 더 복잡한 모델 카드는 이 책이 제공하는 깃허브 저장소에서 확인할 수 있습니다.

---

6 https://github.com/tensorflow/model-card-toolkit

해당 모델 카드를 통해서 학습셋과 평가셋 모두 인구 통계에 대한 투명성 분석과 정량적 분석을 확인할 수 있습니다. 이 모델을 사용하는 사람들은 모델 카드 생성 기능을 워크플로에 도입해놓는다면 편향이 있으면 미리 감지할 수 있게 됩니다.

텐서플로 데이터 검증

TFX$^{TensorFlow\ Extended}$를 사용하는 경우, 그리고 데이터가 TFX 파이프라인에 흐르는 경우, TFX가 제공하는 데이터를 분석하고 변환하는 구성요소^{component}를 활용할 수 있습니다. 텐서플로 데이터 검증에 대한 더 자세한 내용은 이 책의 범위를 넘어가므로 더 배우고 싶다면 TFDV 가이드[7]를 확인해 보세요.

15.1.3 모델을 만들고 학습시키기

모델을 분석하는 것 외에도 모델을 만들고 학습시킬 때도 고려해야 하는 것들이 있습니다. 다시 말하지만, 이것들은 세부적인 내용이기 때문에 여러분 모두에게 해당하는 내용은 아닐 수 있습니다. 여기서는 자세히 설명하지 않겠지만, 더 자세히 알아볼 수 있는 자료들을 소개해드리겠습니다.

모델 수정

모델을 만들 때, 모델 사용에서도 편향이 생길 수 있습니다. 그 원인 중 하나로, 모델이 특정 데이터에 대해 성능이 나쁠 수 있습니다. 예를 들어, 병 진단 모델을 만든다고 했을 때 성별을 특징으로 넣어 학습시켰지만, 입력 데이터에서는 성별을 명시하지 않은 경우나 남자, 여자 성별이외의 성별의 사람들에게 효과가 없을 수 있습니다. 이런 종류의 데이터가 부족하기 때문입니다. 일반적으로는 입력 데이터를 변경하거나, 아키텍처를 변경하여 모델에 개입, 혹은 후처리를 변경하는 방법까지 세 가지 방법이 있습니다. **MinDiff**라는 프로세스를 사용하여 데이터의 분포를 균등화하고 분할된 데이터 간의 오류를 줄일 수 있습니다. 따라서 학습시키는 동안 분포를 비슷하게 만들어 예측 결과가 더 공평해지게 됩니다.

---

7 https://www.tensorflow.org/tfx/guide/tfdv

예를 들어 [그림 15-5]를 생각해 보겠습니다. 왼편은 MinDiff가 학습하는 동안 적용되지 않은 두 데이터로 예측 점수를 나타낸 것입니다. 결과와 예측된 값이 굉장히 큰 폭의 차이를 보입니다. 오른편은 동일한 예측 곡선이 중첩되어 있지만, 두 값이 훨씬 가까워졌습니다.

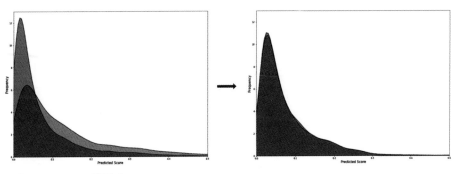

그림 15-5 MinDiff 사용하기

이 기술을 사용할 수 있는 프로젝트들에 대한 자세한 튜토리얼은 텐서플로 홈페이지[8]에서 확인할 수 있습니다.

모델 개인정보보호

경우에 따라, 해커가 모델의 학습된 데이터의 일부를 추론할 수 있습니다. 이를 예방하려면 차등 개인정보보호differential privacy를 사용하여 모델을 학습시키는 방법이 있습니다. 차등 개인정보보호의 목적은 계산에서 특정 정보가 사용되었는지 여부를 알아내지 못하게 하는 데에 있습니다. 예를 들어, 인구 통계학에서 급여를 추론하도록 훈련된 모델에서 해커가 데이터셋에 특정 사람이 있다는 것을 알고 있는 경우, 그 사람의 인구 통계를 알고 모델에 입력하며, 그들의 급여가 학습셋에 있다는 점을 고려할 때, 그들의 급여에 대한 매우 정확한 값을 알아낼 수 있습니다. 혹은 모델이 헬스 지표health metric로 생성되었을 때 해커는 이웃에 학습셋이 있다는 것을 알고 데이터 일부를 사용해서 원하는 다른 데이터를 캐낼 수도 있습니다.

이런 점들을 염두에 뒀을 때 TensorFlow Privacy는 차등 개인정보보호를 사용하는 모델을 학습시키도록 최적화 도구를 제공합니다.

---

8 https://www.tensorflow.org/responsible_ai/model_remediation/min_diff/tutorials/min_diff_keras

연합 학습

아직 널리 사용되진 않지만 아마도 현재 모바일 개발자에게 가장 큰 관심사는 연합 학습Federated Learning일 것입니다. 이것을 이용하면 우리는 사용자가 사용하는 방식에 따라 우리 모델을 지속적으로 업데이트하고 개선할 수 있습니다. 따라서 사용자들은 모델을 개선하기 위해 개인 데이터를 공유합니다. 연합 학습의 예시는 키보드에서 타이핑할 단어를 자동 예측하는 기능입니다. 사람마다 다르겠지만, 필자가 예를 들어 'anti'를 타이핑을 하면 과거 키보드 사용을 기반으로 'antibiotic'이나 'antidisestablishmentarianism'를 제안할 만큼 키보드는 똑똑해야 합니다. 이를 염두에 둬서 연합 학습이 탄생했습니다. 물론 여기서도 개인정보보호에 미치는 영향이 분명히 있습니다.

필자가 말했던 것처럼, 애플리케이션에서 사용할 수 있는 공개 API가 아직 없지만, TensorFlow Federated로 시뮬레이션해 볼 수는 있습니다.

TensorFlow Federated[9](TFF)는 시뮬레이션된 혹은 프로덕션용 서버 환경에서 연합 학습 기능을 제공해주는 오픈소스 프레임워크입니다. 책을 집필하는 시점에서는 아직 실험적인 단계입니다만 확인해 보면 분명 도움이 될 겁니다. TFF는 두 가지 핵심 기능으로 API가 설계되었습니다. 첫 번째는 연합 학습 API인데, 기존에 있던 모델에 연합 학습과 평가할 수 있는 인터페이스를 제공합니다. 예를 들어 분산 클라이언트에서 학습된 값에 영향을 줄 수 있는 분산 변수를 지정할 수 있습니다. 두 번째 핵심 API는 함수형 프로그래밍 환경으로 연합통신 기능을 구현할 수 있다는 점입니다. 이는 구글 키보드인 Gboard[10]와 같은 기존 배포 시나리오의 기반입니다.

15.1.4 모델 평가하기

위에서 언급한 도구들 외에도 학습 및 배포 프로세스에서 모델을 평가할 수 있는 좋은 도구들이 있습니다.

---

9 https://www.tensorflow.org/federated
10 https://arxiv.org/pdf/1811.03604.pdf

공정성 지표

공정성 지표Fairness Indicators 도구는 분류 모델에 대한 일반적으로 식별되는 공정성 지표(예: 거짓 양성이나 거짓 음성)를 여러 다른 데이터셋들끼리 비교할 수 있도록 계산하고 시각화해줍니다. 이 도구는 What-If 도구에 통합되어 있습니다. 혹은 오픈소스 'fairness-indicators package'[11]를 독립적으로 사용해 볼 수도 있습니다.

예를 들어 공정성 지표 도구로 사람이 직접 댓글에 레이블링을 한 모델의 거짓 음성률을 확인해 보고자 할 때, 사람이 남성, 여성, 트렌스젠더, 혹은 기타 작성자에게 작성되었다고 레이블링을 했다면 가장 낮은 오류는 남성이었고, 가장 높은 오류는 다른 성별(other_gender)이었습니다. [그림 15-6]을 보면 여성과 다른 성별이 전체 비율보다 높게 나타났습니다.

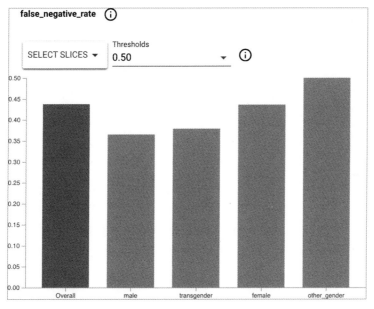

그림 15-6 텍스트 모델의 성별 추론을 위한 공정성 지표

[그림 15-7]의 같은 모델의 같은 데이터에서 거짓 양성을 보면 결과가 반대로 나왔습니다. 모델은 남성이나 트렌스젠더에 대해 거짓 양성일 확률이 높습니다.

---

11 https://oreil.ly/I9A2f

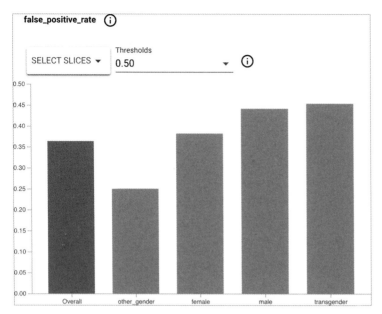

그림 15-7 공정성 지표로 발견된 거짓 양성

이 도구로 우리는 모델을 검사하고, 아키텍처를 바꿔서 학습시키거나 데이터를 좀 더 균형 있게 준비할 수 있습니다. 이 링크[12]에 있는 예제들을 통해 직접 확인해 보세요.

텐서플로 모델 분석

텐서플로 모델 분석TensorFlow Model Analysis (TFMA) 는 텐서플로 모델을 평가하는 목적의 라이브러리입니다. 이 글을 집필하는 시점에는 사전배포 단계라서 여러분이 글을 읽는 시점에는 꽤 많이 바뀌었을 수 있습니다. 어떻게 사용하는지 자세한 내용은 텐서플로 홈페이지에서 확인할 수 있습니다. 이 도구는 분할된 학습 데이터나 모델이 이 데이터에 작동하는 방식을 분석할 때 특히 유용합니다.

언어 해석 툴킷

언어를 사용하는 모델을 만들고 있다면 언어 해석 도구Language Interpretability Tool (LIT)가 도움이 됩니다. LIT는 모델이 제대로 작동하지 않은 데이터 종류들을 이해하고, 의도치 않은 학습 데이

---

12 https://github.com/tensorflow/fairness-indicators

터를 유도할 수 있는 신호를 분석하고, 적대적 행동을 이해하는 데 도움을 줍니다. 말의 스타일, 동사 시제, 대명사를 변경해 가며 모델 일관성 테스트를 할 수 있습니다. 더 자세한 내용은 이 링크[13]에서 확인할 수 있습니다.

15.2 구글 인공지능 원칙

텐서플로는 구글 엔지니어들이 회사 제품과 내부 시스템을 위해 여러 프로젝트의 일부로 만들었습니다. 오픈소스로 공개한 후 기계학습의 새로운 길들이 많이 발견되었으며, 머신러닝과 인공지능 분야의 혁신 속도는 놀라울 정도입니다. 이 점을 염두에 두고 구글은 인공지능을 만들고 사용하는 방법에 대한 원칙을 설명하는 공개 성명을 만들어내기로 결정했습니다. 책임감 있는 선택을 위한 훌륭한 가이드라인이므로 여기서 원칙들을 간단하게 살펴보도록 하겠습니다.

사회적으로 유익하게 만들기

인공지능의 발전은 아주 빠르며, 이런 변화 속에서 구글은 향후 인공지능 기술을 개발하고 연구함에 있어 모든 사회적 및 경제적인 요인을 고려하고, 전반적으로 가능한 이점이 예측할 수 있는 위험이나 부족한 점을 능가하는 경우에만 진행합니다.

불공정한 편향을 만들거나 강화하지 않기

이 장에서 이야기한 것처럼, 어떤 시스템이든 편향이 쉽게 침투할 수 있습니다. 특히 인공지능이 산업을 바꾸게 되는 경우 기존 편향을 제거하고 새로운 편향이 발생하지 않을 수 있는 기회가 생기게 됩니다. 이를 항상 염두에 두도록 노력합니다.

안전을 위해 구축하고 테스트하기

구글은 의도치 않은 피해를 예방하기 위해 강력한 안전과 보안 관행을 지속적으로 개발해 왔고 앞으로도 그럴 것입니다. 여기에는 제한된 환경에서 인공지능 기술을 개발하고 배포 이후에도 작동을 모니터링하는 것들이 포함됩니다.

---

13 https://pair-code.github.io/lit/tutorials/tour

사람이 책임질 수 있게 만들기

사람의 적절한 지시와 통제를 받을 수 있는 인공지능 시스템을 만드는 것이 목표입니다. 이는 인공지능 시스템이 항상 피드백이나 관련된 설명을 할 수 있어야 한다는 것을 의미합니다. 이를 위한 도구들은 인공지능 생태계에서 더 중요한 부분이 될 것입니다.

개인정보보호 설계 원칙 통합하기

인공지능 시스템들은 개인정보를 보장하고 사용자에게 데이터가 사용되는 방식을 알려주는 보호장치가 통합되어야 합니다. 통지 및 동의의 기회는 분명하도록 제공합니다.

높은 수준의 과학적 우수성 유지하기

기술 발전은 과학적 엄격함과 열린 질문, 헌신적인 협력 속에서 이루어집니다. 인공지능이 중요한 과학 영역의 지식을 개척하는 데 도움이 되려면, 해당 영역에서 기대되는 높은 수준의 과학적 우수성을 추구해야 합니다.

이러한 원칙에 부합하는 용도로 사용하기

원칙이 단독으로 있는 게 아니며, 시스템을 구축하는 사람들을 위한 것도 아니라는 점을 강조합니다. 또한 구축된 시스템 사용법 가이드라인을 제공하기 위한 목적도 있습니다. 누군가는 의도하지 않은 방법으로 시스템을 사용할 수 있다는 점을 항상 염두에 둬야 하며, 사용자를 위한 일련의 원칙이 있는 것도 좋습니다.

15.3 마치며

이 책에서의 모바일용/웹용 인공지능/머신러닝 엔지니어가 되기 위한 여정은 여기서 끝이 납니다. 하지만 여러분의 세상을 바꿀 실제 여정은 지금부터입니다. 우리가 모든 세부적인 내용들을 깊이 있게 다루진 않았지만, 기계학습과 모바일 개발을 연결할 수 있는 방법들을 단순화시켜 정리할 수는 있었습니다.

인공지능이 완전하고, 긍정적인 잠재력에 도달하려면 점차 일반적인 문제를 해결할 수 있는 저전력 소형 모델을 사용해야 한다고 굳게 믿고 있습니다. 최근 연구에서는 머신러닝 모델이 점점 더 커지고 있지만, 필자는 진정한 성장 잠재력은 모델이 점점 작아지는 것에 있다고 생각합니다. 이 책은 그러한 모델을 사용할 수 있는 플랫폼들에 대해 살펴보았습니다.

필자는 여러분이 만드는 것들을 기대하고 있습니다. 전 세계에 공유할 수 있도록 트위터에서 @lmoroney로 연락해주세요!

INDEX

INDEX

INDEX